JORG-GÜNTHER GRUNWALD · STEFAN JOKL

Wettbewerb und Eigenkapital in der deutschen Kreditwirtschaft

Untersuchungen über das Spar-, Giro- und Kreditwesen

Abteilung A: Wirtschaftswissenschaft

Schriften des Instituts für das Spar-, Giro- und Kreditwesen an der Universität Bonn

Herausgegeben von Fritz Voigt

Band 100

Wettbewerb und Eigenkapital in der deutschen Kreditwirtschaft

unter besonderer Berücksichtigung des Sparkassensektors

Von

Jorg-Günther Grunwald
Dr. Stefan Jokl

mit einem Vorwort des Herausgebers

DUNCKER & HUMBLOT / BERLIN

Redaktion: Dr. Stefan Jokl

Gedruckt 1978 bei Fotokop W. Weihert, Darmstadt 1
Printed in Germany

ISBN 3 428 04101 1

Vorwort des Herausgebers

22 Jahre sind eigentlich eine relativ kurze Zeit, und doch erscheinen sie einem erstaunlich lang, wenn man bedenkt, daß in diesem doch relativ kurzen Zeitabschnitt die wissenschaftliche Forschung, insbesondere in den Wirtschaftswissenschaften, eine fast beispiellose Entwicklung genommen hat. Fragen und Probleme, die damals brennend waren, erscheinen heute als uninteressant und scheinbar inhaltsleer. Stattdessen entstanden in der Zwischenzeit neue Problemkreise, bildeten sich neue Forschungsschwerpunkte, die — in Abhängigkeit vom jeweiligen Erlebnishorizont der beteiligten Menschen — ebenso wie die Fähigkeiten der Individuen zur Analyse einer objektiv vorgegebenen Lage, eines Vorfalls oder eines Prozesses in der zeitlichen Entwicklung starken Variationen unterworfen waren (und auch noch sind). Denn welche Fragen oder welche Entwicklungsprozesse Ziele wirtschaftswissenschaftlicher Aktivitäten werden, ist jeweils eine Funktion besonders formender Faktoren und Lagen, bei denen

- — einmal die Art der Auswahl dieser als interessant angesehenen Problemkreise,
- — und zum anderen die bewußte und unbewußte Systematisierung bzw. die Art der Bewertung

entscheidende Bedeutung gewinnen.

Dieser Wandlungsprozeß, der sich auch als Spannungsherd zwischen ökonomischen Tatbeständen einerseits und deren wirtschaftswissenschaftlicher Verarbeitung andererseits beschreiben läßt, wird besonders evident, wenn man die wechselnden Themenkomplexe, z. B. dieser Schriftenreihe, Revue passieren läßt. Einige der dort angeschnittenen Problemkreise sind nur unter dem besonderen Eindruck der jeweiligen Bearbeitungszeit zu verstehen, andere dagegen behandeln Fragen von solchem grundlegenden Interesse, daß sie wohl auch noch in künftigen Zeiten Basis für eine wissenschaftliche Diskussion bilden werden.

Es ist daher für mich, als Herausgeber einer überaus erfolgreichen, da immerhin inzwischen 100bändigen Reihe, nicht leicht, eine abschließende Bewertung vorzunehmen (das muß letztendlich dem kritischen Leser überlassen bleiben), doch läßt sich — mit nicht ganz unberechtigtem Stolz — feststellen, daß die bisherigen Untersuchungen weltweite

Resonanz gefunden haben. Denn die Verbreitung ist nicht allein auf den deutschen Sprachraum beschränkt geblieben, sondern sie hat auch viele ausländische Interessenten gefunden, was sich insbesondere an Anfragen und Anregungen von Instituten und Bibliotheken feststellen läßt. Dem speziellen Interesse, das auch gerade die Entwicklungsländer am Aufbau eines Geld- und Kreditsystems entgegenbringen, ist daher auch in einigen ausgewählten Arbeiten Rechnung getragen worden (Beispiele Bd. 32, 58, 67).

Der ursprüngliche Gründungszweck (mit dieser Schriftenreihe die Forschungstätigkeit des Instituts für das Spar-, Giro- und Kreditwesen an der Universität Bonn einem breiteren Leserkreis aus Wissenschaft und Praxis vorzustellen) ist inzwischen erweitert worden auch auf andere, besonders interessante Untersuchungen von Universitäten und wissenschaftlichen Instituten aus dem übrigen In- und Ausland. Namhafte Wissenschaftler,wie z. B. die renomierten Professoren Harry G. Johnson, Horst Albach, Wilhelm Krelle, Dietmar Kath, Manfred Hieber, Manfred Willms, Otmar Issing — um nur einige Namen zu nennen —, sind genau so vertreten wie auch eine Vielzahl junger Nationalökonomen, für die diese Reihe ein erstes größeres Forum darstellte. Dabei wurde insbesondere darauf Wert gelegt, daß die Probleme des Sparens, des Giro- und Kreditwesens nicht allein aus der Perspektive einer bestimmten theoretischen Abstraktion betrachtet wurden, vielmehr sollten möglichst alle Seiten der wirtschaftlichen, sozialen und gesellschaflichen Prozesse beleuchtet werden. Die moderne Wirtschaftslehre geht beispielsweite auch heute noch von einem einheitlichen Typ der Banken und sehr „primitiv" gesehenen Determinanten der Entstehung und der Bewegung der monetären Ströme aus. Sie sieht den Prozeß des Sparens oft in viel zu enger theoretischer Konzeption und vernachlässigt z. T. die Verhaltensweisen, die die Bewegung der Sparguthaben und anderer Vermögenswerte induzieren. Denn die quantitativ arbeitenden modernen wissenschaftlichen Modelle gehen viel zu vereinfachend von einem Einheitstyp des „Unternehmers" aus und gelangen damit zu einer Darstellung einer sehr abstrakt gesehenen Marktwirtschaft, mit einer privaten Verfügungsmacht über Produktionsmittel, wie dies für die Wirtschaft um die Jahrhundertwende noch typisch gewesen sein mag, aber nicht mehr für die viel differenzierter gewordene Struktur des heutigen Industrialisierungsprozesses. Diese moderne Lehre spricht aber auch die wirtschaftspolitische Entwicklung in den Entwicklungsländern nicht mehr an. Sie ist auch nicht geeignet, das Spannungssystem zu und zwischen den sozialistischen Systemen wissenschaftlich zu erfassen.

Die meisten Analysen der der modernen Theorie zugrunde liegenden Kostenfunktionen, Investitionsfunktionen, Konsum- und Sparfunktionen usw. beruhen also vielfach auf einem zu hohen Abstraktionsgrad, der zu einer Vereinfachung der Problematik führt. Die makroökonomischen Größen Y (Einkommen), S (Sparen), I (Investitionen) oder C (Konsumausgaben) sind nämlich Aggregate, die sehr differenzierte Bestandteile in sich enthalten, und an die sich im langfristigen Wirtschaftsablauf unterschiedliche wirtschaftliche, soziale und politische Folgeprozesse anknüpfen. Gerade auf diesem Gebiet sind so noch viele Forschungen nötig, um Wirklichkeitsnähe zu erreichen, bessere Unterlagen für wirtschaftliche und politische Entscheidungen zu schaffen und somit auch dem Praktiker für seine Arbeit eine Hilfe an die Hand zu geben. In diesem Sinne wird beispielsweise das Sparen von sehr vielen unterschiedlichen objektiven und subjektiven Determinanten geprägt, wie z. B. Volkseinkommen, Zins, Geldwertschwankungen, prägende Kraft der Institutionen, Generationenfolge, Erwartungen, persönliches Vermögen, Prestige, Erlebnishorizont usw. Gerade hier wurde zwar durch die Abstraktion von Einflußgrößen die quantitativ gefaßte Formulierung wirtschaftlicher Prozesse immer mathematisch exakter, der wirtschaftspolitisch auswertbare Aussagewert der Modelle aber oft immer geringer. Werden die Ergebnisse solcher Modelle dann z. B. auf die Probleme einer staatlichen Politik angewandt, so werden allzu oft jene Voraussetzungen übersehen, unter denen die Resultate gewonnen wurden. Ein typisches Beispiel für solcherart gewonnene Fehleinschätzungen sind die auf viele Entwicklungsländer übertragenen Modelle, die wohl in einer Industrienation Gültigkeit haben, jedoch in Entwicklungsländern zu bedrückenden Mißerfolgen führen.

Diese Probleme versuchte die Schriftenreihe in den bisherigen Bänden weitgehend zu berücksichtigen. Neben allgemeinen bankbetrieblichen Themen, wie z. B. der langfristigen Personalplanung (Bd. 81), der Marktforschung (Bd. 30) oder von Standortfragen (Bd. 40), wurden auch spezielle institutsbezogene Arbeiten veröffentlicht, so z. B. über den Verwaltungsrat der Sparkassen (Bd. 42), die Anlagepolitik der Kreditbanken (Bd. 23), die Marktstrategien im Hypothekarkreditgeschäft (Bd. 75). Darüber hinaus sind historische Entwicklungsprozesse berücksichtigt worden, wie z. B. die Beeinflussung des Wirtschaftswachstums in Deutschland von 1883 bis 1913 durch das Bankensystem (Bd. 51) oder die Entwicklung des deutschen Geldwesens im 19. und 20. Jahrhundert (Bd. 82).

Diese Aufzählungen ließen sich beliebig fortsetzen, da z. B. in dieser Reihe auch auf grundlegende Fragen der Geld- und Währungspolitik (Bd. 18, 80), der Außenwirtschaftspolitik (Bd. 27, 28, 34, 44, 74) sowie der Regionalpolitik (Bd. 45, 92) nicht verzichtet wurde. Den ursprünglich auch in dieser Reihe berücksichtigten rechtlichen Problemen des Spar-, Giro- und Kreditwesens (Bd. 21, 38, 52) ist ab dem Jahre 1973 durch eine eigene Reihe (Abt. B) Rechnung getragen worden, die zuerst von Johannes Bärmann herausgegeben wurde und die heute von Walther Hadding und Uwe H. Schneider weitergeführt wird.

Der jetzt vorgelegte 100. Band der Abt. A, der von meinen Mitarbeitern im Institut erarbeitet wurde, gibt mir Gelegenheit, mich beim Verlag Duncker & Humblot und insbesondere bei Herrn Prof. Dr. Johannes Broermann für das in diesen 22 Jahren entgegengebrachte Vertrauen und die Hilfsbereitschaft zu bedanken, welche diesen Projekten entgegengebracht wurde. Auch ohne die Unterstützung und das große Verständnis der Gesellschaft zur Förderung der wissenschaftlichen Forschung über das Spar- und Girowesen wäre es mir nicht möglich gewesen, in dieser Zeit eine wissenschaftliche Arbeit dieser Größenordnung auf die Beine zu stellen. Ihnen allen — sowie meinen Mitarbeitern am Institut und hier ganz besonders den verschiedenen Redakteuren der Schriftenreihe — gilt daher an dieser Stelle mein ausdrücklicher Dank.

Ausgehend von dieser Fülle wirtschaftswissenschaftlicher Forschungsarbeiten, die die Phänomene des Sparens und des Kredits in dem vergangenen Vierteljahrhundert in ihren verschiedenen Erscheinungsformen und aus unterschiedlichen Perspektiven her beleuchtet haben, erscheint es deshalb angebracht, zum gegenwärtigen Zeitpunkt eine sog. „institutionelle Bestandsaufnahme" der deutschen Kreditwirtschaft zu wagen. Denn das, was wir früher einmal „prägende Kraft der Institutionen" genannt haben, ist entscheidend auch für künftige Investitionstätigkeiten, die Verbrauchsstruktur, wie auch die soziale Gestaltung einer Volkswirtschaft. Rückwirkungen, wie z. B. die Größe der Gruppe der Sparer und Nichtsparer, der Umfang der Ersparnisse und/oder die Art der künftigen Verwendung, haben in diesem Sinne auch einen sehr starken Einfluß auf den institutionellen Aufbau eines Geld- und Kreditsystems. Entwicklungen und Veränderungen marktrelevanter Daten lassen sich daher als Indikatoren sowohl für die eigenständige Entwicklungsdynamik einer Organisationsform als auch als Reaktion auf exogene Impulse deuten.

Meine Mitarbeiter, Jorg-Günther Grunwald und Stefan Jokl, versuchen daher in dem vorliegenden 100. Band eine Analyse der Wettbewerbssituation in der deutschen Kreditwirtschaft für den Zeitraum von 1962 bis 1976 zu erstellen, wobei insbesondere die Stellungen der einzelnen Bankengruppen an ausgewählten Märkten untersucht werden. Da in vielen Diskussionsbeiträgen auch die mangelhaften Möglichkeiten der Eigenkapitalzufuhr insbesondere bei öffentlich-rechtlichen Kreditinstituten als Gründe für eventuelle wettbewerbspolitische Strukturbenachteiligungen angeführt werden, wird sich daher an diese Bestandsaufnahme auch eine Analyse der Eigenkapitalbeschaffungsmöglichkeiten anschließen. Den Bearbeitern war dabei klar, daß sie hier keine allumfassende Monographie des kreditwirtschaftlichen Wettbewerbs vorlegen können; vielmehr bestand ihre Aufgabe einzig und allein darin, Tatsachenmaterial ausgewählter Problemkreise in Form eines Überblicks zusammenzutragen und zu verarbeiten. Wenn dadurch sowohl Wissenschaftlern als auch Praktikern und Studenten Arbeitsunterlagen zur Hand gegeben werden, die sie bei ihrer täglichen Diskussion nützen können, dann ist eines der Hauptziele dieser Arbeit, nämlich die Transparenz auf dem Spar-, Giro- und Kreditmarkt zu erhöhen, erreicht worden.

Bonn, im Dezember 1977

Fritz Voigt

Inhaltsverzeichnis

Tabellenverzeichnis

1. Textteil

2. Anhang

Abbildungsverzeichnis

Übersichtenverzeichnis

Abkürzungsverzeichnis

Ab.	=	Zweigstellen ausländischer Banken
Alle Bk.	=	Alle Bankengruppen
Bg.	=	Bilanzgewinn
EK	=	Eigenkapital
Gb.	=	Großbanken
GV	=	Geschäftsvolumen
Gz.	=	Girozentralen (einschl. Deutsche Girozentrale)
G.Zk.	=	Genossenschaftliche Zentralkassen (einschl. Deutsche Genossenschaftsbank)
Jü.	=	Jahresüberschuß (nach Steuern)
Jü.v.St.	=	Jahresüberschuß vor Steuern
Kb.	=	Kreditbanken
Kg.	=	Kreditgenossenschaften
K.m.S.	=	Kreditinstitute mit Sonderaufgaben
MA	=	Marktanteil
Ö.r.Gk.	=	Öffentlich-rechtliche Grundkreditanstalten
Pb.	=	Privatbankiers
P.Hb.	=	Private Hypothekenbanken
Post	=	Postscheck- und Postsparkassenämter
Pü.	=	Provisionsüberschuß
Rb.	=	Regionalbanken und sonstige Kreditbanken
Rki.	=	Realkreditinstitute
Spk.	=	Sparkassen
Tzk.	=	Teilzahlungskreditinstitute
Ü	=	Gesamtüberschuß
Zü.	=	Zinsüberschuß

1. Einleitung

Die Wettbewerbssituation der deutschen Kreditwirtschaft erfreut sich in den letzten 15 bis 20 Jahren eines zunehmenden Interesses in der öffentlichen Diskussion, wobei auch - oft leider ideologisch verzerrt - die grundsätzliche Bedeutung und Struktur des Bankensystems in einer marktwirtschaftlich orientierten Volkswirtschaft analysiert wurde. Der Problemkreis "Macht der Banken", der seit Anfang der siebziger Jahre verstärkt in den Vordergrund der politischen Diskussion rückte, sowie der Bereich "Bankensicherheit", der im Anschluß an die Herstatt-Krise wieder aktuell wurde, lassen sich nicht ohne weiteres trennen von der "ökonomischen" Analyse der Wettbewerbslage dieses Wirtschaftszweiges. Denn staatliche Eingriffe, die aus ordnungspolitischen Erwägungen heraus die Realisierung bestimmter gesellschaftspolitischer Ziele ermöglichen sollen, haben ohne Zweifel Auswirkungen auch auf die tägliche Geschäftspraxis und damit auf das Leistungsangebot und die Ertragslage der Banken.

Es ist jedoch nicht Aufgabe der vorliegenden Untersuchungen, das Postulat von der Wettbewerbsneutralität der Bankengesetzgebung auf seine Einhaltung hin zu überprüfen, vielmehr soll nur auf knappem Raum eine Bestandsaufnahme der gegenwärtigen Struktur des deutschen Kreditsystems gegeben werden, wobei insbesondere die Stellung der verschiedenen Bankengruppen im Wettbewerb untereinander analysiert werden soll. Von besonderem Interesse ist dabei die Rolle der Sparkassen, deren mangelhafte Eigenkapitalausstattung sowie begrenzte Eigenkapitalzuführung in vielen Diskussionsbeiträgen häufig als Grund für die wettbewerbspolitische Strukturbenachteiligung herangezogen werden. In einem weiteren Teil werden wir uns daher mit der wettbewerbspolitischen Bedeutung des Eigenkapitals beschäftigen müssen, wobei hauptsächlich das "Beschaffungsproblem" im Vordergrund der Untersuchungen stehen wird.

1.1. Zum Wettbewerbsbegriff

Obwohl die marktwirtschaftliche Ordnung in der Funktionsweise des Wettbewerbs begründet ist, läßt sich keine allgemeingültige Definition dieses Begriffes finden. Vielmehr ermöglicht erst die Summe einzelner Tatbestände eine Aussage über diesen Begriffskomplex, wobei die entsprechenden Ausprägungen des Leistungskampfes Ausdruck für wettbewerbspolitisches Handeln sind. Dabei versteht man im allgemeinen unter "Wettbewerb" die Summe der Ausprägungen des Konkurrenzkampfes zwischen

(a) verschiedenen Gütern und/oder
(b) verschiedenen Marktteilnehmern (Anbieter oder Nachfrager).

Da aber jeder Konkurrent bestimmte unternehmensbezogene Ziele verfolgt (Gewinnmaximierung, Umsatzsteigerung etc.), läßt sich die Intensität des Wettbewerbskampfes nur anhand eines Kennzahlenvergleichs feststellen (z.B. Entwicklung der Marktanteile, Ertragsentwicklung). Dabei muß von der Voraussetzung ausgegangen werden, daß alle angebotenen Güter oder Dienstleistungen gegeneinander substituierbar sind, und daß darüber hinaus die Stellung der konkurrierenden Unternehmen auf den sog. relevanten Märkten auch von der Marktorganisation, der Einstellung der Kunden (z.B. Vertrauen) und dem Verhalten der Mitbewerber abhängig ist.

Gerade aber in der Kreditwirtschaft muß man davon ausgehen, daß die modelltheoretische Einteilung der Märkte in sachliche, örtliche und zeitliche Kriterien große Probleme aufwirft. Man denke z.B. an die Vielzahl sich teilweise überschneidender, komplementärer oder substitutiver Dienstleistungen sowie die regional unterschiedlichen Tätigkeitsbereiche einzelner Banken bzw. Bankengruppen, die eine Klassifizierung relevanter Märkte erschweren. Hinzu kommen noch soziologische Einflüsse (Präferenzen bestimmter Kundenkreise) sowie rechtliche Kriterien, die Ausnahmeregelungen und wettbewerbspolitische Verzerrungen verursachen.

Die zwangsläufigen Folgen eines funktionierenden Wettbewerbs liegen im allgemeinen darin, daß übergroße Gewinne vermieden werden, und daß im Grenzfall nicht leistungsfähige Mitbewerber aus dem Markt verdrängt werden bzw. von den leistungsstärksten Unternehmen übernommen werden (passive Konzentration). Deshalb ergibt sich für die meisten Unternehmen sowohl ein Zwang zur Leistungssteigerung auf Gebieten, die wettbewerbspolitisch nicht so hart umkämpft sind (Marktlücken), als auch ein Zwang zu verstärktem Einsatz des wettbewerbspolitischen Instrumentariums auf manchen besonders hart umkämpften Märkten.

Auf der anderen Seite muß man berücksichtigen, daß dieser Zwang zur Leistungssteigerung auch zu einer tendenziellen Steigerung der Zusammenschlüsse zu größeren Unternehmenseinheiten (aktive Konzentration) führen kann, zumal wettbewerbspolitische Einschränkungen der Aktivitäten durch den Gesetzgeber diesen Prozeß verschärfen können. Jedoch ein Rückgang der Anzahl selbständiger Unternehmen muß nicht in jedem Fall mit einer Abnahme des Wettbewerbs verbunden sein. Vielmehr können größere und damit oft auch leistungsfähigere Betriebe den Wettbewerb entscheidend verschärfen, da z.B. auch eine bessere Auslastung wachsender Fixkostenblöcke - insbesondere im Personalbereich - möglich wird.

In diesem Sinne hat auch in der deutschen Kreditwirtschaft in den letzten 15 Jahren eine Verschärfung des Wettbewerbs stattgefunden, was sich besonders gut in Verschiebungen der Marktanteile ausgewählter Leistungsbereiche und in der unterschiedlichen Ertragsentwicklung der einzelnen Institutsgruppen ablesen läßt (vgl. unten Kapitel 2).

Da wie gesagt der Wettbewerb in der Kreditwirtschaft sich aber nicht nur als Gruppenwettbewerb (z.B. zwischen dem

Sparkassensektor und dem Kreditbankensektor) niederschlägt, sondern auch innerhalb einiger Gruppen selbst zu finden ist (z.B. innerhalb des Kreditbankensektors), wird ersichtlich, daß die Wettbewerbslage dieses Wirtschaftszweiges eine "andere Dimension" aufweist. Denn der sog. "Institutswettbewerb" ist innerhalb einiger wichtiger Gruppen (Kreditgenossenschaften, Sparkassen) aufgrund des Lokalitäts- bzw. Regionalprinzips zum großen Teil aufgehoben. Darüber hinaus gibt es noch bestimmte Ausnahmeregelungen und Probleme, die aus dem besonderen Verantwortungsbereich bankpolitischen Handelns resultieren, auf die aber im einzelnen hier nicht eingegangen werden kann.

1.2. Besonderheiten und Probleme des kreditwirtschaftlichen Wettbewerbs der letzten Jahre

In den letzten 15 bis 20 Jahren wurde die Wettbewerbssituation in der deutschen Kreditwirtschaft durch einige herausragende Ereignisse entscheidend geprägt. Hierzu zählen insbesondere die folgenden wichtigen Punkte:

1. Die Auflösung der traditionellen Arbeitsteilung zwischen den einzelnen Bankengruppen, wobei insbesondere die Sparkassen verstärkt in das mehr kurzfristig orientierte "Bankgeschäft" und die Kreditbanken ihrerseits verstärkt in das vorwiegend langfristig orientierte "Sparkassengeschäft" vorgedrungen sind. Diese beiden Institutsgruppen (aber auch die Genossenschaftsbanken) bieten jeweils die gesamte Leistungspalette einer Universalbank an, so daß man heute durchaus von einer Substituierbarkeit der Dienstleistungen sprechen kann.

2. Die Expansion der Zweigstellen, nachdem die früher gesetzlich geforderte Bedürfnisprüfung aus verfassungsrechtlichen Gründen entfiel (10.7.1958). Hierdurch hat

sich die "Marktpräsenz" (ebenfalls eine wichtige Voraussetzung für erfolgreiche Wettbewerbspolitik) bei vielen Gruppen stark erhöht.

3. Die Verschärfung des Konditionenwettbewerbs im Kreditgewerbe, nachdem die staatliche Zinsbindung aufgehoben wurde (1.4.1967).

4. Die Intensivierung der Werbung und Akquisition, nachdem das staatliche Wettbewerbsabkommen gegen Ende des Jahres 1967 wegfiel.

5. Die verstärkte Betätigung ausländischer Banken in der Bundesrepublik Deutschland, entweder über die Euromärkte oder über die Zunahme eigener Zweigniederlassungen oder Tochterinstitute.

Viele dieser Komponenten führten dazu, daß die in den letzten Jahren aufgrund des allgemeinen Wachstumstrends insgesamt zu beobachtenden hohen Zuwachsraten in den Bilanzsummen bei den einzelnen Institutsgruppen unterschiedlich stark ausfielen. Zusätzlich beeinflußt wurde diese Entwicklung auch durch die wachsende Bedeutung der Geld- und Kreditwirtschaft insgesamt (z.B. Zunahme des bargeldlosen Zahlungsverkehrs) und durch den wachsenden Wohlstand der Bevölkerung (z.B. Zunahme vor allem der Termin- und Spareinlagen). Einen nicht ganz unbedeutenden Einfluß hatte in diesem Zusammenhang sicherlich auch die starke inflatorische Aufblähung, die die Nominalbeträge beträchtlich ausweitete. Deshalb wäre es für eine eingehendere Analyse ratsam, alle Zuwachsraten um diesen Preisauftriebseffekt zu bereinigen.

Die besondere Problematik des Wettbewerbs in der Kreditwirtschaft tritt jedoch immer dann besonders stark in das Bewußtsein der Öffentlichkeit (und auch der Gesetzgeber), wenn es zu spektakulären Bankzusammenbrüchen und zu sehr großen Verlusten in risikoreichen Eigengeschäften (z.B. Devisenterminhandel) kommt[1)2)]. Die besondere Stellung, die das Bankensystem als Mittler zwischen Überschußeinheiten und Defiziteinheiten im Rahmen des gesamtwirtschaftlichen Finanzierungsprozesses in einer Marktwirtschaft innehat, ließ deshalb die Gesetzgeber schon frühzeitig zu der Auffassung gelangen, daß der Kreditwirtschaft eine besondere Rolle innerhalb der gesamten Volkswirtschaft zusteht. Diese Sonderstellung wird insbesondere durch die Ausnahmeregelungen des § 102 Abs. 1 GWB (Gesetz gegen Wettbewerbsbeschränkungen) zum Ausdruck gebracht, in denen u.a. darauf hingewiesen wird, daß § 1 GWB (Unwirksamkeit wettbewerbsbeschränkender Vereinbarungen) und § 15 GWB (Nichtigkeit von Verträgen über Preisgestaltung oder Geschäftsbedingungen) nicht für Wettbewerbsbeschränkungen im Zusammenhang mit Tatbeständen gelten, die der Genehmigung oder Überwachung nach dem Gesetz über das Kreditwesen (KWG) unterliegen. Hier offenbart sich also ein Zielkonflikt zwischen

---

1) Dieser - eigentlich ökonomisch unbefriedigende - Sachverhalt trifft aber für jede Entstehungsphase eines Gesetzes zu, da die Aktivitäten der staatlichen Entscheidungsträger immer erst durch allgemeine Unzufriedenheiten bzw. Mißstände ("kritische Masse") angeregt werden.
Zu diesem Problemkreis vgl. die Ausführungen von Fritz VOIGT: Die Formung der staatlichen Wirtschaftspolitik, in: studium sociale, Ergebnisse sozialwissenschaftlicher Forschung der Gegenwart, hrsg. von Karl Gustav Specht, Hans Georg Rasch und Hans Hofbauer (Festschrift für Karl Valentin Müller), Köln-Opladen 1963, S. 607-632; sowie von Fritz VOIGT / Hans-Jörg BUDISCHIN: Grenzen der staatlichen Wirtschaftspolitik im gesellschaftlichen und sozialen Wandel. Einflüsse der Denk- und Reaktionsfähigkeit der menschlichen Persönlichkeit, Berlin 1976.

2) Beispiele für die Entwicklung und Wandlung rechtlicher Regelungen im Bereich der Kreditwirtschaft finden sich bei Manfred HARTMANN: Ökonomische Aspekte der Reform des KWG, Forschungsberichte (Hrsg.: Gesellschaft zur Förderung der wissenschaftlichen Forschung über das Spar- und Girowesen), Bd. 3, Stuttgart 1977, S. 25 ff.

der marktwirtschaftlichen Grundordnung einerseits und der ordnungspolitischen Zwecksetzung andererseits. Denn auch die Regelungen des KWG zeigen, daß von einem ungehinderten Wettbewerb die Gefährdung bankpolitischer Ziele erwartet wird. Dies gilt insbesondere für Normen, die auf indirekte Weise über geschäftspolitische Beschränkungen den Schutz der Einlagen zum Ziele haben[1]. Als Kernstück kreditwirtschaftlicher Wettbewerbsbeschränkungen zur Vermeidung eines "ruinösen Wettbewerbs" ist der § 23 KWG anzusehen, dessen Bestimmungen zwar durch die Aufhebung der Zinsverordnung 1967 ihre Gültigkeit verloren haben, aber der (bei Bedarf) immer noch die Möglichkeit zur Anwendung bietet.

Neben der wettbewerbsrechtlichen Sonderstellung, die das Kreditwesen gegenüber den übrigen Wirtschaftszweigen einer Volkswirtschaft genießt, gibt es aber noch wettbewerbspolitische Verzerrungen innerhalb des Geschäftsbankensektors selbst. Dabei ist ebenfalls davon auszugehen, daß ökonomisch gleichartige Sachverhalte aufgrund von Ausnahmegenehmigungen ungleich behandelt werden. Als Beispiel lassen sich hier die unterschiedlichen Abgrenzungen des "haftenden Eigenkapitals" anführen[2], die - abhängig von der Rechtsform - gewisse Wettbewerbsverzerrungen nicht ausschließen können.

---

1) Ein kurzer Überblick über die Möglichkeiten und Vorschläge zur Einlagensicherung in der Bundesrepublik Deutschland findet sich bei Manfred HARTMANN: Einlagensicherung in der Bundesrepublik Deutschland, Institut für das Spar-, Giro- und Kreditwesen an der Universität Bonn (Hrsg.), Diskussionspapier Nr. 15, 3. verb. Aufl., Bonn 1976.

2) Vgl. dazu die Ausführungen in Kapitel 3.1.

2. Die Marktstellung der verschiedenen Kreditinstitutsgruppen

Es wurde schon darauf hingewiesen, daß aufgrund der Vielfältigkeit des kreditwirtschaftlichen Wettbewerbs modelltheoretische Vorstellungen - wie sie z.B. in der modernen Preistheorie ihre Anwendung finden[1] - für eine praxisorientierte Analyse wenig hilfreich sind.

Es ist vielmehr davon auszugehen, daß in unserem ordnungspolitischen System einer sozialen Marktwirtschaft mit Globalsteuerung sowohl die Marktgegenseite (Nachfrager nach Bankleistungen) als auch die Marktnebenseite (Konkurrenzunternehmen) in ihrem Entscheidungsprozeß von einem "hinreichend" großen Freiheitsspielraum ausgehen können.

Änderungen im Ausmaße und in der relativen Verteilung dieser "hinreichend" großen Freiheitsbereiche im Ablauf der Marktprozesse lassen sich demzufolge als Indiz für Veränderungen der Wettbewerbssituation insgesamt ansehen[2]. Es wird daher aus Praktikabilitätsgründen ein "Marktmacht-Test" (market power test) vorgeschlagen[3], in dem der Grad der Wettbewerbsfreiheit geprüft wird. Weitere Analyseverfahren beziehen sich auf das Marktergebnis (market performance test), die Strukturelemente des Marktes (market

1) Aus der Fülle wirtschaftstheoretischer Beiträge, die sich speziell mit diesem Problemkreis beschäftigen, sei exemplarisch auf die ausführliche Monographie von Wilhelm KRELLE verwiesen. Ders.: Preistheorie, 2. Aufl. (2 Bände), Tübingen 1976.

2) Diese Auffassung vertritt insbesondere E. HOPPMANN: Zum Problem einer wirtschaftspolitisch praktikablen Definition des Wettbewerbs, in: Hans-Karl Schneider (Hrsg.): Grundlagen der Wettbewerbspolitik, Schriften des Vereins für Socialpolitik, NF Bd. 48, Berlin 1968, S. 38 ff.

3) Vgl. ebenda, S. 44.

structure test) sowie die Verhaltensweisen der Marktteilnehmer (market conduct test)[1]. Als Maßstäbe zur Messung der Ausprägungen der Wettbewerbsfreiheit bzw. der Wettbewerbsbeschränkungen eignen sich demzufolge Zahl, Größe und relative Verteilung bei der Analyse der Marktnebenseite, während für die Marktgegenseite als Beurteilungskriterien deren Wahlmöglichkeiten herangezogen werden können. Diese Entscheidungsfaktoren werden zu einem großen Teil auch von den betriebswirtschaftlichen Wettbewerbsparametern (Preis, Sortiment, Werbung etc.) sowie der grundsätzlichen "Marktpräsenz" (örtlich, sachlich, zeitlich) der Anbieter mit beeinflußt. In der folgenden Untersuchung wird auf die Einbeziehung dieses bankspezifischen marktpolitischen Instrumentariums - so wie sie die Bankbetriebslehre kennt[2] - verzichtet. Es soll vielmehr "nur" eine volkswirtschaftliche Bestandsaufnahme der gegenwärtigen Wettbewerbssituation gegeben werden, wobei anhand der wichtigsten oben angeführten Kriterien sowie der universalbanktypischen Zielsetzungen

- "Sicherung und Erhöhung des Marktanteils" und
- "Erzielung eines angemessenen Gewinns"

die Schwerpunkte der Untersuchung bei folgenden Fragestellungen liegen:

1. Wie hat sich die Leistungsstruktur des gesamten deutschen Bankensektors in den letzten 15 Jahren entwickelt,

---

1) Zu diesem Problemkreis vgl. auch die Ausführungen bei Dietrich STEIN: Wettbewerbspolitik und Geschäftsbankensystem (Bochumer Wirtschaftswissenschaftliche Studien Nr. 19), Bochum 1975, S. 176 ff.

2) Vgl. beispielsweise den Überblick von Ulrich WEISS: Marktforschung der Kreditinstitute. Die Erforschung des Marktes der privaten Haushaltungen und ihr Einfluß auf die Verhaltensweisen der Institute, Untersuchungen über das Spar-, Giro- und Kreditwesen, hrsg. von Fritz Voigt, Bd. 30, Berlin 1966, S. 59-62.

2. in welcher Weise ergaben sich Marktanteilsverschiebungen in ausgewählten Schwerpunktbereichen der Dienstleistungen,

3. in welcher Form sind Konzentrationstendenzen feststellbar und

4. welche Auswirkungen hatten diese Entwicklungstendenzen auf die Ertragslage der im Wettbewerb befindlichen Unternehmensgruppen?

Auf eine Analyse des in einigen Sektoren vorkommenden "Institutswettbewerbs" wird verzichtet, da das in diesem Zusammenhang zu weit führen würde.

2.1. Die Entwicklung nach Zahl und Größe

2.1.1. Die gesamte Kreditwirtschaft

Ausgangsbasis für die Beurteilung der lokalen Marktpräsenz sind Angaben der Deutschen Bundesbank über die Zahl der Kreditinstitute und ihrer Zweigstellen[1]. Dabei stellt sich heraus, daß sich die Gesamtzahl der Bankstellen in Deutschland infolge des Fortfalls der Marktschranke "Bedürfnis-Prüfung" seit 1957 bis 1976 fast verdoppelt hat. So kommen 1976 jeweils 1 400 Einwohner auf eine Bankstelle; 1957 waren es durchschnittlich noch 2 070 Einwohner gewesen. Damit verfügt die Bundesrepublik über eines der dichtesten Banknetze aller großen Industriestaaten - nur Luxemburg, die Schweiz und Finnland weisen eine höhere Bankstellendichte auf[2].

---

1) Vgl. Tabelle 1.

2) Eine Übersicht über die Bankstellendichte verschiedener Länder findet sich bei Jürgen STEIN: Beeinträchtigen Konzentrationstendenzen den Bankenwettbewerb? in: Die Bank, Jg. 1977, Heft 2, S. 15.

Diese Bankstellenexpansion ist jedoch nur durch eine Zunahme der Zahl der Zweigstellen erreicht worden; denn in demselben Zeitraum schrumpfte die Anzahl der selbständigen Kreditinstitute um 53 % von 13 359 auf 6 276, während die Zweigstellen fast um das Dreifache von ca. 13 020 auf über 37 000 anstiegen. Hatten im Durchschnitt 1957 noch nicht einmal alle Kreditinstitute eine Zweigstelle, so steigerte sich die Zahl 1976 auf fast 6 Zweigstellen pro Kreditinstitut.

Tabelle 1: Zahl der Kreditinstitute und ihrer Zweigstellen nach Bankengruppen (Stand: Jahresende)

Bankengruppe	Kreditinstitute 1957	Kreditinstitute 1976	Zweigstellen 1957	Zweigstellen 1976	Bankstellen insgesamt 1957	Bankstellen insgesamt 1976
Kreditbanken (1)	364	273	1.917	5.83o	2.281	6.1o3
Großbanken	8	6	787	3.o4o	795	3.o46
Regionalbanken und sonst. Kreditbanken (1)	96	11o	1.o2o	2.48o	1.116	2.59o
Zweigstellen ausländ. Banken (2)	15	49	6	39	21	88
Privatbankiers (1)	245	2o8	2o4	271	349	379
Girozentralen (3)	14	12	191	337	2o5	349
Sparkassen	871	649	8.192	16.226	9.o63	16.875
Genossenschaftliche Zentralbanken (4)	19	12	89	77	1o8	89
Kreditgenossenschaften (5)	11.795	5.o38	2.3o5	14.241	14.1oo	19.279
Realkreditinstitute	44	4o	19	29	63	69
Teilzahlungskreditinstitute (1)	194	128	225	461	419	589
Kreditinstitute mit Sonderaufgaben	16	19	34	31	5o	5o
Bausparkassen (6)	.	19	.	21	.	4o
In der Monatlichen Bilanzstatistik nicht erfaßte Bankengruppen	42	86	2	1	44	87
Insgesamt	13.359	6.276	12.974	37.254	26.333	43.53o

Quelle: DEUTSCHE BUNDESBANK: Monatsberichte, 29. Jg. (1977), Nr. 5, S. 41+).

Anmerkungen siehe S. 13.

Anmerkungen zur Tabelle 1 von Seite 12

+) Ohne Postscheck- und Postsparkassenämter. Außerdem ohne abwickelnde Kreditinstitute, die noch Meldungen zur Monatlichen Bilanzstatistik einreichen, und ohne Annahmestellen, reine Wechselstuben, sog. Geschäftsvermittlungsstellen, Zweigbüros und Vertretungen, aber einschließlich der Sitze für die Geschäftstätigkeit verlagerter Kreditinstitute im Bundesgebiet sowie der juristischen Zweitsitze und weiterer Sitze von Kreditinstituten, sofern dort eine bankgeschäftliche Tätigkeit ausgeübt wird; solche Sitze werden als Zweigstellen erfaßt.

1) In der Monatlichen Bilanzstatistik sind bei den Teilzahlungskreditinstituten Ende 1975 und Ende 1976 weitere 7 bzw. 6 Institute mit 289 bzw. 290 Zweigstellen erfaßt, von denen in dieser Zusammenstellung in Anpassung an das Verzeichnis der Kreditinstitute - Vordruck 1035 - 3 Institute mit 283 bzw. 287 Zweigstellen in die Gruppe "Regionalbanken und sonstige Kreditbanken" und 4 bzw. 3 Institute mit 6 bzw. 3 Zweigstellen in die Gruppe "Privatbankiers" umgruppiert wurden.

2) Die erste Zweigstelle einer ausländischen Bank im Bundesgebiet gilt nach § 53 Abs. 1 KWG als Kreditinstitut; weitere Zweigstellen werden als Zweigstellen erfaßt.

3) Einschließlich Deutsche Girozentrale - Deutsche Kommunalbank - sowie der zahlreichen Zweigstellen der ehemaligen Braunschweigischen Staatsbank, die jetzt als Zweigstellen der Norddeutschen Landesbank Girozentrale weitergeführt werden.

4) Einschließlich Deutsche Genossenschaftsbank und DZ-Bank Deutsche Zentralgenossenschaftsbank AG.

5) Einschließlich sonstiger nicht in genossenschaftlicher Rechtsform betriebener Kreditinstitute, die dem Bundesverband der Deutschen Volksbanken und Raiffeisenbanken e.V. angeschlossen sind. Bis Dezember 1971 wurden Kreditgenossenschaften (Schulze-Delitzsch) und Kreditgenossenschaften (Raiffeisen) gesondert erfaßt und in den damaligen Publikationen auch getrennt gezeigt.

6) Seit Ende 1972 einschließlich der rechtlich selbständigen (privaten und öffentlichen) Bausparkassen und ihrer Zweigstellen. 9 (Ende 1972) bzw. 10 (seit Ende 1973) rechtlich unselbständige öffentliche Bausparkassen (Abteilungen oder Anstalten anderer öffentlich-rechtlicher Kreditinstitute) mit 4 Zweigstellen werden nicht getrennt ausgewiesen.

In einer ersten Beurteilung dieser Zweigstellenexpansion kam die Deutsche Bundesbank schon 1959 zu dem Ergebnis,

> *"... daß die Ausdehnung und Verdichtung der Zweigstellennetze, wenn sie in diesem Tempo noch eine Zeitlang fortgesetzt wird, zu Lasten der Rentabilität der Kreditinstitute geht und zu ernsten Störungen in der Kreditwirtschaft führen muß. Es ist daher dringend notwendig, daß von allen Instituten Maß gehalten wird, insbesondere von solchen, die nicht in gleichem Maße wie andere auf die Erzielung von Gewinn und auf die Stärkung ihrer Eigenmittel angewiesen sind."* 1)

So dürfte es ziemlich einleuchtend sein, daß die Kreditinstitute ihre örtliche Präsenz häufig nur als Reaktion auf den allgemeinen Wachstumstrend in der gesamten Volkswirtschaft vorgenommen haben. Da nämlich auch die kleinen und mittleren Einkommensbezieher in zunehmendem Maße am Bruttosozialprodukt partizipieren, war eine größere Kundennähe zwingend, um dem ansteigenden Geschäftsbedarf, der als Folge des steigenden Einkommens (z.B. Erhöhung des Sparaufkommens) auftrat, begegnen zu können.

Mit nachlassendem volkswirtschaftlichen Wachstum muß aber auch die Geschwindigkeit der Zweigstellenexpansion reduziert werden, wobei eine Abwägung zwischen den erhöhten Kosten von Filialneugründungen und den zu erwartenden Erträgen, die durch die größere Kundennähe entstehen, vorgenommen werden muß. Dabei gilt es zu berücksichtigen, daß im Falle eines erhöhten allgemeinen Wachstums alle Bankengruppen in mehr oder weniger gleichem Maße positiv betroffen werden, während bei Stagnation bzw. "Marktsättigung" eine Geschäftsausweitung nur noch auf Kosten der Markt-

---

1) DEUTSCHE BUNDESBANK: Die Entwicklung des Zweigstellennetzes der Kreditinstitute nach Wegfall der Bedürfnisprüfung, in: Dies.: Monatsberichte, 12. Jg. (1960), Nr. 10, S. 60 (Hervorhebungen von uns).

nebenseite erfolgen kann. Diese Verschärfung des Wettbewerbs kann wie gesagt nicht ohne Folgen auf die Ertragssituation (und damit auf die Rentabilität) bleiben. Dem Einwand der Bundesbank gegen eine Zweigstellenexpansion in dem bisherigen Tempo ist deshalb aus betriebs- wie volkswirtschaftlichen Gründen Rechnung zu tragen, zumal man gegenwärtig in einigen Bereichen schon gewisse "Marktsättigungserscheinungen" feststellen kann. Es würde u.E. jedoch zu weit führen, wenn man heute aus ordnungspolitischen Gründen wieder eine Quasi-Bedürfnisprüfung einführen wollte, wie sie z.B. von einigen Autoren schon wieder ansatzweise gefordert wird[1]. Hierbei kann es sich lediglich um eine ökonomische Nutzen-Kosten-Analyse handeln, die heute von jedem rational agierenden Wirtschaftsunternehmen erwartet werden kann[2].

Der Rückgang selbständiger Kreditinstitute traf - absolut gesehen[3] - bei fast allen Institutsgruppen zu (mit Ausnah-

---

1) *"Der Kostendruck, der mit der Verschärfung des Wettbewerbs die Kreditinstitute immer fühlbarer belastet, macht es erforderlich, die Erweiterung, ja sogar die Beibehaltung des bestehenden Zweigstellennetzes trotz ständiger beträchtlicher Ausweitung der Dienstleistungen einer sorgfältigen Prüfung zu unterziehen."* Manfred SCHNEIDER: Der Wettbewerb der Kreditinstitute im Spannungsfeld von Bankenaufsicht und Notenbankpolitik, in: Bank-Betrieb, 13. Jg. (1973), S. 124. Ähnlich äußerte sich auch Wolf-Dieter BECKER: Wettbewerb in der Kreditwirtschaft: Das deutsche Beispiel, in: Sparkasse, 89. Jg. (1972), S. 135.

2) Im Auftrag der Gesellschaft zur Förderung der wissenschaftlichen Forschung über das Spar- und Girowesen ist von Joachim SÜCHTING über diese Problematik ein Forschungsbericht angefertigt worden. Vgl. dazu den Ergebnisbericht von Friedhelm SCHAPERJAHN: Untersuchungen zur Rentabilität von Sparkassen-Zweigstellen, in: Mitteilungen (Hrsg.: Gesellschaft zur Förderung der wissenschaftlichen Forschung über das Spar- und Girowesen), Nr. 6, Oktober 1977, S. 38-40. Vgl. in diesem Zusammenhang auch den Aufsatz (und die dort angegebene Literatur) von Herbert EBNER: Zweigstellenpolitik der Kreditinstitute, in: Betriebswirtschaftliche Blätter für die Praxis der Sparkassen und Landesbanken/Girozentralen, 26. Jg. (1977) S. 137-140.

3) Vgl. Tabelle A 1 im Anhang.

me der Gruppe "Zweigstellen ausländischer Kreditinstitute", deren Marktpräsenz in den letzten Jahren sprunghaft gestiegen ist). Relativ betrachtet[1] war er jedoch bei den Sparkassen am größten, da hier der Marktanteil (gemessen an der Zahl der berichtspflichtigen Institute) um 4,7 Prozentpunkte von 23 % (1962) auf 18,3 % (1976) schrumpfte, während er im Gegenzug besonders stark bei den Kreditgenossenschaften anstieg. Ursächlich für diese sektoral unterschiedliche Entwicklung ist zum einen die durch die kommunalen Neuordnungen erzwungene Fusionswelle im Sparkassensektor und zum anderen die aufgrund des wachsenden Geschäftsvolumens erhöhte Zahl berichtspflichtig gewordener Kreditgenossenschaften.

Eine Berücksichtigung von Zahl und Größe auch der nicht berichtspflichtigen genossenschaftlich organisierten Kreditinstitute für die Jahre 1973 bis 1976[2] zeigt, daß die Zahl aller Institute alljährlich zwischen 2 und 3 % abnahm. Der Rückgang war im sog. "guten" Bankjahr 1975 jedoch mit -2,4 % (gegenüber 1974) am geringsten, während er 1976 mit -2,9 % (gegenüber 1975) wieder etwas stärker ausfiel. Die Zahl der berichtspflichtigen Institute schrumpfte dagegen jährlich nur um 0,8 %. D.h. der allgemeine Rückgangs-Trend wird teilweise durch die Hinzunahme neuer berichtspflichtig gewordener Institute kompensiert. Dadurch stieg der Anteil, den die berichtspflichtigen Institute an der Gesamtzahl aller Kreditgenossenschaften haben, von 44,7 % (1973) auf 47,4 % (1976).

---

1) Vgl. Tabelle A 19 im Anhang.

2) Die Deutsche Bundesbank weist im tabellarischen Anhang ihrer Monatsberichte Zahl und Geschäftsvolumen (Bilanzsumme) aller Kreditgenossenschaften erst seit 1973 aus. In älteren Berichten waren lediglich die Raiffeisenbanken berücksichtigt worden.
Für die folgende Analyse wurden nur die entsprechenden Jahresendwerte herangezogen. Vgl. Tabelle 2 sowie DEUTSCHE BUNDESBANK: Monatsberichte, 29. Jg. (1977), Nr. 5, S. 40+ (Tabelle III. 19).

Tabelle 2: Zahl und Größe der Kreditgenossenschaften 1973 - 1976 (Stand: Jahresende)

Merkmalskriterien	1973	1974	1975	1976
(1) Zahl aller Institute	5 481	5 324	5 196	5 044
davon:				
(2) Zahl der berichtspflichtigen Institute	2 450	2 430	2 409	2 389
(in % aller Institute)	*(44,7o)*	*(45,64)*	*(46,36)*	*(47,36)*
(3) Geschäftsvolumen (GV) aller Institute (Mio. DM)	123 040	136 800	158 841	174 104
davon:				
(4) GV der berichtspflichtigen Institute (Mio. DM)	108 241	121 077	136 148	154 136
(in % aller Institute)	*(88,97)*	*(88,51)*	*(85,71)*	*(88,53)*
Durchschnittliche Betriebsgröße (Mio.DM)				
(5) aller Kreditinstitute (3) : (1)	22,45	25,69	30,57	34,52
(6) der berichtspflichtigen Institute (4) : (2)	44,18	49,83	56,52	64,52
(7) der nicht-berichtspflichtigen Institute (3)-(4) : (1)-(2)	4,88	5,43	8,14	7,52

Quelle: DEUTSCHE BUNDESBANK: Monatsberichte, 29. Jg. (1977), Nr. 5, S. 40+ (Tabelle III. 19); eigene Berechnungen.

Das Geschäftsvolumen aller Kreditgenossenschaften stieg in den letzten drei Jahren wie folgt (gegenüber dem Vorjahr):

1974: + 11,2 %
1975: + 16,1 %
1976: + 9,6 %

Der Anstieg war im sog. guten Bankenjahr 1975 erwartungsgemäß am größten. Dieses starke Wachstum traf jedoch 1975 (im Gegensatz zu den beiden übrigen Jahren) besonders stark die kleineren, nicht berichtspflichtigen Institute, deren Geschäftsentwicklung in diesem Jahr überproportional hoch ausfiel, während sie 1976 sogar rückläufig war:

1974:	+ 6,2 %
1975:	+ 44,3 %
1976:	- 12,0 %

Im Gegensatz zu der recht unterschiedlichen Entwicklung der kleineren Institute verlief das geschäftliche Wachstum bei den berichtspflichtigen Instituten kontinuierlich ansteigend.

1974:	+ 11,8 %
1975:	+ 12,4 %
1976:	+ 13,2 %

Der Anteil dieser Institute am Geschäftsvolumen aller Institute betrug in fast allen Jahren 88 %, mit Ausnahme des Jahres 1975 (= 85,7 %), indem die kleineren, nicht berichtspflichtigen Institute überproportional wuchsen.

Diese ungleichmäßige Entwicklung im Genossenschaftssektor führt dazu, daß die durchschnittliche Betriebsgröße bei den nicht-berichtspflichtigen Instituten - im Gegensatz zur allgemeinen Trendentwicklung in der gesamten deutschen Kreditwirtschaft[1] - rückläufig ist[2]. Sie sinkt von 8,1 Mio. DM (1975) auf 7,5 Mio. DM (1976). Ursächlich für diesen atypischen Verlauf dürfte unseres Erachtens aber allein die Tatsache sein, daß im Jahre 1976 eine überdurchschnittlich hohe Anzahl der Institute berichtspflichtig wurde, so daß die Durchschnittsgröße der nicht-berichtspflichtigen Institute gesunken ist.

1) Vgl. Abb. 1 sowie Tabelle A 3 im Anhang.

2) Vgl. Tabelle 2.

Abb. 1: Entwicklung der durchschnittlichen Betriebsgröße 1976 gegenüber 1962 (in %)

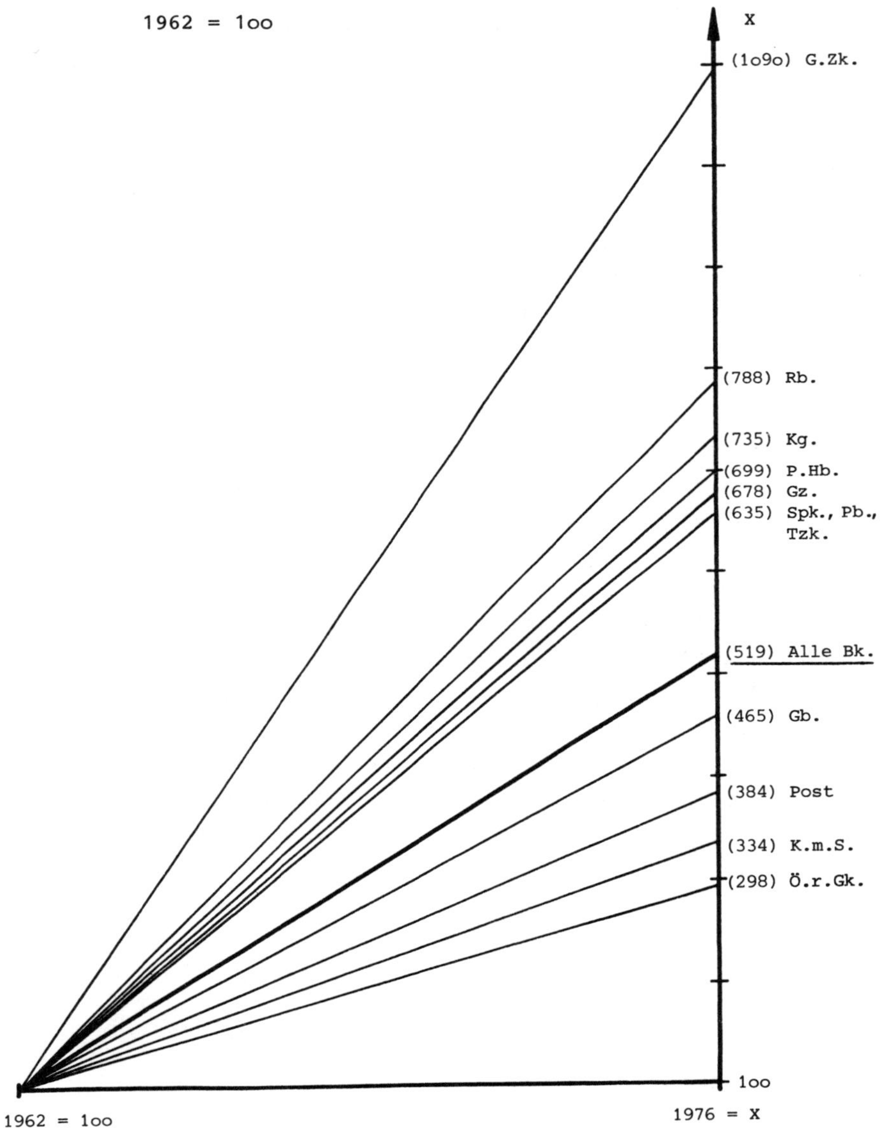

Quelle: Eigene Berechnungen nach Tabelle A 3.

Eine Analyse der Relation von Zahl und Größe der Institute in der deutschen Kreditwirtschaft zeigt[1], daß sich die durchschnittliche Betriebsgröße insgesamt gesehen zwischen 1962 und 1976 verfünffacht hat. Überproportional stark war mit weitem Abstand die Entwicklung der genossenschaftlichen Zentralkassen, und in der weiteren Folge der Regionalbanken, berichtspflichtigen Kreditgenossenschaften, privaten Hypothekenbanken, Girozentralen, Sparkassen, Privatbankiers und Teilzahlungskreditinstitute. Ein unterdurchschnittliches Verlaufsprofil weisen die Großbanken sowie die Bankdienste der Post, der Kreditinstitute mit Sonderaufgaben und der öffentlich-rechtlichen Grundkreditanstalten auf.

Berücksichtigt man in dieser Analyse auch die von der Bundesbank ausgewiesene Gliederung der Zahl der monatlich berichtenden Institute nach Größenklassen, dann zeigt sich deutlich die sektoral unterschiedliche Größenentwicklung der Institutsgruppen[2].

So hat insgesamt gesehen eine ziemlich deutliche Verschiebung in die höheren Größenklassen stattgefunden. Denn die Anzahl der Kreditinstitute mit einem Geschäftsvolumen von unter 10 Mio. DM ging zwischen 1962 und 1976 besonders stark zurück, und zwar von 58 % auf 3,0 % Anteil an der Gesamtzahl der berichtenden Institute, wobei dies hauptsächlich durch die Entwicklungen im Genossenschaftssektor begründet ist. 1976 befand sich dagegen der größte Teil aller Institute (64,3 %) in der nächsthöheren Berichtsgruppe (10 - 100 Mio. DM).

---

1) Vgl. Abb. 1.

2) Vgl. Tabelle 3.

Tabelle 3: Verteilung der Zahl der monatlich berichtenden Kreditinstitute nach ihrem Geschäftsvolumen auf Größenklassen (in %)

Bankengruppe	Zahl der Institute		Verteilung (in %) auf Größenklassen mit einem Geschäftsvolumen von: unter 10 Mio DM		10-100 Mio DM		100-500 Mio DM		500 Mio - 1 Mrd. DM		über 1 Mrd.DM	
	1962	1976	1962	1976	1962	1976	1962	1976	1962	1976	1962	1976
Kreditbanken	343	281	41,7	13,2	37,3	29,9	15,2	27,0	2,6	11,7	3,2	18,1
Großbanken	6	6	-	-	-	-	16,7	-	33,3	-	50,0	100,0
Regionalbanken[1)]	133	162	23,3	4,9	42,9	24,7	24,1	32,7	3,8	14,8	6,0	22,8
Privatbankiers	204	113	54,9	25,6	34,8	39,0	9,3	20,4	1,0	8,0	-	7,1
Girozentralen	12	12	-	-	-	-	-	-	8,3	-	91,7	100,0
Sparkassen	867	649	9,6	-	71,6	15,3	16,0	56,5	2,0	17,1	0,8	11,1
Genossensch. Zentralkassen	18	12	-	-	-	8,3	77,8	-	16,7	8,3	5,5	83,4
Kreditgenossenschaften	2207	2389	80,2	0,7	19,3	85,6	0,6	12,7	-	0,8	-	0,2
Realkreditinst.	48	40	4,2	-	22,9	10,0	20,8	12,5	18,8	-	33,3	77,5
Private Hypothekenbanken	30	26	6,7	-	16,7	7,6	20,0	7,6	26,7	-	30,0	84,7
Öffentl.-rechtl. Grundkreditanst.	18	14	-	-	33,3	14,2	22,2	21,4	5,6	-	38,9	64,3
Teilzahlungskreditinstitute	242	139	69,0	36,0	26,9	33,8	3,7	2,0	0,4	2,9	-	2,2
Kreditinstitute m.Sonderaufgaben	24	19	12,5	-	20,8	15,9	20,8	26,3	12,5	-	33,3	57,9
alle Banken[2)]	3761	3541	57,6	2,9	33,4	64,5	6,4	22,4	1,1	4,7	1,4	5,5

1) Einschließlich der Zweigstellen ausländischer Banken
2) Ohne Post und Bausparkassen

Quelle: DEUTSCHE BUNDESBANK: Monatsberichte, 16. Jg. (1964), Nr. 1, S. 102 und 29. Jg. (1977), Nr. 8, S. 40+

Bemerkenswert sind in diesem Zusammenhang die Verschiebungen der Größenstruktur innerhalb der einzelnen Sektoren. Die große Masse aller Kreditgenossenschaften (85,6 %) befindet sich 1976 in der Klasse 10 - 100 Mio. DM (1962 noch zu 80 % in der kleinsten Größenklasse unter 10 Mio. DM), während die Sparkassen 1976 zu 56,5 % in der nächsthöheren Klasse 100 - 500 Mio. DM angesiedelt waren (1962 noch zu 72 % in der darunterliegenden Klasse von 10 - 100 Mio. DM Geschäftsvolumen). Konnten sich 1962 nur 7 Sparkassen als Bilanzmilliardäre bezeichnen (= 0,8 %), so waren es 1976 immerhin 72 (= 11,1 %).

Eine erste grobe Auswertung dieser Zahlenangaben sowie die gegenläufige Entwicklung von Zweigstellenexpansion (die besonders stark bei den Kreditgenossenschaften und Sparkassen war) einerseits und Rückgang der Kreditinstitute andererseits läßt einen zunehmenden Konzentrationsgrad in der deutschen Kreditwirtschaft auf größere Unternehmenseinheiten vermuten. Um diese These zu überprüfen, beschäftigen wir uns im übernächsten Abschnitt (Kapitel 2.2.) etwas ausführlicher mit diesem Sachverhalt.

2.1.2. Besonderheiten im Sparkassensektor

Die Entwicklung der Institute nach Zahl und Größe fällt nicht nur sektoral (d.h. von Institutsgruppe zu Institutsgruppe), sondern auch regional unterschiedlich stark aus. Da jedoch für die im ganzen Bundesgebiet tätigen Filialbanken eine regional abgestufte Entwicklungsanalyse nicht möglich ist, sei im folgenden exemplarisch der nach insgesamt 12 Verbandsbereichen gegliederte Sparkassensektor zur Untersuchung herangezogen. Aufgrund des Gewährträgerprinzips und der öffentlich-rechtlichen Bindung dieser Institute ist hier nämlich eine relativ leichte Zuordnung der einzelnen Verbandsgebiete auf die entsprechenden Bundesländer möglich. Ausnahmen bilden lediglich die Stadtstaaten Bremen und Hamburg, die gemeinsam im Hanseatischen Sparkassen- und Giroverband zusammengeschlossen sind, sowie die Bundesländer Nordrhein-Westfalen und Baden-Württemberg, in denen jeweils zwei Verbände existieren.

Vergleicht man nun die allgemeine Wirtschaftsentwicklung dieser Gebiete[1] mit den verbandsspezifischen Daten[2], dann sieht man, daß die Sparkassenentwicklung sich nicht in jedem Fall parallel zum Bruttoinlandsprodukt (BIP) entwickelt hat[3]. So vergrößerten sich überproportional (gegenüber dem bundesdurchschnittlichen Geschäftsvolumen) insbesondere die Sparkassen von Berlin, Hessen, Bayern, Baden und Rheinland-Pfalz, während die Geschäftsentwicklung in den übrigen Verbänden unterdurchschnittlich war.

Zu einer etwas anderen Reihenfolge gelangt man jedoch, wenn man die durchschnittliche Betriebsgröße (= Geschäftsvolumen / Zahl der Sparkassen) zugrundelegt. Hier führt deutlich Bayern vor Württemberg, Rheinland-Pfalz und Baden. Schlußlichter sind in beiden Fällen das Saarland und Niedersachsen, deren Daten sowohl bei der allgemeinen Wirtschaftsentwicklung als auch speziell bei der Sparkassenentwicklung unterdurchschnittlich verlaufen sind.

Der Zusammenhang zwischen der nach Rangnummern geordneten gesamtwirtschaftlichen und der sparkassenspezifischen Entwicklung der einzelnen Bundesländer läßt sich anhand einer

1) Vgl. Tabelle A 49.

2) Vgl. Tabelle A 48.

3) Für die Bundesländer, in denen 2 Verbände organisiert sind, wurden nach dem Geschäftsvolumen gewichtete Durchschnittswerte errechnet.

Rangkorrelationsanalyse überprüfen[1]. Es zeigt sich erstens, daß die Sparkassenentwicklung einzelner Regionen nur sehr schwach mit der BIP-Entwicklung der entsprechenden Länder rangkorreliert ist[2], und zweitens, daß eher ein Zusammenhang zwischen durchschnittlicher Betriebsgröße und Bruttoinlandsprodukt (BIP) besteht ($\rho^{II} = 0{,}63$), als zwischen Geschäftsvolumen und BIP ($\rho^{I} = 0{,}33$). Ferner ist der Rangkorrelationskoeffizient ρ^{II} zwischen durchschnittlicher Betriebsgröße und BIP mit einer Sicherheitswahrscheinlichkeit von 95 % signifikant von Null verschieden[3], während für ρ^{I} keine entsprechende Signifikanz nachgewiesen werden kann.

---

1) Der als Maß verwendete SPEARMAN'sche Rangkorrelationskoeffizient ist wie folgt definiert:

$$\rho = 1 - \frac{6 \cdot \Sigma d_i^2}{n\,(n^2-1)}$$

wobei: $d_i = x_i - y_i$

x_i/y_i = Rangnummern von Merkmal x bzw. y ($i=1,\ldots,n$)

n = Anzahl der Elemente

Vgl. Johann PFANZAGL: Allgemeine Methodenlehre der Statistik, Bd. II, 3. verb. Aufl., Berlin 1968, S. 280.

2) Vgl. Tabelle 4.

3) Für n = 10 und die Sicherheitswahrscheinlichkeit α = 95 % (99 %) gilt: $\rho = 0{,}56$ (0,73).
Vgl. Johann PFANZAGL: Methodenlehre, II, S. 299.

Tabelle 4: Rangkorrelation zwischen regionaler Wirtschafts- und Sparkassenentwicklung

Bundesland	Rangordnungen		
	x_i	y_i^I	y_i^{II}
Schleswig-Holstein	5	6	5
Hamburg / Bremen	10	8	6
Niedersachsen	6	9	9
Nordrhein-Westfalen	8	7	4
Rheinland-Pfalz	1	4	3
Hessen	4	2	6
Baden-Württemberg	3	5	2
Bayern	2	3	1
Saarland	7	10	10
Berlin-West	9	1	8
		$\rho^I = 0{,}36$	$\rho^{II} = 0{,}63$

Erläuterung: x_i = Rangordnung in der BIP-Entwicklung

y_i^I = Rangordnung in der Entwicklung des Geschäftsvolumens

y_i^{II} = Rangordnung in der Entwicklung der durchschnittlichen Betriebsgröße

Quelle: Eigene Berechnungen nach Tabelle A 48 und A 49.

Diese Ergebnisse deuten darauf hin, daß zwischen BIP und Geschäftsvolumen der Regionen kein Zusammenhang besteht, wohl aber zwischen BIP und der durchschnittlichen Betriebsgröße. Da die allgemeine Geschäftsentwicklung sehr stark von der betrieblichen Entwicklung abweicht, ließe sich daraus der Schluß ziehen, daß die Steigerungen in der Betriebsgröße hauptsächlich infolge von Sparkassenzusammenlegungen und weniger durch die regionale Wirtschaftsentwicklung erfolgt sind.

Um diese These zu überprüfen, wird die Rechnung noch einmal unter Ausschluß der Verbandsbereiche Saarbrücken und Berlin-West durchgeführt, da sich in diesen Regionen die Sparkassenzahl zwischen 1962 und 1976 nicht geändert hat.

Der Rangkorrelationskoeffizient für den Zusammenhang zwischen BIP und durchschnittlicher Betriebsgröße bleibt nach dieser Rechnung mit $\rho = 0{,}62$ nahezu konstant, während er sich für die Beziehung zwischen BIP und Geschäftsvolumen (GV) jetzt mehr als verdoppelt hat: $\rho^{I} = 0{,}76$. D.h. die Sparkassenentwicklung in Deutschland (ohne Berlin und Saarland) wird fast gleich stark durch Fusionen (= Steigerung der durchschnittlichen Betriebsgröße bei Konstanz des Geschäftsvolumens) als auch durch verstärkte Eigenaktivitäten (= Steigerung des Geschäftsvolumens) beeinflußt. Ausnahmen bilden hier allein die Bundesländer Berlin und das Saarland:

- In beiden Regionen fanden nämlich keine Zusammenschlüsse statt; die Zahl der Sparkassen ist konstant geblieben. Deshalb verlief die Entwicklung der durchschnittlichen Betriebsgröße parallel zur allgemeinen Geschäftsentwicklung in diesen Ländern, jedoch (im Vergleich zum Bundesdurchschnitt) unterproportional.

- In Berlin war hingegen eine überproportionale Zunahme des Geschäftsvolumens zu beobachten, während sie im Saarland wiederum weit unter dem Bundesdurchschnitt geblieben ist. Das unterstreicht nur die hohe geschäftliche Aktivität der West-Berliner Sparkasse, die trotz unterdurchschnittlicher Wirtschaftsentwicklung beim Wachstum des Geschäftsvolumens einen Spitzenplatz einnimmt.

Dieses regional differenzierte Größenwachstum wird durch eine bundesdurchschnittliche Steigerung der Bankstellenzahlen begleitet. Ausnahmen: Berlin und Württemberg, wo der Rückgang der nebenberuflichen Zweigstellen größer war als (im Gegenzug) der Anstieg der hauptberuflichen Zweigstellen.

Eine Analyse der lokalen Marktpräsenz[1] zeigt, daß in dem Beobachtungszeitraum nahezu eine Verdoppelung der hauptberuflichen Zweigstellen stattfand, während in der gleichen Zeit sich die Zahl der nebenberuflich betriebenen Zweigstellen mehr als halbiert hat. Daraus wird ersichtlich, daß die Sparkassen auch ihr lokales Engagement verstärkt haben, wobei sie ihre Filialen zu sog. "full-service"-Stationen ausgebaut haben.

Die weitaus größte Zahl aller nebenberuflichen Zweigstellen ist auch 1976 noch in Württemberg zu finden, während die hauptberuflichen Filialen vorwiegend in den flächengrößten Bundesländern (Bayern und Niedersachsen) angesiedelt sind. Eine Analyse der personellen und räumlichen Sparkassenstellendichte zeigt folgendes[2]:

(1) Im Bundesdurchschnitt ist eine deutliche Verringerung der von einer Sparkassenstelle zu betreuenden Einwohnerzahl festzustellen. Kamen 1962 noch 4 617 Einwohner auf eine Sparkassenstelle, so waren es 1976 nur noch 3 661. Das entspricht einer Zunahme der Zweigstellendichte von 26 %.

(2) Infolge des überproportional hohen Rückgangs der nebenberuflichen Zweigstellen in Berlin und Württemberg sinkt dort die personelle Sparkassenstellendichte, und zwar in Berlin-West sehr stark von 14 400 Einwohner pro Sparkassenstelle auf nahezu 24 000, während in dem

---

1) Vgl. Tabelle A 50.

2) Vgl. Tabelle 5.

sparkassenstellendichtesten Bundesland Baden-Württemberg der Rückgang nur geringfügig ist: Von 2 277 auf 2 336 Einwohner pro Sparkassenstelle.

(3) In allen übrigen Bundesländern ist eine Zunahme der personellen Sparkassenstellendichte (Einwohner/Sparkassenstelle) festzustellen. Dabei ist die geringste Dichte in den dichtbesiedelten Stadtstaaten sowie auch im einwohnerstarken Nordrhein-Westfalen.

(4) Diese relativ geringe personelle Sparkassenstellendichte ist allein auf die hohe Siedlungsdichte in diesen Regionen zurückzuführen, wie eine Analyse der räumlichen Sparkassenstellendichte (qkm/Sparkassenstelle) zeigt. Danach versorgt im Bundesdurchschnitt eine Sparkassenstelle 1976 (1969) ein Gebiet von 14,8 (20,2) qkm, während in den Stadtstaaten Hamburg und Berlin die zu betreuende Fläche auf 3 - 6 qkm zurückgeht.

Tabelle 5: Sparkassenstellendichte 1962 und 1976 nach Bundesländern

Bundesland	räumliche Sparkassen-stellendichte (qkm / Spk.-Stelle) 1962	1976	personelle Sparkassen-stellendichte (Einw. / Spk.-Stelle) 1962	1976
Schlesw.-Holst.	27,8	22,2	4 158	3 659
Hamburg/Bremen	4,2	3,5	9 339	7 429
Niedersachsen	25,2	21,2	3 567	3 233
Nordrh.-Westf.	17,4	10,6	8 219	5 311
Rheinl.-Pfalz	27,7	16,7	4 835	3 086
Hessen	14,9	10,6	3 451	2 773
Baden-Württ.	10,0	9,1	2 227	2 336
Bayern	46,4	25,4	6 356	3 889
Saarland	8,9	7,0	3 775	2 978
Berlin-West	3,2	5,9	14 437	23 987
BRD	20,2	14,8	4 617	3 661

Quelle: Eigene Berechnungen nach Tabelle A 48 und A 50.

2.2. Konzentrationstendenzen in der deutschen Kreditwirtschaft

2.2.1. Vorbemerkungen

Ziel dieses Abschnitts der Untersuchung ist es, eine Bezugsgröße zur Beurteilung des Begriffskomplexes "Marktmacht" zu gewinnen. Dabei steht die Überlegung dahinter, daß die Unternehmensgröße einer gegebenen Zahl von Kreditinstituten als Ausdruck für ihre wirtschaftliche Entscheidungsfreiheit oder "Mächtigkeit" bezüglich wirtschaftspolitisch relevanter Gesichtspunkte angesehen werden kann. Indikatoren für diese Beurteilung sind neben der Zahl der Institute bestimmte ausgewählte Größenmerkmale, wie z.B. Geschäftsvolumen, Umsatz etc..

Unter Konzentration soll dabei die Verteilung bestimmter Merkmalsbeträge auf eine bestimmte Anzahl relevanter Unternehmen verstanden werden. Gleichverteilung liegt dann vor, wenn die Merkmalsbeträge aller betrachteten Kreditinstitute gleich groß sind. Eine Ungleichverteilung (= Konzentration) ist dann gegeben, wenn die Anteile der Unternehmen hinsichtlich Zahl und Merkmalsbetrag nicht übereinstimmen, also z.B. eine relativ geringe Zahl von Unternehmen über einen relativ großen Anteil am betrachteten Merkmalsbetrag verfügt.

Die Aufgabe der Konzentrationsmessung[1)] besteht nun darin, daß die jeweiligen Zustände der Merkmalsverteilung auf die relevanten Unternehmen sowohl in ihrem Ausmaß als auch in ihrer Tendenz gemessen werden. In diesem Sinne sollte ein Konzentrationsmaß bei zunehmender Ungleichverteilung an-

---

1) Einen recht guten Überblick über Zielsetzung, Anforderungen und Eigenschaften von Konzentrationsmaßen vermittelt Rainer FEUERSTACK: Unternehmenskonzentration. Theoretische Grundbegriffe und empirische Ergebnisse für die Bundesrepublik Deutschland 1960-1970, Neuwied 1975.

steigen, während es umgekehrt im Falle von Dekonzentration sinken soll.

Die Konzentrationsmessung der deutschen Kreditwirtschaft erfolgt in der vorliegenden Untersuchung anhand einer "relevanten" Stichprobe, die (was noch gezeigt werden soll) durchaus als repräsentativ für die Entwicklung der jeweiligen Grundgesamtheit angesehen werden kann.

Konzentrationsmerkmal ist hier die Verteilung des aggregierten Geschäftsvolumens der 50 größten Kreditinstitute, die in fallender Rangfolge in 10 Rangklassen zu je 5 Instituten zusammengefaßt wurden[1]. Die Aufstellung basiert dabei auf einer Aufsatzreihe der Zeitschrift "Bank-Betrieb", die seit 1961 die gesamte deutsche Kreditwirtschaft und seit 1969 auch abgegrenzte Sektoren laufend größenmäßig geordnet erfaßt. Es handelt sich um private, öffentlich-rechtliche und genossenschaftlich organisierte Kreditinstitute[2].

Um die Repräsentanz dieser Institutsauswahl zu demonstrieren, sei kurz auf die Beziehungen eingegangen, die diese jeweils 50 größten Unternehmen zur jeweiligen Grundgesamtheit haben. Das Bezugsmaterial basiert auf Angaben der Deutschen Bundesbank, wobei die sektorale Einteilung wie folgt vorgenommen wurde[3]:

---

1) Auch die MONOPOLKOMMISSION betrachtete in ihrem letzten Hauptgutachten nicht die Konzentrationsentwicklung sämtlicher Kreditinstitute. Sie gelangte vielmehr zu folgender Feststellung (der wir uns anschließen): "Konzentrationsgrade auf der Basis von jeweils 50 größten Instituten geben ... ein vollauf befriedigendes Bild." MONOPOLKOMMISSION: Hauptgutachten 1973/1975, Mehr Wettbewerb ist möglich, Baden-Baden 1976, S. 212.

2) Vgl. hierzu Anhang.

3) Diese Einteilung deckt sich nicht unbedingt mit der Einteilung der Institute nach Rechtsformen, so wie sie in Kapitel 3.2.2. vorgenommen wird, da z.T. Überschneidungen, Doppelzählungen und Ausnahmen vorkommen. So zählen z.B. einige genossenschaftliche Institute, die in der Rechtsform einer AG vorkommen, in der Auflistung des "Bank-Betrieb" sowohl zum Privatsektor als auch zum Genossenschaftssektor.

(a) Zum Privatsektor zählen:

- Kreditbanken
- private Hypothekenbanken
- Teilzahlungskreditinstitute

(b) Zum öffentlich-rechtlichen Sektor zählen:

- Girozentralen
- Sparkassen
- öffentlich-rechtliche Grundkreditanstalten
- Kreditinstitute mit Sonderaufgaben

(c) Zum Genossenschaftssektor zählen:

- Zentralkassen
- Kreditgenossenschaften.

2.2.2. Die Beziehungen der untersuchten Stichprobe zur Grundgesamtheit

Wie aus der Tabelle 6 ersichtlich wird, ist die Repräsentanz der 50 größten Institute im Privatsektor am größten: 1975 (1969) entfielen auf die 50 Institute, die ihrer Zahl nach einen Anteil von 10,6 % (9,2 %) ausmachen, 83,5 % (83 %) des Geschäftsvolumens des gesamten Sektors. Da die Gesamtzahl aller Institute in den letzten Jahren laufend zurückgeht, ist es verständlich, daß der Anteil der 50 Institute (in % der Gesamtzahl) im Zeitablauf ansteigt. Bemerkenswert ist nur, daß der Anstieg des Anteils am Geschäftsvolumen dieser Gruppe nicht ähnlich groß ausfiel: Die "Konzentrationsquote", die die %-Anteile der Merkmalsgrößen Geschäftsvolumen und Zahl in Beziehung setzt, sinkt von 9,0 (1969) auf 7,9 (1975). Der Wert 1 signalisiert in diesem Fall "Gleichverteilung", während im Grenzfall bei totaler Konzentration diese Quote gegen den Wert "Unendlich" strebt.

Tabelle 6: Die Beziehungen der 50 größten Institute zur jeweiligen Grundgesamtheit 1969/75
(Stand: Jahresende)

Nr.	Bezugs-merkmale	Privatsektor		Öffentlich-rechtl. Sektor		Genossenschaftlicher Sektor		
		1969	1975	1969	1975	1969[1]	1975[1]	1975[2]
(1)	Gesamtzahl aller Institute	545	472	900	720	2242	2421	5196
(2)	Anteil der 50 Institute *(in % der Gesamtzahl)*	*9,2*	*10,6*	*5,6*	*6,9*	*2,2*	*2,1*	*0,96*
(3)	Geschäfts-volumen aller Institute (Mrd. DM)	233,5	487,5	404,3	737,4	81,5	199,7	218,4
(4)	Geschäfts-volumen der 50 größten Institute (Mrd. DM)	193,8	407,1	277,5	512,2	37,7	98,2	98,2
(5)	Anteil der 50 größten Institute *(in % der GV aller inst.)*	*83,0*	*83,5*	*68,6*	*69,5*	*46,3*	*49,2*	*45,0*
(6)	Konzentra-tionsquote (5) : (2)	9,0	7,9	12,3	10,1	21,0	23,4	46,9

1) Nur berichtspflichtige Institute.
2) Nachrichtlich sämtliche Kreditgenossenschaften.

Quelle: Tabelle 7, A 1, A 2, eigene Berechnung.

Die These, daß die kleineren Institute, die nicht zu den 50 größten zählen, relativ stärker gewachsen seien und sich die Konzentrationstendenz dieses Sektors (bezogen auf die konstante Anzahl von 50 Instituten) demzufolge verringert habe, muß jedoch mit Vorsicht aufgenommen werden. Der Quotient eignet sich hier lediglich zum sektoralen Vergleich, wobei nur die Merkmalsanteile vergleichbar gemacht werden sollen,und zur Veranschaulichung der Entwicklungstendenz im Zeitablauf.

In diesem Sinne muß auch die Repräsentanz und Konzentration der 50 größten Kreditinstitute der übrigen beiden Sektoren bezüglich der jeweiligen Grundgesamtheit gesehen werden. Im <u>öffentlich-rechtlichen Sektor</u> entfällt auf die 50 Institute (= 6,9 % im Jahre 1975 bzw. 5,6 % 1969) ein Anteil am Geschäftsvolumen von 69,5 % (1975) bzw. 68,6 % (1969). Auch hier sinkt die Konzentrationsquote 1975 gegenüber 1969, sie ist in beiden Jahren insgesamt jedoch höher als im Privatsektor.

Die höchste Konzentrationsquote aller drei Kreditinstitutsbereiche weist der <u>Genossenschaftssektor</u> auf, wobei jedoch der Anstieg 1975 gegenüber 1969 nicht überbewertet werden darf, da die Gesamtzahl der berichtspflichtigen Institute zunahm. Interessant bezüglich Repräsentanz und Konzentration der 50 Institute ist ein Vergleich mit der Anzahl und dem Geschäftsvolumen sämtlicher Kreditgenossenschaften (inklusive der nicht berichtspflichtigen): 1 % der Institute vereinigen fast die Hälfte des gesamten Geschäftsvolumens auf sich.[1)]

---

1) Ein Vergleich mit 1969 war in diesem Fall nicht möglich, da statistische Unterlagen, in denen <u>alle</u> Kreditgenossenschaften berücksichtigt sind, erst für die letzten Jahre vorliegen.

Tabelle 7: Geschäftsvolumen der jeweils 50 größten Kreditinstitute nach Sektoren[1] und Rangklassen - Stand Jahresende - (Mrd. DM)

Rang-klasse	Gesamte Kreditwirtschaft			Private Kreditinstitute[2]		Öffentlich-rechtliche Kreditinstitute		Genossenschaftliche Kreditinstitute	
	1961	1969	1975	1969	1975	1969	1975	1969	1975
1	48,5	125,8	335,5	92,9	312,5	103,7	217,8	18,1	54,7
2	27,6	71,4	197,8	28,1	81,5	49,4	83,9	6,1	17,5
3	16,8	51,4	108,3	14,8	37,8	31,4	62,2	4,2	8,6
4	13,2	36,6	72,2	11,8	31,5	24,9	45,3	2,3	4,7
5	11,3	28,9	58,1	10,8	23,9	19,8	30,0	1,7	3,3
6	9,9	22,3	47,5	9,5	20,1	14,2	22,6	1,5	2,7
7	7,9	19,9	39,7	8,6	15,8	11,7	17,2	1,3	2,1
8	5,8	17,7	33,7	7,4	12,3	9,6	13,4	1,0	1,7
9	5,0	14,4	31,6	5,4	10,8	7,3	11,1	0,8	1,6
10	4,6	12,6	28,4	4,5	9,4	5,6	8,7	0,7	1,3
Summe	150,7	401,0	952,8	193,8	555,3	277,5	512,2	37,7	98,2

Quellen: Bank-Betrieb, 3. Jg. (1963), S. 143.
Bank-Betrieb, 10. Jg. (1970), S. 371 ff.
Bank-Betrieb, 16. Jg. (1976), S. 468 ff.

1) Eine Aufgliederung nach den Gruppen "private, öffentlich-rechtliche und genossenschaftliche Kreditinstitute" erfolgt erstmalig 1970 für das Jahr 1969.

2) Teilweise Konzernabschlüsse.

Tabelle 8: Relative Anteile der Rangklassen am Geschäftsvolumen der jeweils 50 größten Kreditinstitute nach Sektoren (in %)

Rangklasse	Gesamte Kreditwirtschaft			Private Kreditinstitute		Öffentlich-rechtliche Kreditinstitute		Genossenschaftliche Kreditinstitute	
	1961	1969	1975	1969	1975	1969	1975	1969	1975
1	32,2	31,4	35,2	47,9	56,2	37,4	42,5	48,1	55,7
2	18,3	17,8	20,7	14,5	14,7	17,8	16,4	16,2	17,8
3	11,2	12,8	11,4	7,7	6,8	11,3	12,1	11,0	8,8
4	8,8	9,1	7,6	6,1	5,7	9,0	8,8	6,2	4,8
5	7,5	7,2	6,1	5,6	4,3	7,1	5,9	4,5	3,4
6	6,6	5,6	5,0	4,9	3,6	5,1	4,4	3,9	2,7
7	5,2	5,0	4,2	4,4	2,9	4,2	3,4	3,4	2,1
8	3,9	4,4	3,5	3,8	2,2	3,5	2,6	2,7	1,7
9	3,3	3,6	3,3	2,8	1,9	2,6	2,2	2,2	1,6
10	3,1	3,2	3,0	2,3	1,7	2,0	1,7	1,9	1,4
Summe	100,0	100,0	100,0	100,0	100,0	100,0	100,0	100,0	100,0

Quelle: Tabelle 7.

Tabelle 9: Kumulierte Anteile der Rangklassen am Geschäftsvolumen der jeweils 50 größten Kreditinstitute nach Sektoren (in %)

Rang-klasse	Gesamte Kreditwirtschaft			Private Kreditinstitute		Öffentlich-rechtliche Kreditinstitute		Genossenschaftliche Kreditinstitute	
	1961	1969	1975	1969	1975	1969	1975	1969	1975
1	32,18	31,4	35,2	47,9	56,2	37,4	42,5	48,1	55,7
2	50,52	49,2	55,9	62,4	70,9	55,2	58,9	64,3	73,5
3	61,67	62,0	67,3	70,1	77,7	66,5	71,0	75,3	82,3
4	70,44	71,1	74,9	76,2	83,4	75,5	79,8	81,5	87,1
5	77,95	78,3	81,0	81,8	87,7	82,6	85,7	86,0	90,5
6	84,51	83,9	86,0	86,7	91,3	87,7	90,1	89,9	93,2
7	89,75	88,9	90,2	91,1	94,2	91,9	93,5	93,3	95,3
8	93,61	93,3	93,7	94,9	96,4	95,4	96,1	96,0	97,0
9	96,95	96,9	97,0	97,7	98,3	98,0	98,3	98,2	98,6
10	100,0	100,0	100,0	100,0	100,0	100,0	100,0	100,0	100,0

Quelle: Tabelle 8.

2.2.3. Empirische Ergebnisse für die Jahre 1969 und 1975

2.2.3.1. Konzentrationsmaße anhand kumulativer Anteile

Als Konzentrationsmaßzahlen werden im folgenden verwendet:

K_1 = Konzentrationskoeffizient
K_2 = Rangmaß
K_3 = Hirschman-Herfindahl-Index

Der Konzentrationskoeffizient (concentrations ratio) ist formal ein Quantil der kumulativen Konzentrationskurve[1]. Er wird allgemein wie folgt definiert:

$$K_1^m = \frac{\sum_{i=1}^{m} X_i}{\sum_{i=1}^{n} X_i} = \sum_{i=1}^{m} P_i$$

wobei:

K_1^m = Konzentrationskoeffizient bezogen auf m Rangklassen
X_i = Merkmalsbetrag (z.B. Geschäftsvolumen) der Rangklasse i
i = 1,2,...,m,...,n Ordnungsnummern der Rangklassen
n = Gesamtzahl der Rangklassen
m = Anzahl der in die Berechnung eingehenden Rangklassen ($1 \leq m \leq n$)
P_i = Relativer Anteil des Merkmalsbetrages der Rangklasse Nr. i an der Merkmalssumme.

$$0 \leq P_i \leq 1$$

$$\sum_{i=1}^{n} P_i = 1$$

In der vorliegenden Untersuchung wird der Merkmalsbetrag X_i (hier: das Geschäftsvolumen) in 10 Rangklassen eingeteilt,

1) Vgl. Rainer FEUERSTACK: Unternehmenskonzentration, S. 88.

wobei in jeder Klasse 5 Kreditinstitute zusammengefaßt sind. Die kumulierten Anteile dieser Rangklassen ($i = 1,\ldots,10$) am Geschäftsvolumen aller 50 Institute[1)] spiegeln den Konzentrations-Koeffizienten K_1 wider. Er läßt sich am anschaulichsten graphisch darstellen, wobei auf der Abszisse die Rangklassen und auf der Ordinate die zugeordneten K_1-Werte (in %) abgetragen werden.

Die folgende Abbildung 2 (a) - (d) veranschaulicht die kumulative Konzentrationskurve sowie die zugeordneten Konzentrations-Koeffizienten der gesamten Kreditwirtschaft, des Privatsektors, des öffentlich-rechtlichen Sektors sowie des Genossenschaftssektors für die Jahre 1969 und 1975. Je weiter die Konzentrationskurve von der Gleichverteilungslinie entfernt ist, desto stärker ist die Ungleichverteilung (= Konzentration).

---

1) Vgl. Tabelle 9.

Abb. 2: Konzentrationskoeffizienten in der deutschen Kreditwirtschaft 1969 und 1975

(a) Gesamte Kreditwirtschaft

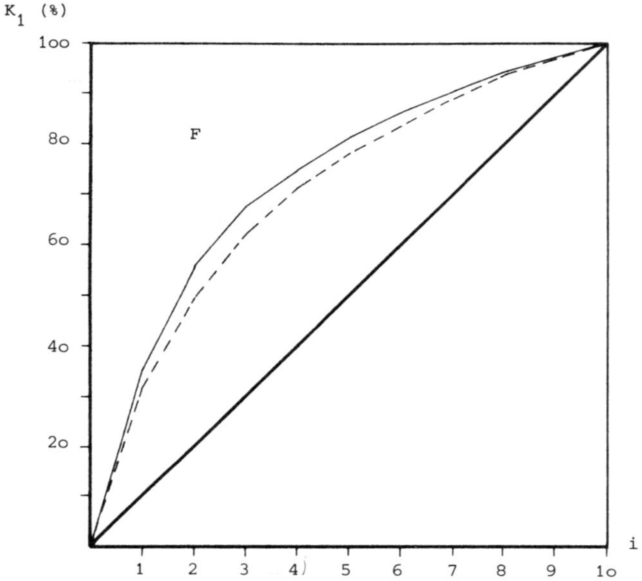

(b) Private Kreditinstitute

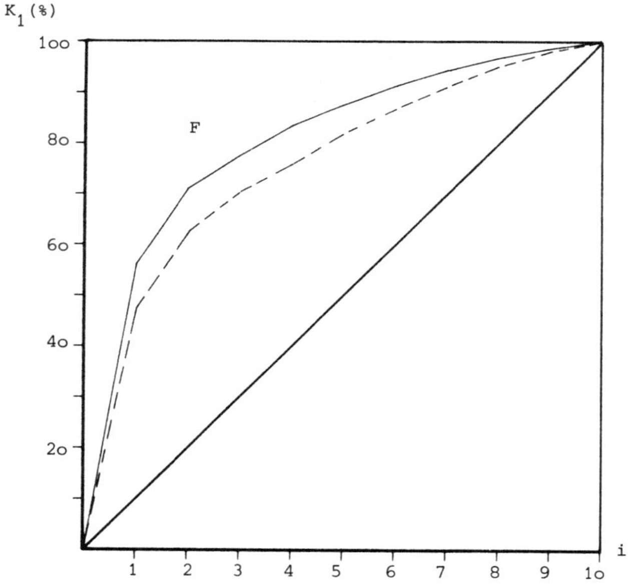

noch Abb. 2:
(c) Genossenschaftliche Kreditinstitute

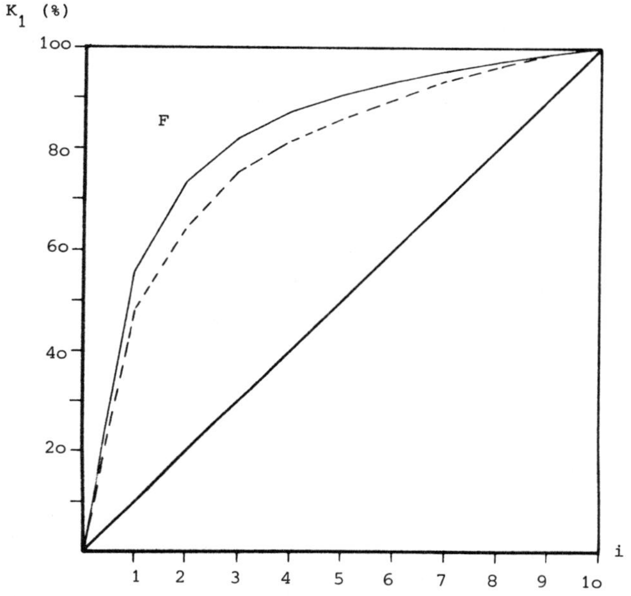

(d) Öffentlich-rechtliche Kreditinstitute

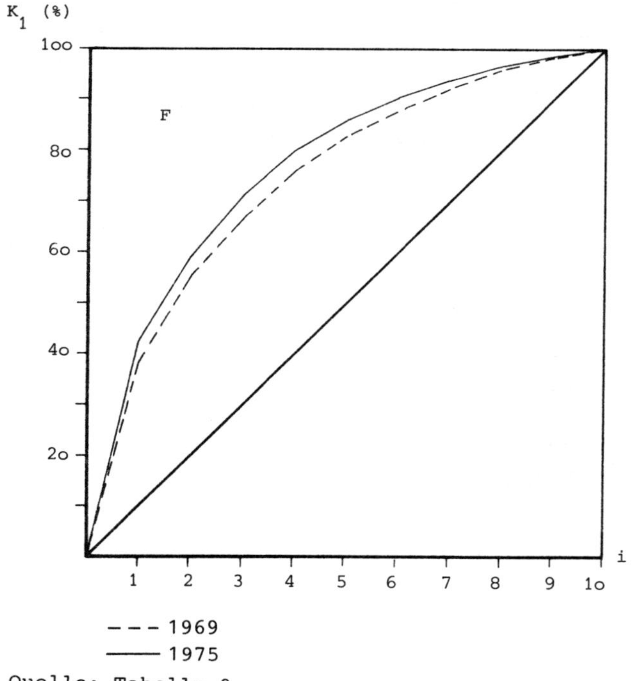

Quelle: Tabelle 9.

Vorteilhaft an diesem Maßstab ist die Anschaulichkeit und die leichte Praktikabilität. So lassen sich z.B. die folgenden Aussagen treffen:[1]

Ende 1975 (1969) betrug der Anteil an dem Geschäftsvolumen der jeweils 50 größten Institute

a) im Genossenschaftssektor

- bei den 5 größten Instituten 55,7 % (48,1 %)
- bei den 10 größten Instituten 73,5 % (64,3 %)
- bei den 15 größten Instituten 82,3 % (75,3 %)

b) im Privatsektor

- bei den 5 größten Instituten 56,2 % (47,9 %)
- bei den 10 größten Instituten 70,9 % (62,4 %)
- bei den 15 größten Instituten 77,7 % (70,1 %)

c) im öffentlich-rechtlichen Sektor

- bei den 5 größten Instituten 42,4 % (37,4 %)
- bei den 10 größten Instituten 58,9 % (55,2 %)
- bei den 15 größten Instituten 71,0 % (66,5 %)

Der Nachteil des Konzentrations-Koeffizienten liegt jedoch darin, daß sich die kumulierten Konzentrationskurven bei einem Vergleich verschiedener Situationen schneiden können. Das Ergebnis ist daher nicht immer eindeutig. Aus diesem Grund ist ein Übergang zu zweifelsfreien Größen notwendig.

Einen Anhaltspunkt bietet hier die Fläche F über der Konzentrationskurve, wobei die 100 %-Linie eine obere Abgrenzung darstellt. Bei zunehmender Konzentration wird die

---

1) Vgl. Tabelle 9.

Konzentrationskurve "nach außen" gedrückt; die Fläche verringert sich also. Da es aber sinnvoll ist, das Konzentrationsmaß für den Fall zunehmender Konzentration wachsen zu lassen, erscheint es angebracht, die Bezugsfläche in den Nenner zu setzen. Man erhält dann das Rangmaß K_2, dessen normierte Version wie folgt definiert ist:

$$K_2 = \frac{1}{2} \cdot \frac{1}{F}$$

$$\text{wobei: } F = \left(\sum_{i=1}^{n} i \cdot P_i \right) - \frac{1}{2}$$

Die Richtwerte dieses Maßstabes lauten wie folgt:

$$K_2 \begin{cases} = 1 & : \text{ totale Konzentration} \\ = \frac{1}{n} & : \text{ Gleichverteilung} \end{cases}$$

Das Rangmaß betont besonders stark Anzahl und Rang der untersuchten Klassen, jedoch weniger die relative Größe der betreffenden Unternehmen. Um diesen Mangel auszugleichen, erscheint eine Gewichtung im Sinne des HIRSCHMAN-HERFINDAHL-Index (K_3) angebracht, da hier die Anteilswerte (und nicht die Rangpositionen) als Gewichte herangezogen werden:

$$K_3 = \frac{\sum_{i=1}^{n} (X_i)^2}{\left[\sum_{i=1}^{n} X_i \right]^2} = \sum_{i=1}^{n} P_i^{\,2}$$

Die Richtwerte entsprechen denen des Rangmaßes:

$$K_3 \begin{cases} = 1 & : \text{ totale Konzentration} \\ = \frac{1}{n} & : \text{ Gleichverteilung} \end{cases}$$

In der Tabelle 10 findet man nun die entsprechenden Indexwerte K_2 und K_3 der deutschen Kreditwirtschaft für die Jahre 1961, 1969 und 1975. Man sieht, daß sie in der Tendenz zur gleichen Beurteilung kommen, wobei jedoch die Werte des Hirschman-Herfindahl-Index geringfügig höher sind. Das liegt z.T. daran, daß die kleineren Unternehmensklassen bezüglich ihrer Größe unverhältnismäßig geringer gewichtet werden als die größeren.[1]

Tabelle 10: Konzentrationsentwicklung der 50 größten Kreditinstitute (nach Sektoren) (in %)

(a) Rangmaß (K_2)

Sektoren	1961	1969	1975	Entwicklung 1969 - 1975
Privatsektor	--	20,7	25,8	+ 5,1
Öffentlich-rechtlicher Sektor	--	19,2	21,4	+ 2,2
Genossenschaftssektor	--	22,9	28,2	+ 5,3
Gesamte Kreditwirtschaft	17,1	16,9	18,6	+ 1,7

(b) Hirschman-Herfindahl-Index (K_3)

Sektoren	1961	1969	1975	Entwicklung 1969 - 1975
Privatsektor	--	27,0	35,0	+ 8,0
Öffentlich-rechtlicher Sektor	--	20,4	23,8	+ 3,4
Genossenschaftssektor	--	28,0	35,5	+ 7,5
Gesamte Kreditwirtschaft	17,4	17,0	19,7	+ 2,7

Quelle: Eigene Berechnungen nach Tabelle 9.

1) Vgl. Rainer FEUERSTACK: Unternehmenskonzentration, S. 110.

Die Ergebnisse der Konzentrationsmessung lassen sich wie folgt thesenartig zusammenfassen:

1. Die Konzentrationsentwicklung der 50 größten Kreditinstitute der gesamten Kreditwirtschaft kann zwischen 1961 und 1975 in zwei Phasen unterteilt werden: Eine Phase rückläufiger bzw. stagnierender und eine Phase ansteigender Konzentration.

2. Denn in einem Vergleich der Jahre 1969 und 1961 konnte (wenn auch nur geringfügig) ein tendenzieller Konzentrationsrückgang bei den 50 größten Instituten der gesamten Kreditwirtschaft festgestellt werden: Sowohl Rangmaß als auch Hirschman-Herfindahl-Index verringern sich nämlich, während beide Konzentrationsmaße zwischen 1969 und 1975 eine steigende Tendenz signalisieren.[1)]

3. Dieser Anstieg ist grundsätzlich in allen Institutssektoren festzustellen, wobei jedoch die Zunahme sowohl im Privatsektor als auch im Genossenschaftssektor besonders stark ausfiel.

4. Der öffentlich-rechtliche Sektor weist nach dieser Untersuchung die geringste Konzentration auf. Auch der Ungleichverteilungszuwachs 1975 gegenüber 1969 ist (verglichen mit den anderen Sektoren) nicht so groß, obwohl es insbesondere im Sparkassenbereich durch kommunale Neugliederungen in den letzten Jahren zwangsläufig zu Zusammenlegungen gekommen ist.

---

1) Für das Jahr 1961 liegt keine Zusammenstellung der 50 größten Institute nach Sektoren vor. Eine Trennung wurde erstmals 1969 durchgeführt.

2.2.3.2. Exkurs: Ein Ungleichverteilungsmaß anhand relativer Anteile

Eine weitere Form der Darstellung der Ungleichverteilung knüpft an den relativen Anteilen der 10 Rangklassen am Geschäftsvolumen der 50 Institute an[1]. Im Falle völliger Gleichverteilung ergibt sich eine sogenannte Gleichverteilungslinie bei 10 % Anteil der jeweiligen Rangklassen-Nummern am gesamten Geschäftsvolumen der jeweils 50 größten Institute. Je stärker sich jedoch diese Anteile auf einige wenige große Institute in den oberen Rangklassen konzentrieren, desto stärker neigt sich die Verbindungslinie der tatsächlichen Rangklassenverteilung. Die Fläche F' in Abb. 3 zwischen dieser sogenannten Ungleichverteilungslinie und der Gleichverteilungslinie läßt sich auch hier als Maß der Konzentration ansehen, wobei sie bei zunehmender Gleichverteilung gegen Null strebt, während sie sich im Falle stärkerer Konzentration der Merkmalsanteile auf die oberen Rangklassen vergrößert und im Grenzfall den Wert 1 erreicht. Diese Fläche F' entspricht dem Betrage nach genau der Fläche, die unterhalb der Gleichverteilungslinie ist und von der Ungleichverteilungskurve nach unten begrenzt wird.

Formal läßt sich dieser Zusammenhang wie folgt darstellen:

Es sei P_i der relative Merkmalsanteil der Klasse i ($i = 1,2,...,m,...,n$). Dabei repräsentiert n die Gesamtzahl aller Klassen, während m die Zahl derjenigen j Klassen angibt, deren Anteilswerte P_j "überproportional" sind,

---

1) Vgl. hierzu auch die Darstellung bei Jorg-Günther GRUNWALD: Zur gegenwärtigen Wettbewerbssituation der deutschen Kreditwirtschaft, in: Quartalshefte (Hrsg. Girozentrale und Bank der österreichischen Sparkassen), 13. Jg. (1978), Heft 1, in Vorb.
Die relativen Merkmalsanteile der Rangklassen (P_i) sind der Tabelle 8 entnommen.

d.h. <u>über</u> der Gleichverteilungslinie $\overline{P}$ liegen. Es gilt also:

$$\overline{P} = \frac{1}{n} \sum_{i=1}^{n} P_i = \frac{1}{n}$$

$$P_j \begin{cases} > \overline{P} & m < n \quad \text{(Ungleichverteilung)} \\ = \overline{P} & m = n \quad \text{(Gleichverteilung)} \end{cases}$$

Für die Fläche F' über der Gleichverteilungslinie ergibt sich:

$$F' = \sum_{j=1}^{m} P_j - m \cdot \frac{1}{n}$$

Annäherungsweise läßt sich F' als Konzentrationsmaß verwenden, wobei folgende Richtwerte gelten:

$$F' \begin{cases} = 1 & : \text{ totale Konzentration} \\ = 0 & : \text{ Gleichverteilung} \end{cases}$$

Man sieht, daß bei diesem Maß die Zahl der Unternehmen bzw. Rangklassen als Richtgröße für die Gleichverteilung vollständig verdrängt wurde. Vielmehr geht in die Berechnung überproportional stark die Ungleichverteilung der Merkmalsanteile auf die oberen Rangklassen ein.

In der Abbildung 3 (a) - (d) sind nun die relativen Anteile der jeweiligen Rangklassen am Geschäftsvolumen der entsprechenden 50 Kreditinstitute abgetragen. Einen Überblick über die Entwicklung der Ungleichverteilung zwischen 1969 und 1975 vermittelt Tabelle 11.

Abb. 3: Relative Anteile der Rangklassen am Geschäftsvolumen der 5o größten Kreditinstitute 1969 und 1975

(a) Gesamte Kreditwirtschaft

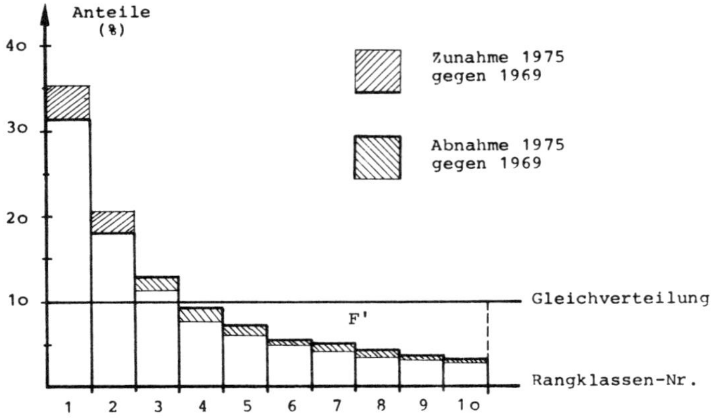

(b) Private Kreditinstitute

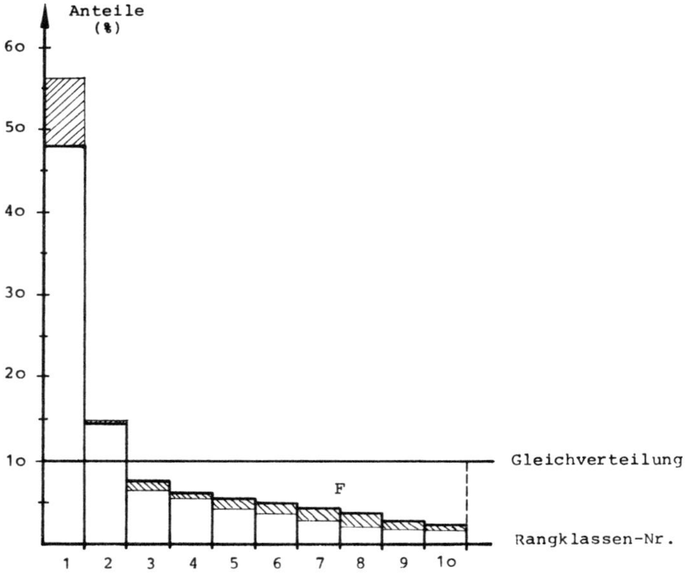

noch Abb. 3:

(c) Öffentlich-rechtliche Kreditinstitute

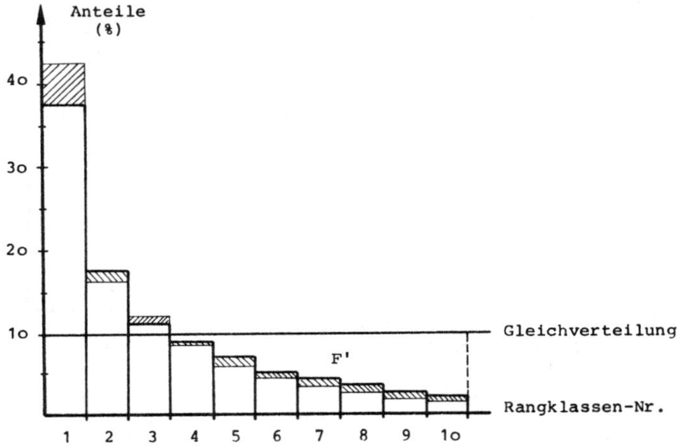

(d) Genossenschaftliche Kreditinstitute

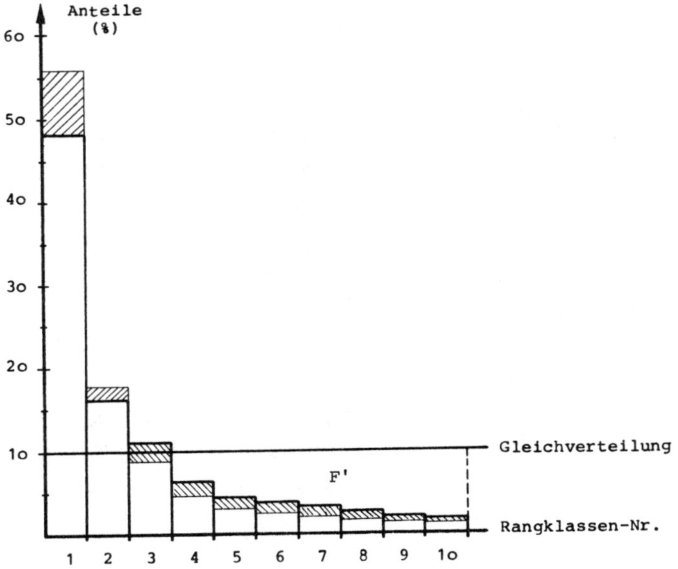

<u>Quelle:</u> Tabelle 8.

Tabelle 11: Ungleichverteilung F' der jeweils 50 größten Kreditinstitute 1969 und 1975 (in %)

Sektoren	1961	1969	1975	Entwicklung 1969 - 1975
Privatsektor	--	42,4	50,9	+ 8,6
Öffentlich-rechtlicher Sektor	--	36,5	41,0	+ 4,5
Genossenschafts-sektor	--	45,3	53,5	+ 8,2
Gesamte Kreditwirtschaft	31,7	32,0	37,3	+ 5,3

Quelle: Eigene Berechnungen nach Tabelle 8.

Der Vorteil des Konzentrationsmaßes F' liegt darin, daß man eine bessere Zuordnung der konzentrierten Merkmalsbeträge auf die jeweiligen Rangklassen vornehmen kann. Man sieht somit, daß sich die Konzentration der Kreditwirtschaft vorwiegend zugunsten der oberen 2 bis 3 Rangklassen vollzogen hat.

Im Sektorenvergleich zeigt sich, daß die Ungleichverteilung bei den Genossenschaften und Privatinstituten am größten ist. Auch im Zeitvergleich (1975 gegenüber 1969) ist in diesen beiden Sektoren noch eine stärkere Konzentrationszunahme festzustellen, während die Entwicklung im öffentlich-rechtlichen Bereich demgegenüber nur halb so stark war. Mit diesem Maß F' werden also die tendenziellen Aussagen von Rangmaß und Hirschman-Herfindahl-Index bestätigt, obwohl insgesamt gesehen hier eine wesentlich stärkere Konzentration diagnostiziert wird (die F'-Werte sind z.T. fast doppelt so hoch wie die K_2- und K_3-Werte).

2.2.4. Grenzen der Konzentrationsmessung

Trotz (und vielleicht auch gerade wegen) der einfachen Interpretation solcher Konzentrationsgrade, die auf den ersten Blick sehr einleuchtend erscheinen, muß man sich aber die Begrenztheit ihrer Aussagekraft immer wieder vor Augen führen, da sonst ein falscher Eindruck von der kreditwirtschaftlichen Wettbewerbssituation entstehen kann. In Anlehnung an KRÜMMEL[1)] kann man in diesem Zusammenhang drei Gründe unterscheiden, die gegen die kritiklose Anwendung solcher Maßzahlen sprechen:

1. Die Ursachen für die unterschiedliche Entwicklung der Konzentrationskomponenten

   - Zahl der Kreditinstitute
   - Wachstum des Geschäftsvolumens sowie
   - Verschiebung der Marktanteile

   müssen hinreichend genau offengelegt sein, da sonst die Aussagen über zunehmende Konzentration "inhaltsleer" sind.

2. Die formalen, quantitativen Konzentrationsmaße selbst sind zu grob, um Konzentrationsvorgänge an stark unterschiedlich strukturierten bankwirtschaftlichen Einzelmärkten zu enthüllen, zumal die Konzentration der Verfügungsmacht letztendlich nicht quantitativ faßbar ist.

3. Die Auswirkungen der mit Hilfe dieser Maßstäbe gemessenen Unternehmenskonzentration auf den Wettbewerb können nur schwer beurteilt werden. Es bleibt nämlich die Frage unbeantwortet, ob z.B. eine erhöhte Konzentration auch tatsächlich (infolge von Monopolisierungstendenzen) zu einer Wettbewerbsminderung geführt hat, oder ob verstärkter Wettbewerb die Folge dieser Entwicklungstendenzen sein kann.

---

1) Hans-Jacob KRÜMMEL: Konzentration und Bankenwettbewerb, in: Sparkasse, 93. Jg. (1976), S. 435.

Diese Fragen sind nur sehr schwer zu beantworten, da man in diesem Fall von einer Globalbetrachtung hin zu einer Detailanalyse der Situation einzelner Banken und/oder der jeweils sachlich und räumlich "relevanten Märkte" übergehen müßte. Doch auch dann ergeben sich erneute Probleme, die insbesondere in Abgrenzungsschwierigkeiten begründet liegen[1].

Eine Ergänzung der oben durchgeführten formalen, quantitativen Konzentrationsmessung durch eine materielle, qualitative Analyse, so wie sie ARNDT und OLLENBURG "idealerweise" fordern[2], wäre für die Problemstellung zwar angebracht, jedoch aber praktisch nicht durchführbar, da sich die informellen Machtbeziehungen und unterschiedlichen Verhaltensweisen der beteiligten Wirtschaftssubjekte statistisch nicht ermitteln lassen.

---

1) Auf die Problematik der Abgrenzung der "relevanten Märkte" kann in dieser Untersuchung nicht näher eingegangen werden. Man vgl. statt dessen die zusammenfassende Übersicht bei Dietrich STEIN: Wettbewerbspolitik und Geschäftsbankensystem, S. 101-111.

2) Helmut ARNDT / Günter OLLENBURG: Begriff und Arten der Konzentration, in: Helmut Arndt (Hrsg.): Die Konzentration in der Wirtschaft - On Economic Concentration (Schriften des Vereins für Socialpolitik, N.F. Bd. 20/I), 2. völlig neu bearb. Aufl., Berlin 1971, S. 32.

2.2.5. Hauptursachen der Konzentrationszunahme

Bei der Analyse der Bestimmungsgründe der erhöhten kreditwirtschaftlichen Konzentration der letzten Jahre erscheint es zweckmäßig, zunächst zwischen aktiver und passiver Konzentration zu unterscheiden. Dabei wird unter einer aktiven Konzentration der *bewußt vorgenommene Versuch zur Verbesserung der eigenen Wettbewerbsposition* verstanden, während die passive Konzentration häufig nur *eine Folge des Bankenwettbewerbs, der Aktivitäten der Marktnebenseite sowie sonstiger exogen vorgegebener, durch die betroffenen Banken nicht direkt beeinflußbarer Impulse* ist (Beispiel: gesetzlich administrative Regelungen). Die Übersicht 1 soll hier einen ersten Überblick vermitteln[2].

Die Gründe der Konzentrationsentwicklung sind vielschichtig und nicht immer Ausdruck des Wettbewerbskampfes, obwohl nicht übersehen werden kann, daß Erfolge bzw. Mißerfolge im Kampf um Marktanteile an relevanten Märkten sehr stark die aktive bzw. passive Konzentration beeinflussen können. Gesetzlich-administrative Regelungen, so z.B. die Gebietsreform für die Sparkassen, Bestimmungen des KWG (z.B. § 33 KWG: "Vier-Augen-Prinzip") für die Kreditgenossenschaften, haben zur Folge, daß sich bestimmte Kreditinstitute - und das trifft insbesondere den Sparkassen- und Genossenschaftssektor - zu größeren Einheiten zusammenschließen müssen. Dazu kommt, daß in einigen Fällen Fusionen eine Form der Anpassungsstrategie zur Verbesserung der eigenen Marktstellung sein können, um der stark wachsenden gewerblichen Kundschaft besser begegnen zu können; aber auch um dem Wettbewerb der Konkurrenten besser gewachsen zu sein[1].

---

1) Zu den Motiven der kreditwirtschaftlichen Konzentration vgl. auch Ludwig MÜLHAUPT u.a.: Strukturwandlungen im westdeutschen Bankwesen, Wiesbaden 1971, S. 11 f.

2) Vgl. S. 54.

Übersicht 1:

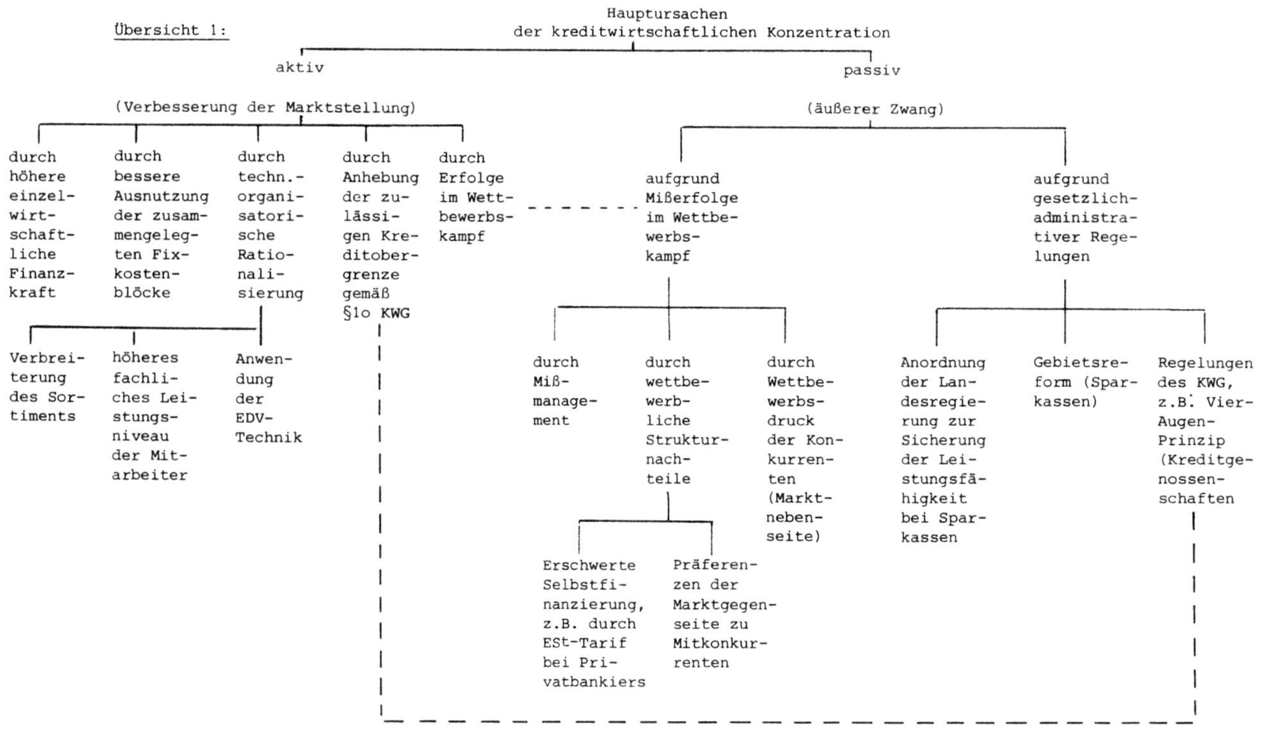
Hauptursachen der kreditwirtschaftlichen Konzentration
aktiv
passiv
(Verbesserung der Marktstellung)
(äußerer Zwang)
durch höhere einzelwirtschaftliche Finanzkraft
durch bessere Ausnutzung der zusammengelegten Fixkostenblöcke
durch techn.-organisatorische Rationalisierung
durch Anhebung der zulässigen Kreditobergrenze gemäß §1o KWG
durch Erfolge im Wettbewerbskampf
Verbreiterung des Sortiments
höheres fachliches Leistungsniveau der Mitarbeiter
Anwendung der EDV-Technik
aufgrund Mißerfolge im Wettbewerbskampf
aufgrund gesetzlich-administrativer Regelungen
durch Mißmanagement
durch wettbewerbliche Strukturnachteile
durch Wettbewerbsdruck der Konkurrenten (Marktnebenseite)
Erschwerte Selbstfinanzierung, z.B. durch ESt-Tarif bei Privatbankiers
Präferenzen der Marktgegenseite zu Mitkonkurrenten
Anordnung der Landesregierung zur Sicherung der Leistungsfähigkeit bei Sparkassen
Gebietsreform (Sparkassen)
Regelungen des KWG, z.B. Vier-Augen-Prinzip (Kreditgenossenschaften

Diese Konzentration auf einige wenige große Einheiten muß jedoch nicht notwendigerweise eine Abnahme der Wettbewerbsintensität implizieren - wie es z.B. eine Analyse des Mengengeschäfts zeigen würde. Trotzdem erscheint aus strukturpolitischen Erwägungen eine Fortsetzung dieses "Trends" nicht ratsam, da dann erneut die Machtfrage zum Mittelpunkt der Diskussion wird. Die These, daß "... das erreichte absolute Niveau der Konzentrationsgrade ... nicht überzogen (sei)", wie sie die Monopolkommission in ihrem Gutachten formulierte[1)] und was somit die Vertreter der Kreditwirtschaft mit Genugtuung zur Kenntnis nahmen[2)], kann nicht ganz unwidersprochen bleiben. Es wird sogar behauptet: "Konzentration fördere den Wettbewerb"[3)]. Das mag in gewissen Grenzen zwar richtig sein, doch dabei muß dann die berechtigte Frage gestellt werden, wo denn der Schwellenwert liegt, ab dem zunehmende Konzentration zu einer Abnahme des Wettbewerbs führt. Eine Antwort hierfür dürfte nur sehr schwer zu finden sein.

---

1) MONOPOLKOMMISSION: Hauptgutachten 1973/1975, Tz. 410.

2) So gelangte beispielsweise Ludwig POULLAIN in einem Referat auf der 22. Kreditpolitischen Tagung der Zeitschrift für das gesamte Kreditwesen unter dem Generalthema "Wettbewerb und Konzentration in der Kreditwirtschaft" am 26.11.1976 zu dem Ergebnis, daß "... der Wettbewerb in der Kreditwirtschaft ... lupenrein, hart, ... im wesentlichen fair und oft - gottlob - nicht ohne Noblesse (ist)". Vgl. Zeitschrift für das gesamte Kreditwesen, 29. Jg. (1976), S. 1157.

3) So Robert DHOM auf der gleichen Tagung. Vgl. Zeitschrift für das gesamte Kreditwesen, 29. Jg. (1976), S. 1156.

In einer anderen Untersuchung wird betont, daß allein Sachzwänge (KWG-Vorschriften, EDV-Technik, wachsende Fixkostenblöcke) zu größeren Unternehmenseinheiten zwingen. Die Konzentration sei daher nicht wettbewerbsmindernd. Im Gegenteil: Die leistungsfähigeren Unternehmenseinheiten führen zu verschärfter Konkurrenz. Vgl. Jürgen STEIN: Beeinträchtigen Konzentrationstendenzen den Wettbewerb?, S. 13.

Es ist aber in der Tat so, daß die Konzentration im öffentlich-rechtlichen sowie im genossenschaftlichen Bereich bei weitem nicht die schwerwiegende Bedeutung hat, wie im privaten Kreditinstitutssektor. Denn das Regionalprinzip verhindert in diesen Bereichen weitgehend den Institutswettbewerb. Ob aber jetzt eine durch mehrere Fusionen entstandene Großsparkasse oder ob die alte Gemeindesparkasse im Gruppenwettbewerb mit den anderen Institutssektoren liegt, ist aus Gründen der lokalen Marktpräsenz unerheblich. Wenn dagegen eine Privatbank jetzt nur noch als Filiale einer Großbank fungiert, dann ist ein echter Mitbewerber aus dem Markt ausgeschieden.

2.3. Die Entwicklung ausgewählter Bilanzpositionen

Nachdem wir in den vorangegangenen Kapiteln die lokale Marktpräsenz sowie die Konzentrationstendenzen der Kreditinstitutsgruppen - repräsentiert durch die Zahl der Bankstellen, Größe und (exemplarisch für den Sparkassensektor) regionale Verteilung - untersucht haben, wollen wir uns nun ausgewählten Dienstleistungsbereichen sowie Komponenten der Mittelbeschaffung und Mittelverwendung zuwenden, um eventuell Schwerpunktänderungen bei der sachlichen Marktpräsenz feststellen zu können. Indikator für die Leistungsschwerpunkte der Unternehmen ist in diesem Fall die Bilanz, die im allgemeinen als Spiegelbild für Mittelbeschaffung und -verwendung anzusehen ist[1].

1) Ausgewählte Bilanzpositionen sind im Anhang tabellarisch aufgelistet. Vgl. A 1 bis A 13.

2.3.1. Allgemeine Geschäftsentwicklung

Das Geschäftsvolumen für die gesamte deutsche Kreditwirtschaft hat sich in dem Beobachtungszeitraum 1962 bis 1976 verfünffacht. Doch der Zuwachs war nicht bei allen Gruppen gleich stark[1]. Er war überproportional groß bei den Kreditgenossenschaften, deren Indexwert 1976 auf 793 kletterte (1962 = 100). Es folgten die genossenschaftlichen Zentralkassen mit 689, die privaten Hypothekenbanken mit 649, die Regionalbanken[2] mit 616 und die Girozentralen mit 581.

Die Entwicklung der Sparkassen (493) sowie der Großbanken (466) verlief nahezu parallel zur allgemeinen Geschäftsentwicklung aller Bankengruppen, was auch nicht verwundert, da sie zusammengenommen mit ca. 33 % Anteil am Gesamtgeschäftsvolumen[3] einen sehr starken Einfluß auf die Durchschnittszahl ausüben.

Unterproportional verlief die Entwicklung dagegen bei den Geldinstituten der Deutschen Bundespost (384), den Teilzahlungskreditinstituten (376), den Privatbankiers (349), den Kreditinstituten mit Sonderaufgaben (318) und - mit weitem Abstand am Ende der Wachstumsskala - den öffentlich-rechtlichen Grundkreditanstalten (208).

Interessant ist in diesem Zusammenhang ein Vergleich mit der Entwicklung ausgewählter volkswirtschaftlicher Indika-

---

1) Vgl. Abb. 4.

2) Da 1962 die Zweigstellen ausländischer Kreditinstitute in dieser Gruppe erfaßt waren, wurden sie auch für das Jahr 1976 hinzugezählt, um eine Vergleichbarkeit gewährleisten zu können, obwohl sie seit 1968 von der Bundesbank getrennt ausgewiesen werden.

3) Vgl. Tabelle A 20.

Abb. 4: Entwicklung des Geschäftsvolumens 1976 gegenüber 1962 (in %)

1962 = 1oo

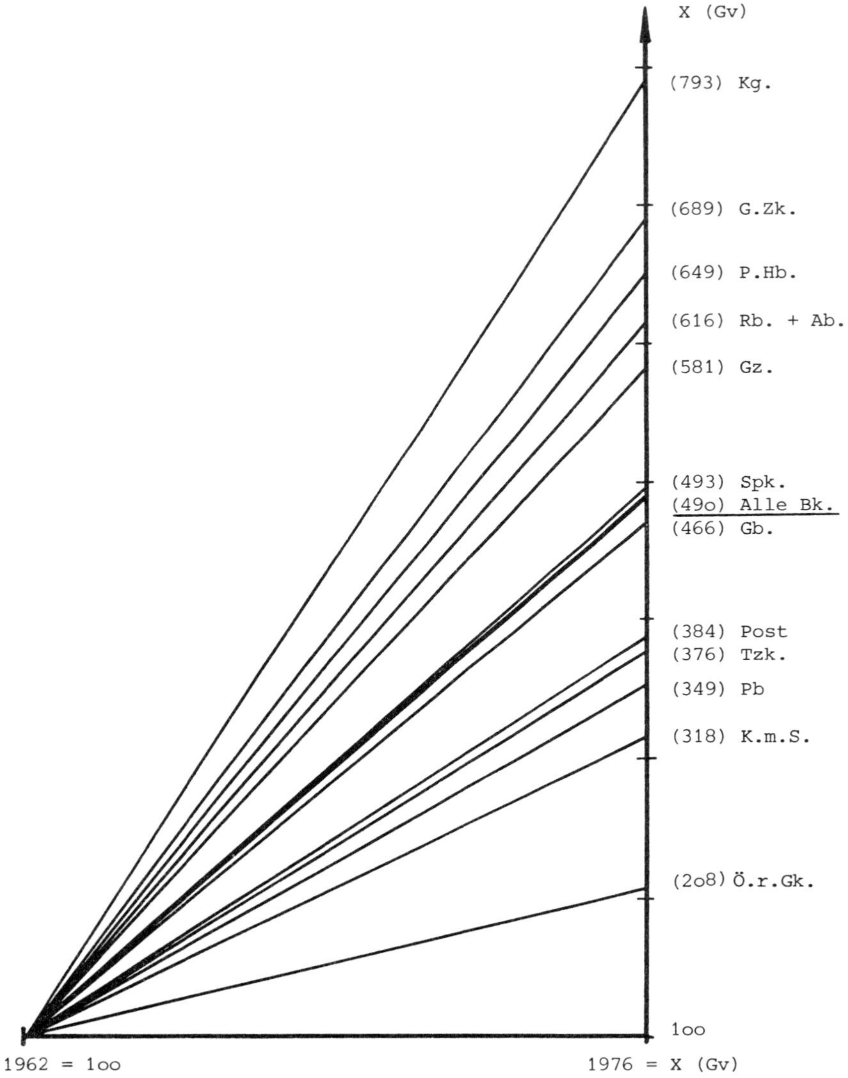

Quelle: Eigene Berechnungen nach Tabelle A 2.

toren, deren Indexzahlen (1962 = 100) für das Jahr 1976 folgende Werte aufweisen[1]:

Nominales Bruttosozialprodukt	317,0
Reales Bruttosozialprodukt (BSP) (in Preisen von 1962)	169,2
Preisindex des BSP	194,4
Produktivität	211,8
Lohnstückkosten	208,0
Verfügbares Einkommen	323,8
Geldmenge M_1	294,9

Dabei sieht man, daß (mit Ausnahme der öffentlich-rechtlichen Grundkreditanstalten) das Geschäftsvolumen der deutschen Kreditinstitute weitaus schneller gewachsen ist als das nominale Bruttosozialprodukt, wobei die einzelnen Kreditinstitutsgruppen allerdings sehr unterschiedlich daran beteiligt waren.

Als Folge des ungleichmäßigen Geschäftswachstums der verschiedenen Bankengruppen ergeben sich naturgemäß Umschichtungen bei den Marktanteilen[2]. Dabei bestätigt sich die These, daß diejenigen Institutsgruppen, die ihr Geschäft auf einer breiten und kapitalmarktunabhängigen Finanzierungsbasis aufbauen können (wie z.B. die Sparkassen und die Kreditgenossenschaften), eine stetigere Entwicklung aufweisen können. Dagegen sind die Bankengruppen, die in

---

1) Die Indexwerte wurden nach Ursprungszahlen errechnet, die das DIW sowie die DEUTSCHE BUNDESBANK regelmäßig ausweisen:
DEUTSCHES INSTITUT FÜR WIRTSCHAFTSFORSCHUNG: Vierteljährliche volkswirtschaftliche Gesamtrechnung für die Bundesrepublik Deutschland, Saisonbereinigte Daten, Berlin, im Oktober 1971 und im Februar 1977. DEUTSCHE BUNDESBANK: Deutsches Geld- und Bankwesen in Zahlen 1876-1975, Frankfurt 1976; dies.: Monatsberichte, 29. Jg. (1977), Nr. 5.

2) Vgl. Abb. 5.

Abb. 5: Marktanteilsentwicklung beim Geschäftsvolumen (in % der Gesamtsumme)

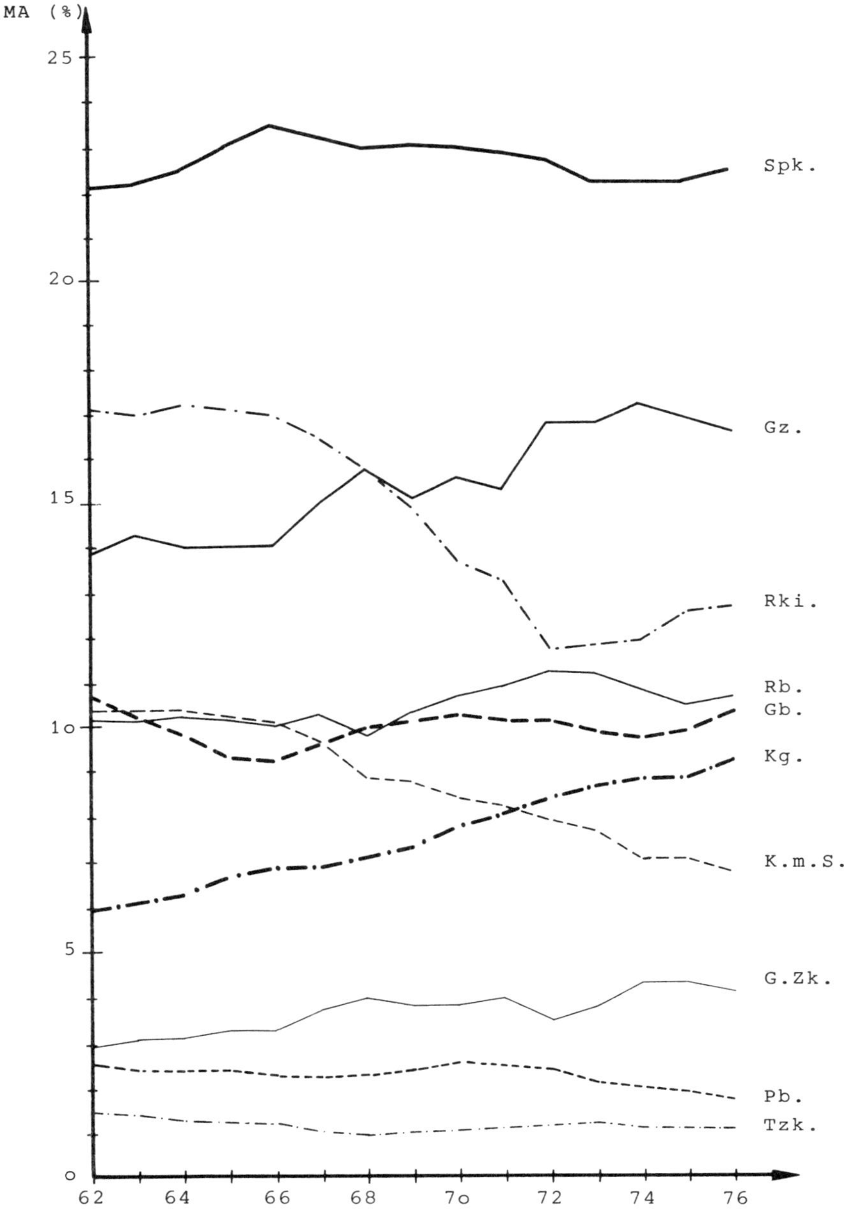

Quelle: Tabelle A 2o.

ihrer Kapitalbeschaffung vom organisierten Kapitalmarkt bzw. anderen Kreditinstituten abhängig sind, größeren Schwankungen ausgesetzt[1].

Es zeigt sich, daß insbesondere die stark kapitalmarktabhängigen Realkreditinstitute ihre stärksten Marktanteilsverluste in Phasen restriktiver Geldpolitik der Deutschen Bundesbank (1966, 1969/70, 1972) hatten[2]. Ausgeprägte Schwankungen weisen in diesem Zusammenhang auch die Clearingstellen des Sparkassen- und Genossenschaftssektors (Girozentralen und Zentralkassen) sowie die bei der Unternehmensfinanzierung stark beteiligten Großbanken auf.

An dieser Stelle muß darauf hingewiesen werden, daß das Geschäftsvolumen zwar ein häufig benutzter, aber nichtsdestoweniger unzulänglicher Indikator für die Bedeutung der entsprechenden Kreditinstitutsgruppen im Wettbewerb ist. Denn in ihm ist nur das zinsabhängige Kreditgeschäft erfaßt, während das provisionsabhängige Dienstleistungsgeschäft (Zahlungsverkehr, Effektengeschäfte, Vermögensverwaltung etc.) vernachlässigt wird.

---

1) Diese Ergebnisse bestätigen zu einem großen Teil schon früher getroffene Aussagen über die Expansion der Geschäftsvolumina sowie die Konjunkturreagibilität einzelner Institutsgruppen (Ludwig MÜLHAUPT: Strukturwandlungen im westdeutschen Bankwesen, S. 25 ff.).

2) Diese Entwicklung verlief jedoch innerhalb dieses Sektors wiederum unterschiedlich. Während die privaten Hypothekenbanken in dem Beobachtungszeitraum ihren Marktanteil um fast 2 Prozentpunkte steigern konnten, halbierte er sich bei den öffentlich-rechtlichen Grundkreditanstalten.

2.3.2. Änderungen in der Bilanzstruktur

Analysiert man nun einzelne ausgewählte Geschäftsbereiche, dann herrscht immer noch der Trend zum langfristigen Geschäft vor, was sich insbesondere in der Zunahme der mittel- bis langfristigen Mittelbeschaffung im Passivgeschäft (insbesondere Spareinlagen) sowie in der - jedoch sektoral recht unterschiedlichen - Entwicklung der Mittelverwendung im Aktivgeschäft zeigt[1]. Dabei bestätigt sich die These, daß die Art der Mittelbeschaffung nicht nur die Flexibilität der jeweiligen Bank im Passivgeschäft bestimmt, sondern auch weitgehend die Struktur der Mittelverwendung[2]. In diesem Sinne setzt sich der Trend zu einer allmählichen Angleichung der Geschäftsstruktur der Universalbanken (hauptsächlich bei inländischen Dienstleistungen) fort, obwohl immer noch gewisse, bankgruppenspezifische Charakteristika weiterbestehen. Es zeigt sich nämlich, daß insbesondere auf der Aktivseite der Bilanzen nach wie vor traditionelle Strukturunterschiede feststellbar sind, die infolge der unterschiedlichen "Geschäftsphilosophie" und gewachsener Kundenbeziehungen sehr viel fester gefügt sind als bei der Einlagenentwicklung[3].

Diese Unterschiede finden sich vor allen Dingen in den internationalen Geschäftsbeziehungen, da die deutschen Kreditinstitute erkannt haben,

---

1) Vgl. Abb. 6 sowie die Tabellen A 14 - A 17 im Anhang.

2) Vgl. Ludwig MÜLHAUPT u.a.: Strukturwandlungen im westdeutschen Bankwesen, S. 37.

3) Helmut GEIGER: Bankpolitik, Stuttgart-Berlin-Köln-Mainz 1975, S. 90.

"... daß harter Wettbewerb im Inland auf diesem Wege allein das große Geschäft nicht bringen kann."[1)]

Von dieser Internationalisierung des Wettbewerbs, die begleitet wird von Kooperationen und grenzüberschreitenden Gruppenbildungen (z.B. EBIC-, ORION-, ABECOR-, Europartners-Gruppe), sind insbesondere Großbanken und Landesbanken/Girozentralen betroffen, da sie allein im Auslandsgeschäft noch Gewinnterrain vermuten, das ihnen im Inland zunehmend von den übrigen Geschäftsbanken (insbesondere den Kreditgenossenschaften und Sparkassen) abgenommen wird. Das drückt sich sowohl im relativen Rückgang inländischer Aktivitäten in der Bilanz aus, als auch im Verlust der Marktanteile an diesen Märkten[2)].

Ebenfalls interessant ist in diesem Zusammenhang die Tatsache einer Zunahme des Interbankgeschäftes bei fast allen Institutsgruppen (Kredite an Kreditinstitute bzw. Einlagen und aufgenommene Kredite von Kreditinstituten). Ausnahmen bilden hier lediglich die Girozentralen, aber auch die Kreditinstitute mit Sonderaufgaben beim Aktivgeschäft bzw. die Teilzahlungsbanken beim Passivgeschäft.

---

1) Manfred GBUREK: Großbanken und Landesbanken in permanentem Strukturwandel, in: Wertpapier, 25. Jg. (1977), S. 450.

2) Vgl. unten Kapitel 2.3.4.

Abb. 6: Veränderungen in der Bilanzstruktur (in % des jeweiligen Geschäftsvolumens)

(a) Aktivpositionen

Kredite an Kreditinstitute

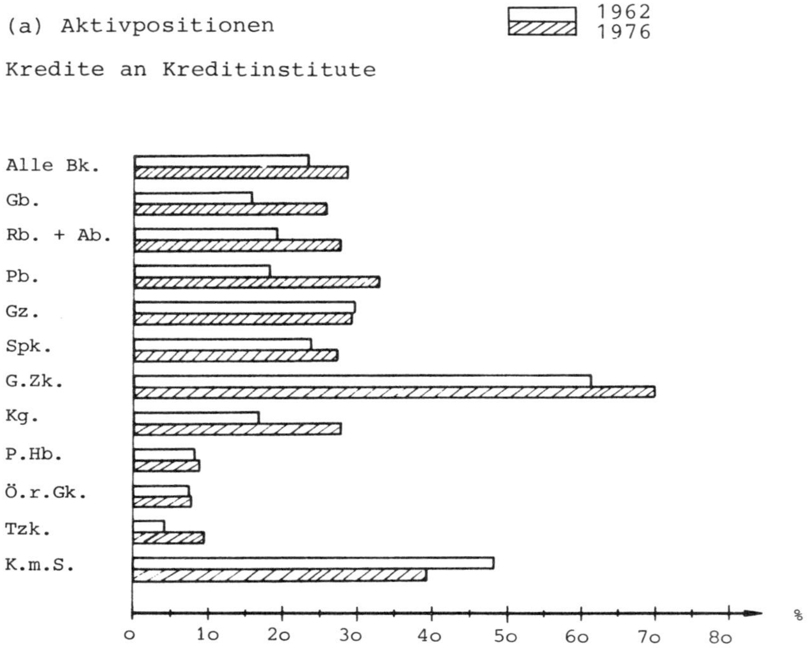

Kredite an öffentliche Haushalte

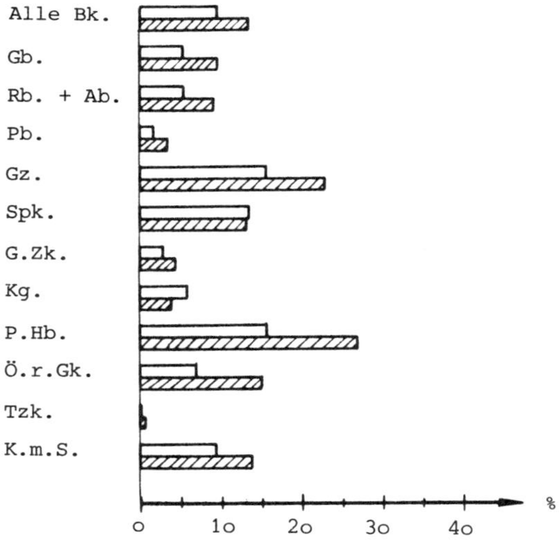

Kurzfristige Kredite an Nichtbanken

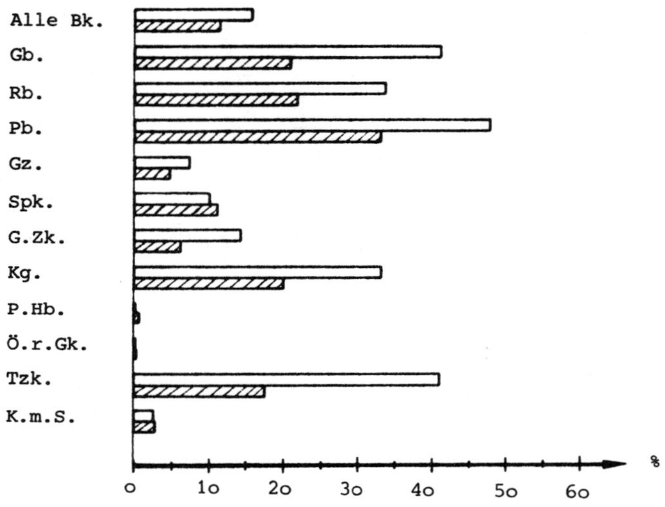

Mittel- und langfristige Kredite an Nichtbanken

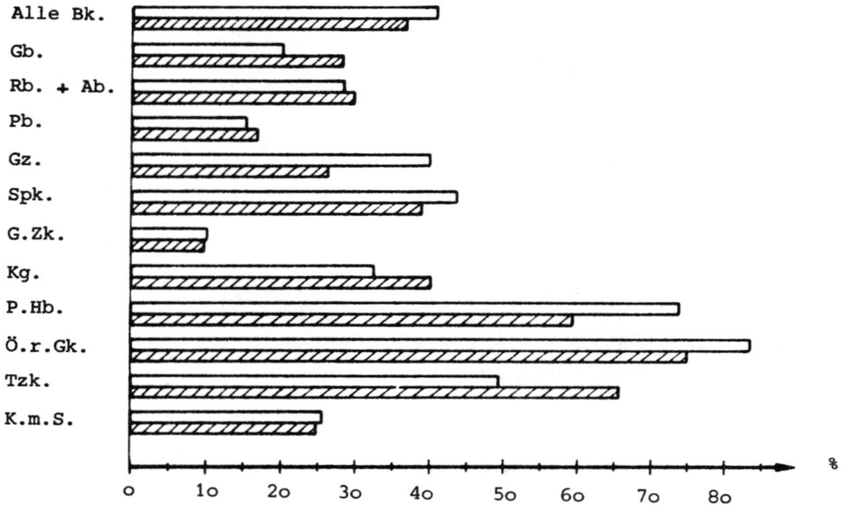

noch Abb. 6:

(b) Passivpositionen

Einlagen und aufgenommene Kredite von Kreditinstituten

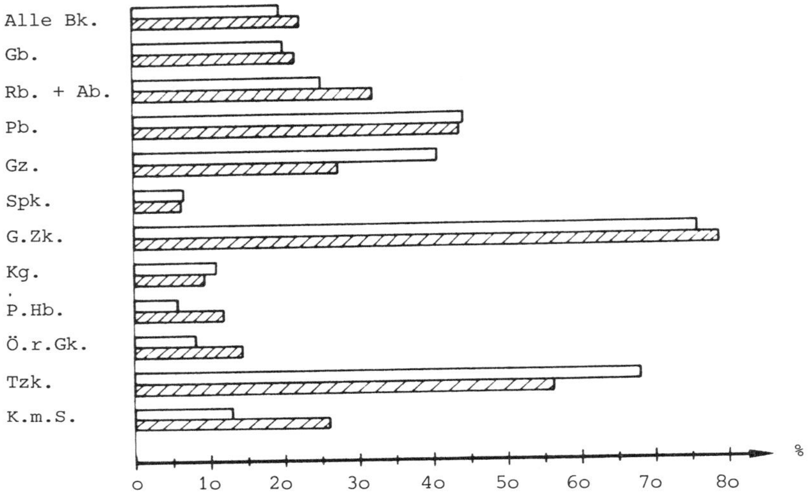

Sichteinlagen von Nichtbanken

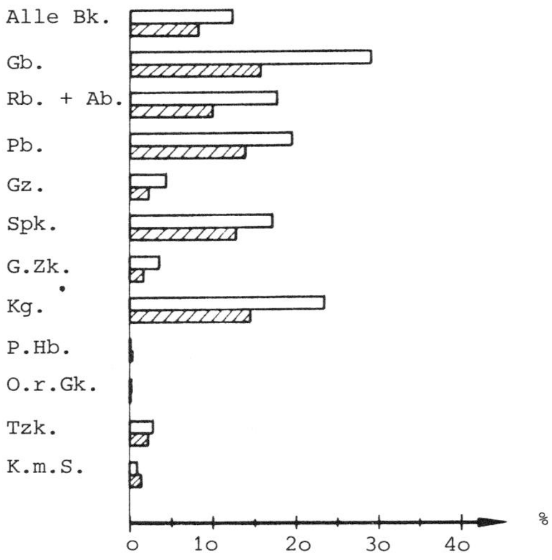

noch Abb. 6:

Termineinlagen von Nichtbanken

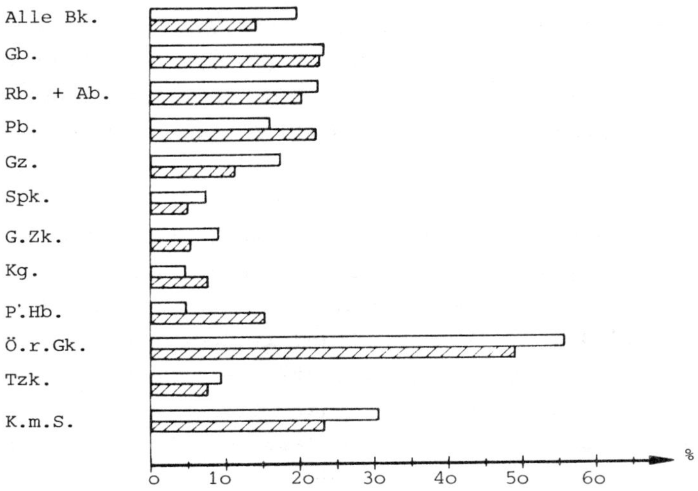

Spareinlagen von Nichtbanken

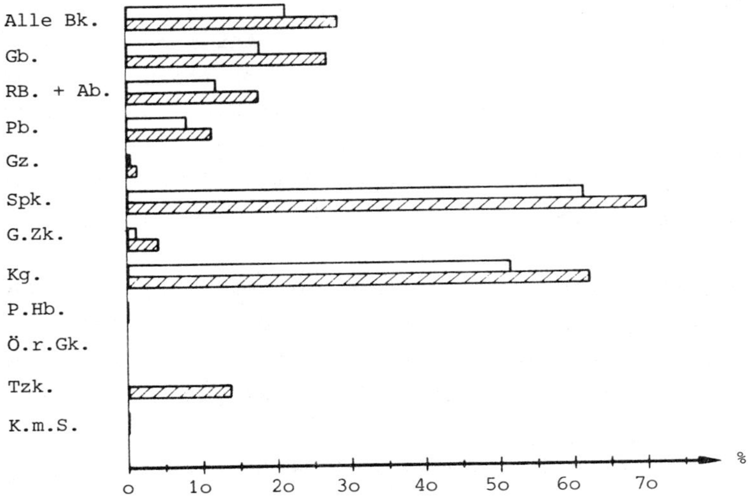

Quelle: Tabellen A 14 bis A 17 im Anhang.

Speziell bei den Girozentralen wird die Gewichtsverlagerung hin zu Krediten an die öffentlichen Haushalte und zu den "sonstigen" in den Tabellen A 14 f. nicht ausgewiesenen Aktivitäten (insbesondere Kredite an das Ausland und Wertpapierbesitz) deutlich. Ihr Anteil am Geschäftsvolumen stieg von 7,5 % (1962) auf 16,2 % (1976). Beteiligungen haben 1976 immerhin einen Anteil von über 1 % am Geschäftsvolumen, während sie 1962 mit 0,18 % kaum zu Buche schlugen.

Eine recht deutliche Schwerpunktverschiebung haben auch die Teilzahlungskreditinstitute zu verzeichnen. Der Anteil der kurzfristigen Kredite in der Bilanz sinkt von 41 % (1962) auf 17,5 % (1976), während im Gegenzug sich die Bedeutung der mittel- und langfristigen Kredite von 49 % (1962) auf 66 % (1976) erhöht hat. Diese Entwicklung findet ihren Niederschlag auch im Passivgeschäft, wo seit 1975 ein sprunghafter Anstieg der Spareinlagen (inklusive der Sparbriefe) beobachtet werden konnte. Ihr Anteil am Geschäftsvolumen beträgt 1976 immerhin fast 14 % (gegenüber 0 % 1962).

Ebenfalls bei den schon sehr spareinlagenintensiven Sparkassen und Kreditgenossenschaften ist noch eine Zunahme der Anteile der Spareinlagen und -briefe an dem Geschäftsvolumen 1976 gegenüber 1962 zu verzeichnen, und zwar erhöhten sie sich um 8,6 %-Punkte auf 70 % (!) bei den Sparkassen und um 10,8 %-Punkte auf 62,3 % bei den Kreditgenossenschaften.

Kreditpolitisch entscheidend ist der Anteil des Eigenkapitals am Geschäftsvolumen[1]. Da die Entwicklung in diesem Bereich dabei nicht immer einheitlich war, soll im folgenden Kapitel ausführlicher darauf eingegangen werden.

1) Vgl. dazu die Ausführungen in Kapitel 3.1.

2.3.3. Änderungen in der Eigenkapitalausstattung

In dem Beobachtungszeitraum verschlechterte sich die Eigenkapitalausstattung der gesamten deutschen Kreditwirtschaft. Denn das Geschäftsvolumen (GV) stieg von 1962 bis 1976 um das 4,9-fache, während das Eigenkapital (EK) in dem gleichen Zeitraum nur um das 3,9-fache wuchs[1].

Doch diese relative Verschlechterung der EK-Ausstattung fällt von Institutsgruppe zu Institutsgruppe unterschiedlich stark aus. Die Diskrepanz ΔX zwischen dem Eigenkapitalindex des Jahres 1976 (1962 = 100) X (EK) und dem des Geschäftsvolumens X (GV) ist bei den Kreditgenossenschaften, den privaten Hypothekenbanken, den Kreditinstituten mit Sonderaufgaben und den genossenschaftlichen Zentralkassen am größten, während die Regionalbanken, die Großbanken, Teilzahlungskreditinstitute sowie auch noch die Sparkassen eine nur geringfügige relative Verschlechterung der EK-Ausstattung bzw. sogar fast eine proportionale Entwicklung von EK und GV aufzuweisen haben. Ausnahmen bilden in diesem Zusammenhang die Girozentralen sowie die öffentlich-rechtlichen Grundkreditanstalten, die 1976 sogar eine relative Verbesserung der EK-Position gegenüber 1962 erreichen konnten[2].

Die These, daß insbesondere die öffentlich-rechtlichen Kreditinstitute durch die erschwerten EK-Finanzierungsformen wettbewerbliche Nachteile in Kauf zu nehmen hätten[3], läßt sich durch diese Berechnungen jedoch nicht bestätigen. Vielmehr scheint danach die EK-Problematik im genossen-

---

1) Vgl. Abb. 7.

2) Vgl. Abb. 8.

3) Vgl. dazu unten Kapitel 3.2.3.2.

Abb. 7: Entwicklung des Eigenkapitals 1976 gegenüber 1962 (in %)

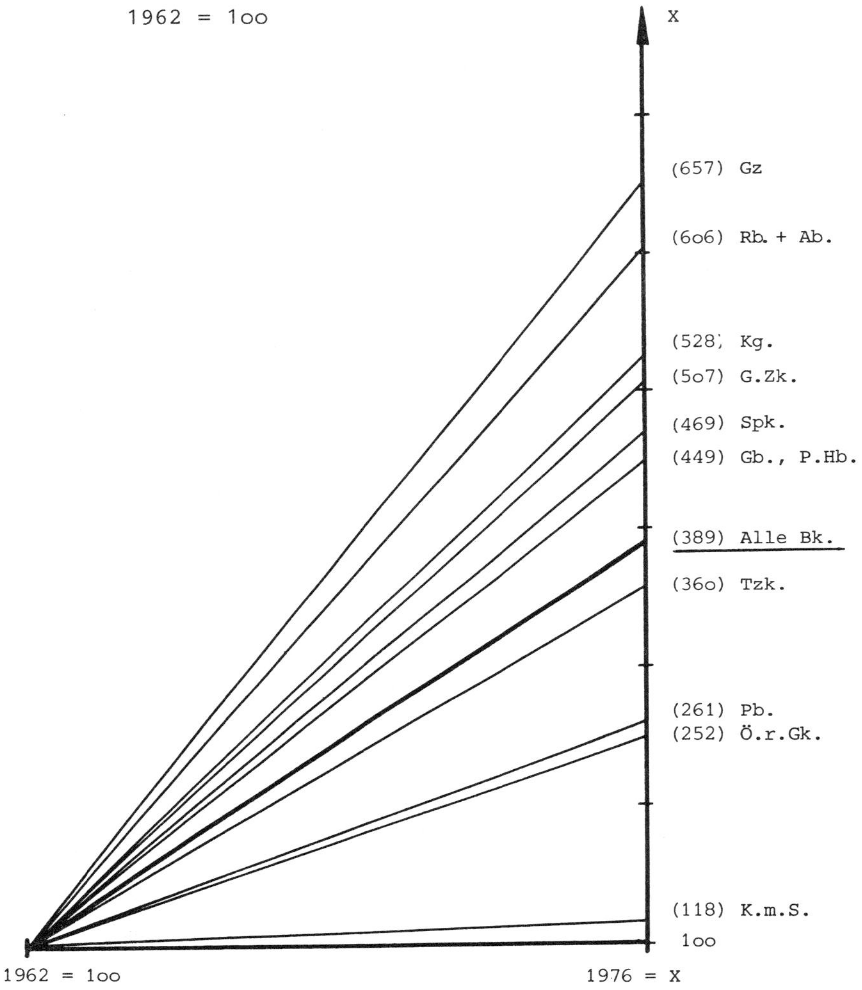

Quelle: Eigene Berechnungen nach Tabelle A 13.

Abb. 8: Abweichungen der Eigenkapitalentwicklung von der Entwicklung des Geschäftsvolumens (in %-Punkten)

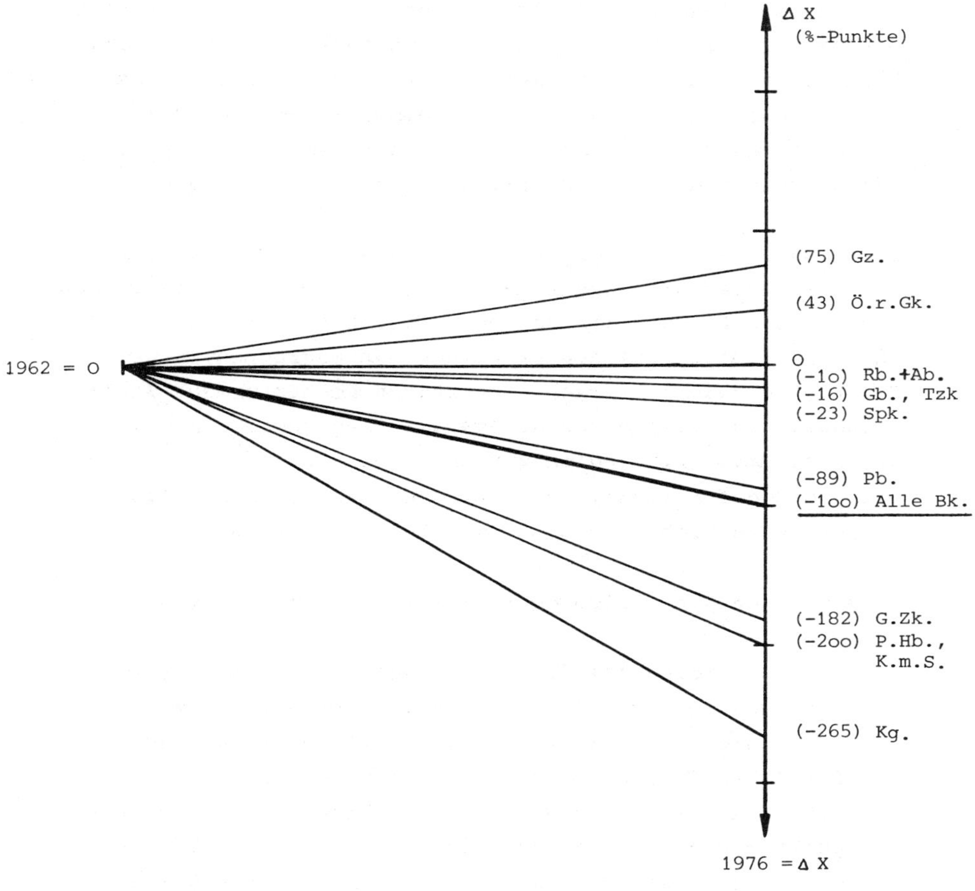

Erläuterung:

$\Delta X = X(EK) - X(GV)$

- > 0 : relative Verbesserung der Eigenkapitalausstattung 1976 gegenüber 1962
- $= 0$: Konstanz der Eigenkapitalausstattung (= Proportionale Entwicklung)
- < 0 : relative Verschlechterung der Eigenkapitalausstattung 1976 gegenüber 1962

schaftlichen Sektor wesentlich schärfer zu sein. Doch man darf dabei nicht vergessen, daß vom Niveau her die Eigenkapitalquote der Kreditgenossenschaften immer noch über dem Branchendurchschnitt liegt, während sie bei den Sparkassen (mit Ausnahme der Zeitspanne 1967-1971) immer unterdurchschnittlich war[1]. Ebenso muß berücksichtigt werden, daß bei Kreditgenossenschaften eine Quantifizierung des Haftsummenzuschlages nicht vorgenommen wurde. Aus diesem Grund ist es durchaus angebracht, sich Gedanken über die Möglichkeiten einer verstärkten EK-Zuführung zu machen[2].

Ein genaueres Bild über das unterschiedliche Niveau der Eigenkapitalentwicklung erhält man, wenn man den zeitlichen Verlauf der Eigenkapitalquoten betrachtet. Man sieht, daß die Unterschiede bei den einzelnen Bankengruppen in der Hauptsache auf die verschiedenartigen Rechtsformen, Zielsetzungen und Gewinnverwendungspolitiken sowie zum Teil auf bestimmte Privilegien zurückzuführen sind[3]. Das führt dazu, daß die Eigenkapitalquoten der einzelnen Institutsgruppen sich nicht gleichmäßig entwickelt haben.

Im einzelnen sind folgende Feststellungen zu treffen:

(a) Bei den Großbanken (und auch Regionalbanken) ist eine zweiphasige Entwicklung zu unterscheiden. Und zwar sinkt die Quote bis 1970 (bzw. 1971) - mit Ausnahme der Jahre 1965/66 - kontinuierlich von 4,8 % (bzw. 4,9 %) auf 4,0 % (bzw. 4,1 %), während ab diesem Zeitpunkt - wohl infolge verstärkter Eigenkapitalzufuhr - wieder ein leichter Anstieg auf immerhin 4,6 % (bzw. 4,5 %) im Jahre 1976 zu verzeichnen ist.

---

1) Vgl. Tabelle A 18 im Anhang sowie Abb. 9.

2) Vgl. unten Kapitel 3.2.4.

3) Vgl. unten Kapitel 3.2.2.

(b) Die Privatbankiers haben im gesamten Beobachtungszeitraum (mit Ausnahme der Jahre 1963, 1973/74) eine kontinuierliche Verschlechterung der Eigenkapitalquote zu beklagen. Hier dürften sich die Schwierigkeiten bei der Eigenkapitalzufuhr auswirken, da bei dieser Bankengruppe häufig eine Aufnahme neuer Gesellschafter große Probleme mit sich bringt: Zum einen haftet nicht nur das bilanzielle Eigenkapital, sondern auch das gesamte anerkannte freie Vermögen des unbeschränkt haftenden Inhabers (was neue Kapitalgeber abschrecken könnte), zum andern muß bei Aufnahme neuer Gesellschafter mit einer gewissen Einschränkung der bisherigen Entscheidungsfreiheit gerechnet werden (was die alten Kapitalgeber abschrecken könnte).

(c) Die Girozentralen haben in dem Beobachtungszeitraum eine nahezu konstante Eigenkapitalquote, deren Niveau jedoch (im Vergleich zum Branchendurchschnitt) weitaus am niedrigsten ist.

(d) Auch bei den Sparkassen ist (wie bei den Groß- und Regionalbanken) eine zweiphasige Entwicklung zu unterscheiden - jedoch mit umgekehrten Vorzeichen: Bis 1968 war ein Anstieg der Eigenkapitalquote zu beobachten. Seitdem ist der Wert jedoch (mit Ausnahme des Jahres 1976) kontinuierlich gesunken.

(e) Bei den Kreditgenossenschaften war hingegen in der gesamten Beobachtungsperiode eine stetige Abnahme zu verzeichnen, wobei in den letzten Jahren jedoch eine gewisse "Konsolidierung" bei ca. 3,8 % festgestellt werden kann.

(f) Sehr ungleichmäßig verläuft die Entwicklung dagegen bei den genossenschaftlichen Zentralkassen, die sich jedoch - im Trend - ebenfalls verschlechtert haben.

Abb. 9: Entwicklung der Eigenkapitalquote

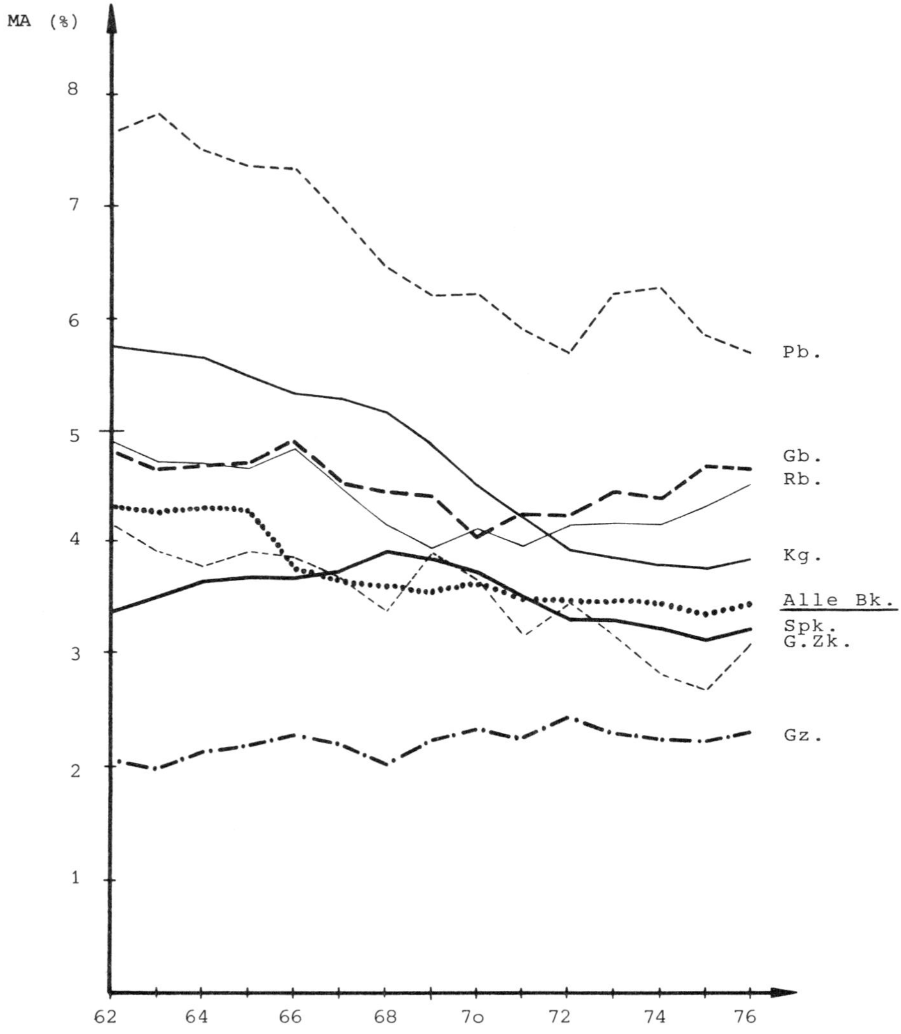

noch Abb. 9:

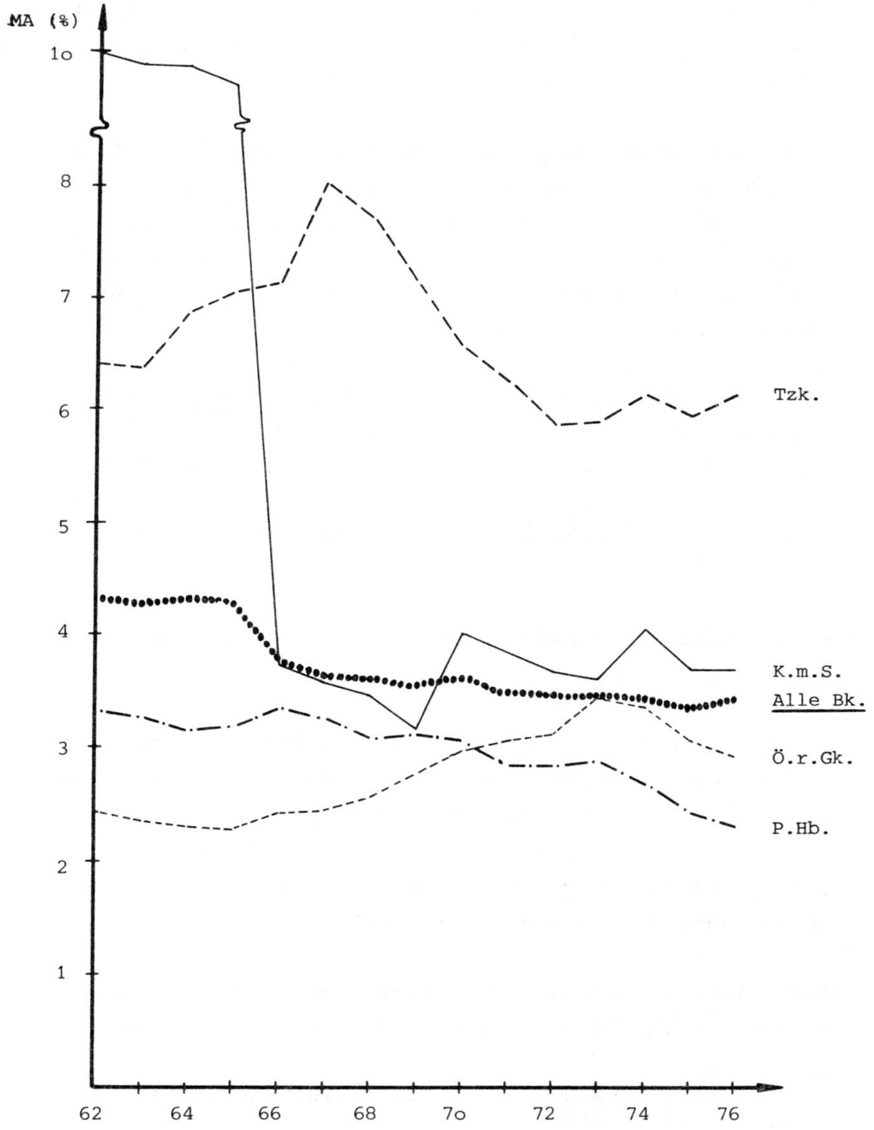

Quelle: Tabelle A 18 im Anhang.

(g) Nicht viel anders ist die Entwicklung bei den privaten Hypothekenbanken, die eine stetig sinkende EK-Quote aufweisen können. Hingegen stieg bei den öffentlich-rechtlichen Grundkreditanstalten bis 1973 dieser Wert an. Erst seit 1974 ist hier ebenfalls eine Abnahme zu beobachten.

(h) Bei den Teilzahlungskreditinstituten ist ein dreiphasiger Verlauf zu unterscheiden: Bis 1967 ein Anstieg auf den Höchstwert 8 %, von 1968 bis 1972 ein kontinuierliches Absinken auf den Minimalwert 5,8 %, und seitdem wieder ein leichtes Ansteigen auf 6,1 % im Jahre 1976.

(i) Der ungewöhnlich abrupte Sprung der EK-Quote bei den Kreditinstituten mit Sonderaufgaben im Jahre 1966 von nahe 10 % auf ca. 4 % darf nicht überbewertet werden, da es sich hierbei lediglich um eine statistisch bedingte Veränderung in der Eigenkapitalausstattung handelt[1].

Die verschiedenen Entwicklungsprofile der Eigenkapitalausstattung zeigen,

- daß in der gesamten Kreditwirtschaft über den gesamten Beobachtungszeitraum hinweg eine tendenzielle Verschlechterung der EK-Quote beobachtet werden konnte,

- daß jedoch die Entwicklung von Bankengruppe zu Bankengruppe unterschiedlich stark ausfällt und

- daß zeitweise durchaus Verbesserungen in der relativen EK-Ausstattung bei einzelnen Institutsgruppen erreicht

---

1) Vgl. Ludwig MÜLHAUPT u.a.: Strukturwandlungen im westdeutschen Bankwesen, S. 117, Fußnote 4.

werden konnten, wenn man z.B. die Entwicklung im Sparkassensektor bis 1968, bei den öffentlich-rechtlichen Grundkreditanstalten bis 1973 und bei den Groß- und Regionalbanken seit 1970/71 betrachtet.

2.3.4. Verschiebungen der Anteile an einzelnen Märkten

Die Auswirkungen veränderter Leistungsschwerpunkte der einzelnen Institutsgruppen lassen sich jedoch nicht nur in Änderungen der Bilanzstruktur erkennen, sondern sie schlagen sich auch in Verschiebungen der Marktanteile an den sog. relevanten Märkten nieder. Geht man davon aus, daß die Geschäftsbanken neben dem Ertrags- und Gewinngesichtspunkt auch das umsatzbezogene Ziel einer "Sicherung und Erhöhung des Marktanteils" anstreben, dann lassen sich Veränderungen dieser Maßgröße als Indikator für den relativen Erfolg im Wettbewerb an den relevanten Märkten deuten. Da es bei der überaus großen Fülle der angebotenen Dienstleistungen schwierig ist, einen umfassenden Überblick über alle wettbewerbspolitisch umkämpften Märkte zu geben, beschränken wir uns hier auf eine Auswahl der - unserer Ansicht nach - wichtigsten Märkte.

2.3.4.1. Aktivgeschäfte mit Nichtbanken

(a) Der Markt für Kredite an öffentliche Haushalte

Eine Analyse der Kredite an öffentliche Haushalte zeigt[1], daß die Institute des öffentlich-rechtlichen Bereichs (Sparkassensektor, öffentlich-rechtliche Grundkreditanstalten und Kreditinstitute mit Sonderaufgaben) zwar weiterhin eine führende Rolle innehaben (1976: 63 %), daß jedoch ihr Anteil - insbesondere bei den Sparkassen - am

1) Vgl. Abb. 10 und Tabelle A 22.

Abb. 1o: Kredite an öffentliche Haushalte

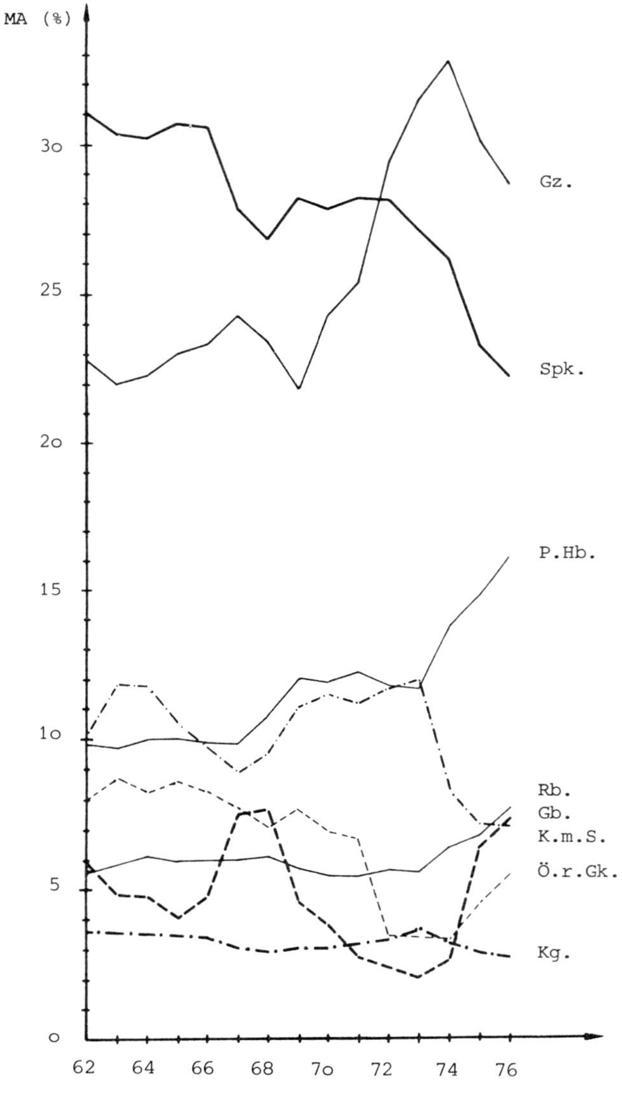

Quelle: Tabelle A 22 im Anhang.

Gesamtmarkt tendenziell zurückgeht: 1962 betrug er nämlich noch 72 %.

Diese Zahlen bestätigen die These, daß die öffentlichen Haushalte, die insbesondere über den Verwaltungsrat personell eng mit den Sparkassen und Girozentralen verbunden sind, ihren Fremdfinanzierungsbedarf immer noch bevorzugt von diesen Institutsgruppen decken lassen. Ihr Anteil ging jedoch gerade in denjenigen Jahren zurück, in denen die Nettoverschuldung des Staates und dabei hauptsächlich der Anteil der Bankkredite an der Verschuldung bei Ländern und Gemeinden (1974/75)[1] zunahm. Im Gegenzug verbesserte sich nämlich insbesondere die Marktposition bei den privaten Hypothekenbanken und den Großbanken, die einen Wettbewerbserfolg hauptsächlich zulasten des Sparkassensektors verbuchen konnten.

Auch innerhalb des Sparkassensektors hat sich eine Umschichtung der Gewichte ergeben, wobei bis 1974 die Girozentralen recht deutlich ihre Marktstellung ausbauen konnten, während die Sparkassen besonders stark seit 1972 an Boden verloren haben.

(b) Der Markt für kurzfristige Kredite an Nichtbanken

Die bedeutendste Gruppe im kurzfristigen Kreditgeschäft ist die Gruppe der Kreditbanken (Groß-, Regional-, Auslandsbanken und Privatbankiers), die 1976 einen Marktanteil von 48 % auf sich vereinigen konnte, 1962 behauptete sie noch einen Anteil von 57,5 %.

Diese Zahlen zeigen exemplarisch den tendenziellen Rückgang dieser Bankengruppe an diesem Markt, der besonders

---

1) Vgl. Tabelle A 52 und A 53.

Abb. 11: Kurzfristige Kredite an Nichtbanken

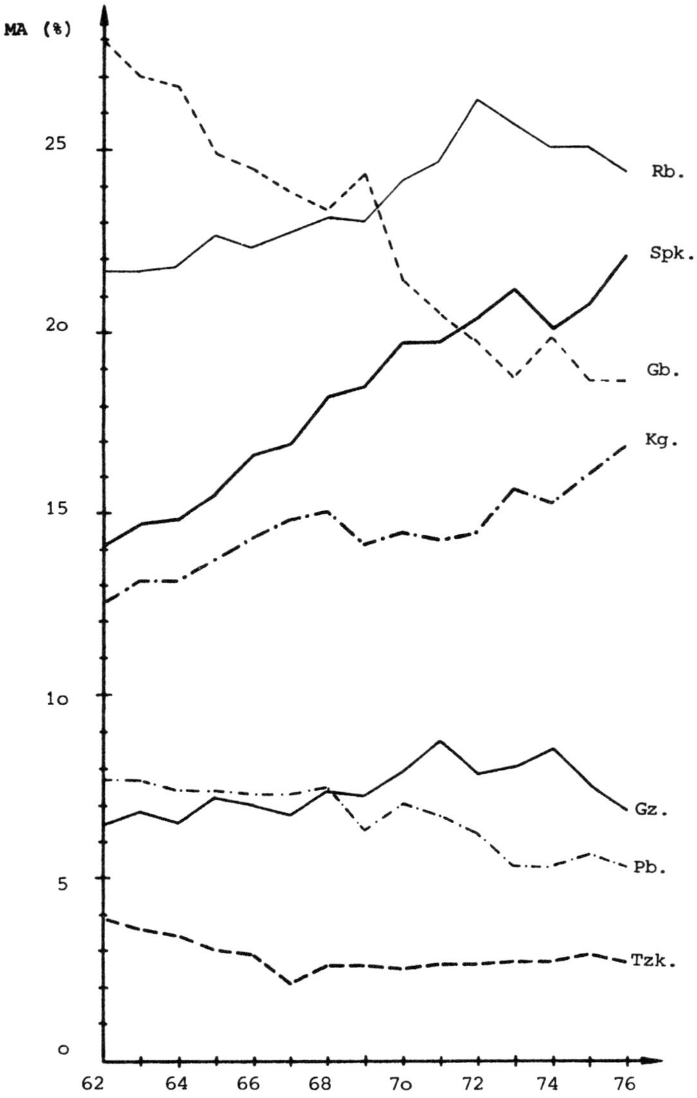

Quelle: Tabelle A 23 im Anhang.

stark bei den Großbanken in Erscheinung tritt, die zwischen 1962 und 1976 nicht weniger als 9,4-Prozentpunkte verloren haben und ihre dominierende Rolle an die Regional- und sonstigen Banken abtreten mußten.

Im Gegenzug konnten insbesondere die Sparkassen (+ 8-Prozentpunkte) und Kreditgenossenschaften (+ 4,3-Prozentpunkte) ihre Positionen beim kurzfristigen Kreditgeschäft ausbauen[1].

(c) Der Markt für mittel- und langfristite Kredite an Nichtbanken

Aufgrund der hohen Bedeutung, die der langfristige Kredit für die Institute des Sparkassensektors hat, wird die dominierende Rolle dieser Bankengruppen an dem mittel- und langfristigen Kreditmarkt verständlich, die bei den Sparkassen im Beobachtungszeitraum im wesentlichen konstant blieb, während die Girozentralen insbesondere in den Jahren 1970 und 1972 sprunghaft ihren Marktanteil erhöhen konnten. Diese Steigerung ging hauptsächlich zulasten der öffentlich-rechtlichen Grundkreditanstalten, deren Position sich in den Jahren 1962 bis 1972 mehr als halbiert hat. Auch im Wettbewerb mit den privaten Hypothekenbanken, die nämlich im Gegenzug ihre Position leicht verbessern konnten[2], war diese Bankengruppe unterlegen.

Besonders hervorzuheben ist in diesem Zusammenhang wieder einmal die stetige Aufwärtsentwicklung bei den Kreditgenossenschaften und (mit leichten Schwankungen) auch bei den Kreditbanken, insbesondere den Groß-, Regional- und sonstigen Banken.

---

1) Vgl. Abb. 11 und Tabelle A 23.

2) Vgl. Abb. 12 und Tabelle A 24.

Abb. 12: Mittel- und langfristige Kredite an Nichtbanken

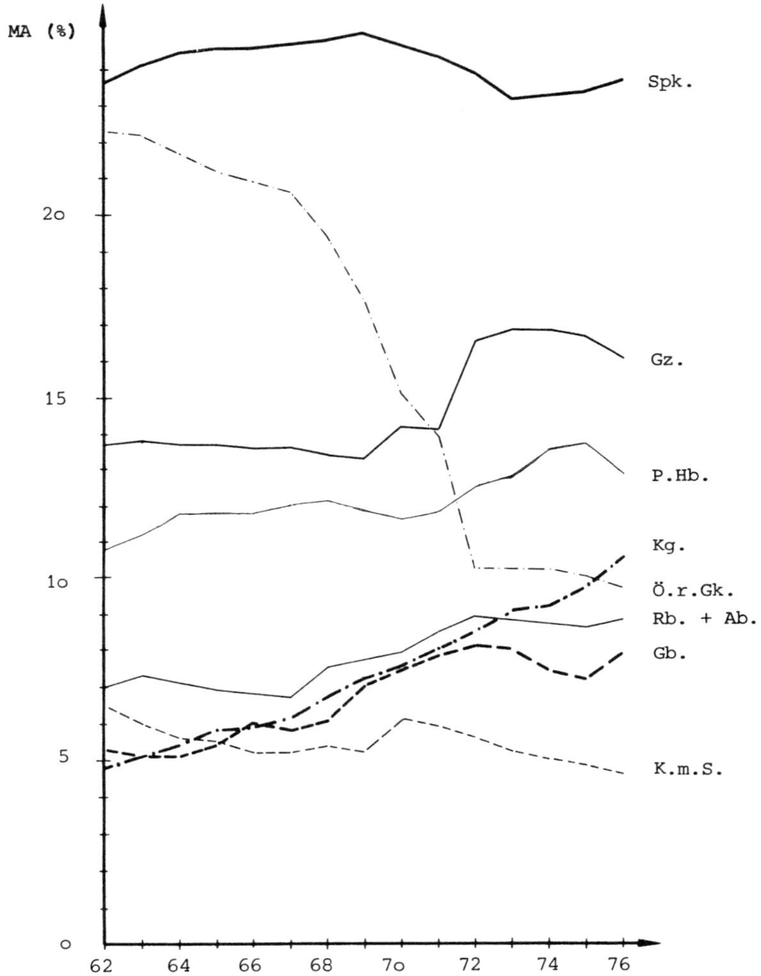

Quelle: Tabelle A 24 im Anhang.

(d) Der Markt für Beteiligungen

Der Absolutbetrag der Beteiligungen aller Bankengruppen hat sich von 1962 bis 1976 fast verneunfacht[1)2)]. Überproportional war dabei der Anstieg bei den Großbanken und bei den Girozentralen, während im Gegenzug insbesondere die Sparkassen und Privatbankiers sehr stark an Boden verloren haben[3)]. Dabei gilt es zu berücksichtigen, daß unter der Position "Beteiligungen" bei den Sparkassen nur die Anteile bei der eigenen Girozentrale, beim Sparkassen- und Giroverband sowie sonstigen organisationsspezifischer Institutionen (z.B. regionale Rechenzentren, gemeinnützige Wohnungsbaugesellschaften) gehören. Ein Beteiligungserwerb an sonstigen Unternehmen auf eigene Rechnung ist den Sparkassen nämlich - laut Mustersatzung - nicht gestattet.

1) Die Beurteilung der Beteiligungen der Kreditinstitute anhand der in der Bilanz ausgewiesenen Position ist aufgrund der zumindest bis 1967 geübten Bilanzierungspraxis nur eingeschränkt möglich, da im allgemeinen nur Beteiligungen an Kreditinstituten, an Vermögensverwaltungsgesellschaften, an Wohnungsbaugesellschaften u.ä. ausgewiesen werden. Beteiligungen an Nichtbanken werden dagegen häufig unter der Position "Sonstige Wertpapiere" oder "Börsengängige Dividendenwerte" erfaßt. Vgl. zu dieser Problematik auch Walter DICK: Eine empirische Untersuchung der Nichtbankenbeteiligungen und der Aufsichtsratsmandate der Großbanken in der BRD, Institut für das Spar-, Giro- und Kreditwesen an der Universität Bonn (Hrsg.): Diskussionspapier Nr. 17, Bonn 1976, S. 3.

2) Vgl. Tabelle A 8.

3) Vgl. Abb. 13 und Tabelle A 25.

Abb. 13: Beteiligungen

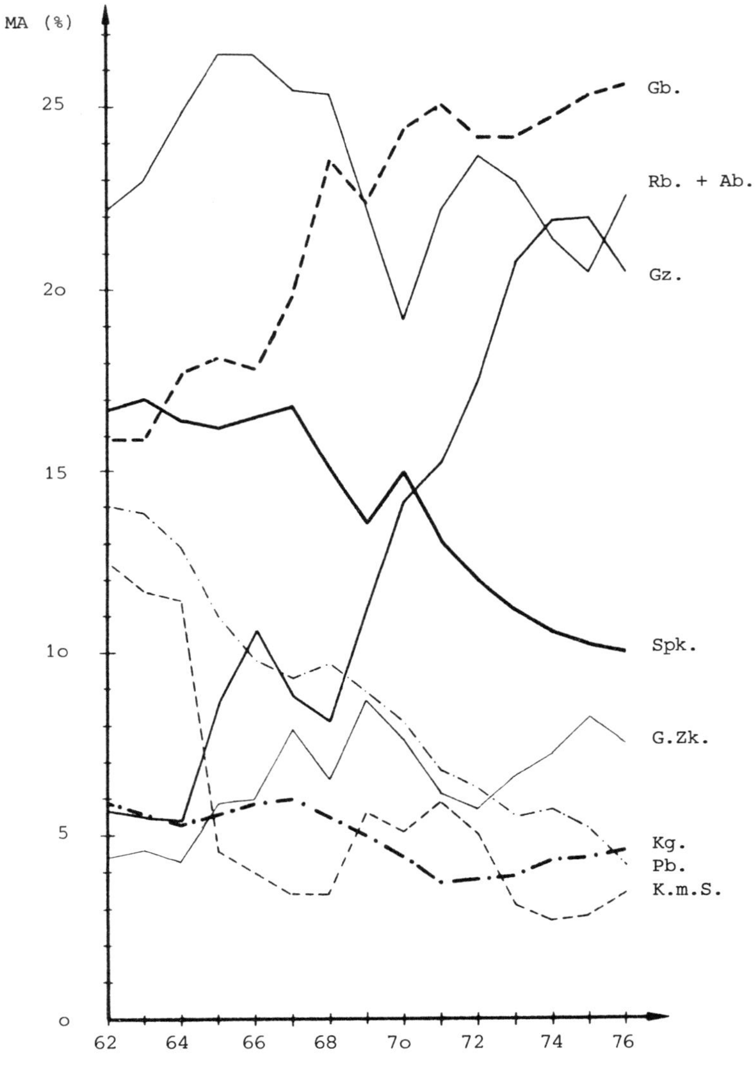

Quelle: Tabelle A 25 im Anhang.

2.3.4.2. Der Markt für Interbankgeschäfte

Der sog. Interbankmarkt umfaßt alle diejenigen Aktiv- und Passivgeschäfte, die zwischen den einzelnen Kreditinstituten zum Zwecke des Ausgleichs von Liquiditätsdivergenzen betrieben werden. Im allgemeinen spricht man in diesem Zusammenhang auch vom Geldmarkt, wobei hierunter

> *"der Handel mit Zentralbankgeld unter Kreditinstituten außerhalb der Zentralbank, und zwar auf dem Kreditwege oder durch An- und Verkauf von Geldmarktpapieren"* 1)

verstanden wird. Je nachdem, ob die betreffenden Institute auf dem Bankengeldmarkt einen Saldo auf der Aktiv- oder Passivseite aufweisen, ergibt sich eine Nettogläubiger- oder Nettoschuldnerposition gegenüber allen übrigen Institutsgruppen.

Betrachtet man ausschließlich die Interbankkredite[2], dann wird deutlich, daß während der gesamten Beobachtungsperiode die Institute des Sparkassensektors mit Abstand die größte Gläubigergruppe gegenüber den übrigen Kreditinstituten waren. Ihr Marktanteil bei den "Krediten an Kreditinstitute" entwickelte sich von 40 % (1962) über 43,9 % (1968) auf 38,1 % (1976). Hierbei dominierten - trotz leicht sinkender Tendenz - auch weiterhin die Sparkassen, deren Entwicklungsprofil an diesem Markt (ähnlich wie bei den Girozentralen) jedoch großen Schwankungen ausgesetzt war.

---

1) E. BREHMER: Struktur und Funktionsweise des Geldmarktes der Bundesrepublik Deutschland seit 1948 (Kieler Studien, Nr. 65), 2. neubearb. u. erw. Aufl., Tübingen 1964, S. 3. Vgl. auch Hans-Joachim JARCHOW: Theorie und Politik des Geldes, Bd. II. Geldmarkt, Bundesbank und geldpolitisches Instrumentarium, 2. neubearb. u. erw. Aufl., Göttingen 1976.

2) Vgl. Tabelle A 21 und A 26, sowie Abb. 14 und 15.

Abb. 14: Kredite an Kreditinstitute

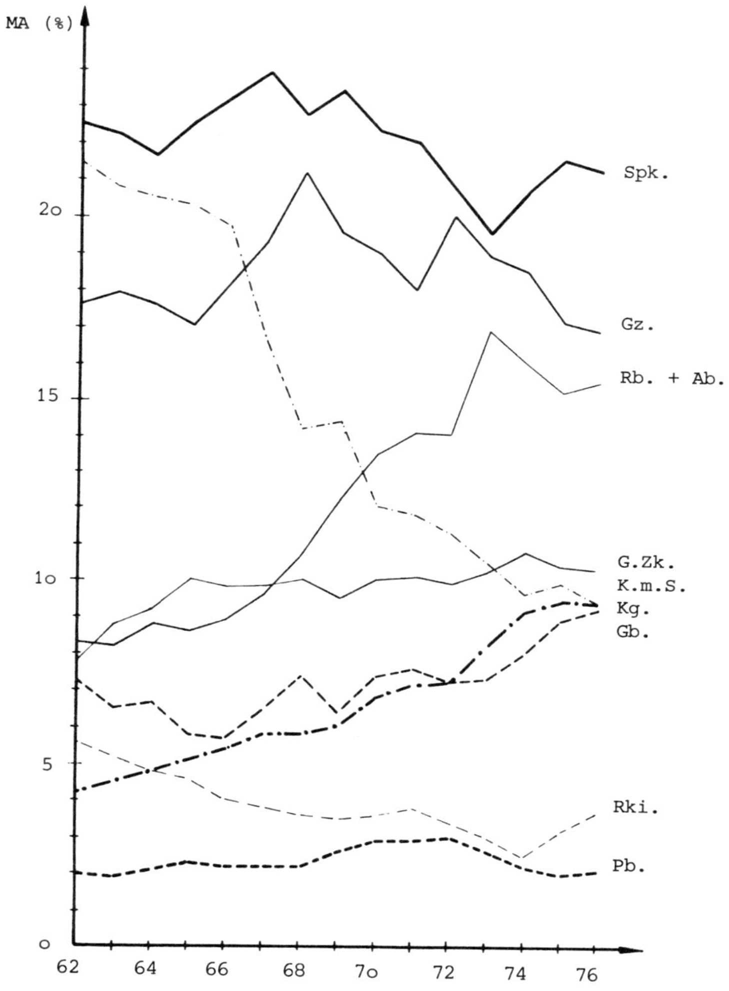

Quelle: Tabelle A 21 im Anhang.

Abb. 15: Einlagen und aufgenommene Kredite von Kreditinstituten

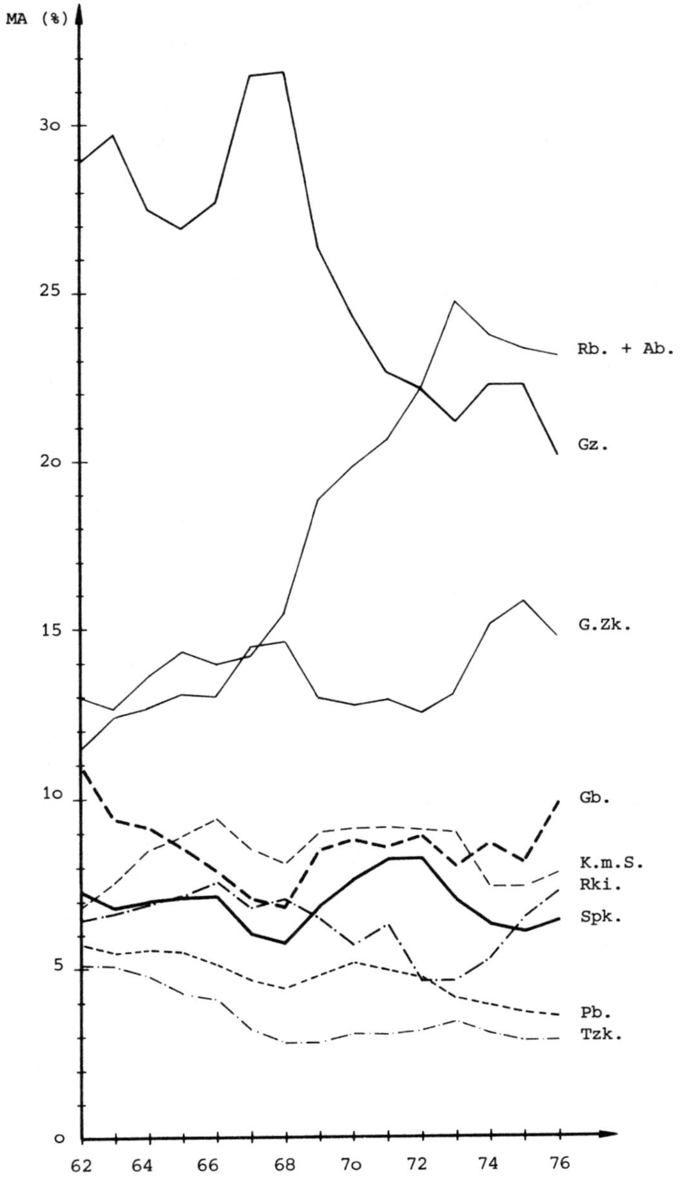

Quelle: Tabelle A 26 im Anhang.

Von dieser dominierenden Rolle der Sparkassen profitierten zu einem großen Teil die zum Verbund gehörenden Girozentralen, zumal nach den entsprechenden Sparkassengesetzen die Sparkassen zur Anlage ihrer überschüssigen Mittel bei der zuständigen Girozentrale gezwungen sind, bzw. gewisse Guthaben als Liquiditätsreserven daselbst zu unterhalten haben. Aus diesem Grund treten die Sparkassen selbst kaum am Bankengeldmarkt auf.

Die durch den "Liquiditätsverbund" entstandene Schuldnerposition der Girozentralen scheint sich jedoch in den letzten Jahren zunehmend zu verringern. Denn ihr Anteil am Markt für "Einlagen und aufgenommene Kredite von Kreditinstituten" schrumpft von 29 % (1962) auf 20 % (1976), nur zweimal (in den Jahren 1967/68 und 1974/75) wurde dieser Trend kurz unterbrochen. Insgesamt gesehen scheint die Entwicklung jedoch darauf hin zu deuten, daß die Liquiditätsreservefunktion der Girozentralen für die Sparkassen tendenziell zurückgeht, bzw. daß die Sparkassen ihre Mittel zunehmend auch bei Instituten außerhalb ihrer Organisation anlegen.

Möglicherweise handelt es sich hier um die Gruppe der Regionalbanken (inklusive der Zweigstellen ausländischer Banken), denn deren Schuldnerposition entwickelte sich an dem Interbankkredit-Markt nämlich spiegelbildlich zu den Girozentralen (mit Ausnahme der Jahre 1966 - 1968): Ihr Anteil stieg sprunghaft von 12,9 % (1962) auf 23,1 % (1976).

Ähnlich wie der Sparkassensektor so hat auch der Genossenschaftssektor eine relative Gläubigerstellung inne, jedoch mit dem Unterschied, daß hier ein ansteigender Trend zu beobachten ist. Die starke Parallelität des Liquiditätsverbundes verdeutlicht sich in einer - nur durch Trend und Niveau unterschiedlichen - dem Verlaufsprofil nach aber gleichgerichteten Anteilsentwicklung bei den jeweiligen Spitzeninstituten dieser Sektoren auf dem Markt für "Einlagen und Kredite von Kreditinstituten". Denn wie die Sparkassen so sind auch die Kreditgenossenschaften gehalten, ihre Liquiditätsreserven weitgehend bei ihren Zentralkassen zu unterhalten. Aus diesem Grund treten auch sie nicht direkt als Anbieter auf dem Geldmarkt auf.

Während sowohl Zentralkassen als auch Girozentralen auf der Schuldnerseite (Einlagen und Kredite von Kreditinstituten) ein ähnliches Entwicklungsprofil aufweisen, findet sich - mit entgegengesetzten Vorzeichen - auch eine Parallelität in der Entwicklung von Großbanken und Sparkassen (aber auch den Kreditinstituten mit Sonderaufgaben), die immer in denjenigen Jahren einen Marktanteilseinbruch erlebten, wenn die genossenschaftlichen und Sparkassen-Spitzeninstitute ihre Anteile steigern konnten (und umgekehrt). Der Wettbewerb auf dem Interbank-Einlagen-Markt scheint sich also vorwiegend zwischen

- Girozentralen und Zentralkassen auf der einen Seite

  und

- Sparkassen, Großbanken und (mit großem Erfolg) auch Regional- und Auslandsbanken auf der anderen Seite

abzuspielen. Denn bei den übrigen Institutsgruppen ist die Anteilsentwicklung auf diesem Markt nicht so ausgeprägt. Privatbankiers und Teilzahlungskreditinstitute weisen vielmehr ein relativ ruhiges, leicht abnehmendes Verlaufsprofil auf[1].

Interessant ist in diesem Zusammenhang noch die Tatsache, daß die Großbanken, die jahrelang zu den sog. Nettoschuldnern gehörten, ihre Gläubigerposition in den letzten Jahren steigern konnten.

2.3.4.3. Passivgeschäfte mit Nichtbanken

(a) Der Markt für Sichteinlagen

Das Gewicht, das die Sichteinlagen für die Mittelbeschaffung der Kreditinstitute haben, ist im Beobachtungszeitraum - wie schon gezeigt wurde[2] - geringer geworden. Interessant ist dabei die unterschiedliche Entwicklung der einzelnen Institutsgruppen[3], die im wesentlichen durch die Kundenstruktur bestimmt wurde. So verloren gerade diejenigen Banken, wie z.B. die Großbanken, die über traditionell enge Geschäftsbeziehungen zu Großunternehmen aus Handel und Industrie verfügen, und deren Haupteinlagenart jahrzehntelang die Sichteinlagen waren, besonders stark an Boden: Ihr Marktanteil schrumpfte um 5,6 Prozentpunkte von 25,4 % (1962) auf 19,8 % (1976). Im Gegenzug steigerten insbesondere die Kreditgenossenschaften ihre Position um 5,8 Prozentpunkte von 11,4 % (1962) auf 17,2 % (1976), während die Entwicklung der übrigen Institutsgruppen - wenn man von leichten Schwankungen absieht - im Beobachtungszeitraum nahezu konstant blieb.

---

1) Vgl. auch Tabelle A 26 und Abb. 15.

2) Vgl. oben Kapitel 2.3.1.2., insbesondere Abb. 6.

3) Vgl. Abb. 16 und Tabelle A 27.

Abb 16: Sichteinlagen von Nichtbanken

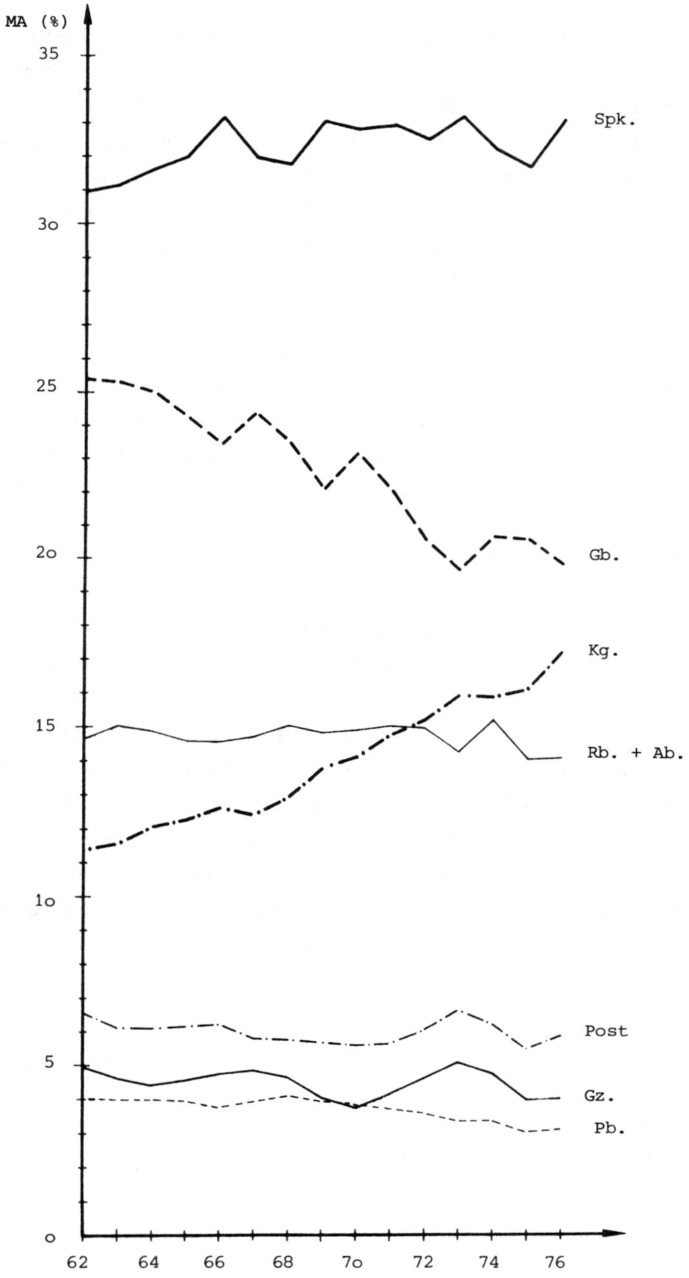

Quelle: Tabelle A 27 im Anhang.

(b) Der Markt für Termineinlagen

Auch am Termineinlagenmarkt vollzog sich in dem Beobachtungszeitraum ein erstaunlicher Wandel. So nimmt im Bankendurchschnitt zwar der Anteil an der Bilanz ab[1], doch gibt es dabei durchaus Ausnahmen von der Regel. Insbesondere die Privatbankiers, die Kreditgenossenschaften und die privaten Hypothekenbanken verstärkten ihr Engagement in diesem Bereich, was sich selbstverständlich auch in der Marktanteilsentwicklung niederschlägt[2].

Den größten relativen Verlust haben hier die öffentlich-rechtlichen Grundkreditanstalten, deren Anteil sich halbiert hat. Er betrug 1962 noch 31,7 %, während es 1973 nur 14,8 % waren. Doch scheint der Abwärtstrend, der bis 1973 stetig verlief, seitdem gestoppt zu sein, da in den letzten Jahren eine gewisse Konsolidierung bei der 16 %-Marke eingetreten ist.

Hauptnutznießer dieser Abwärtsbewegung bei den öffentlich-rechtlichen Grundkreditanstalten waren in den Jahren 1965 bis 1968 die Großbanken, seit 1967 die privaten Hypothekenbanken, von 1968 bis 1973 die Sparkassen und Kreditgenossenschaften. Erstaunlich ist in diesem Zusammenhang die starke Parallelität gerade dieser beiden letzteren Institutsgruppen, die auf diesem Markt anscheinend nicht miteinander konkurrieren. Gegenpole bilden vielmehr (neben den öffentlich-rechtlichen Grundkreditanstalten) die Kreditinstitute mit Sonderaufgaben und (seit 1973) auch die Großbanken.

---

1) Vgl. Abb. 6.

2) Vgl. Abb. 17 und Tabelle A 28.

Abb. 17: Termineinlagen von Nichtbanken

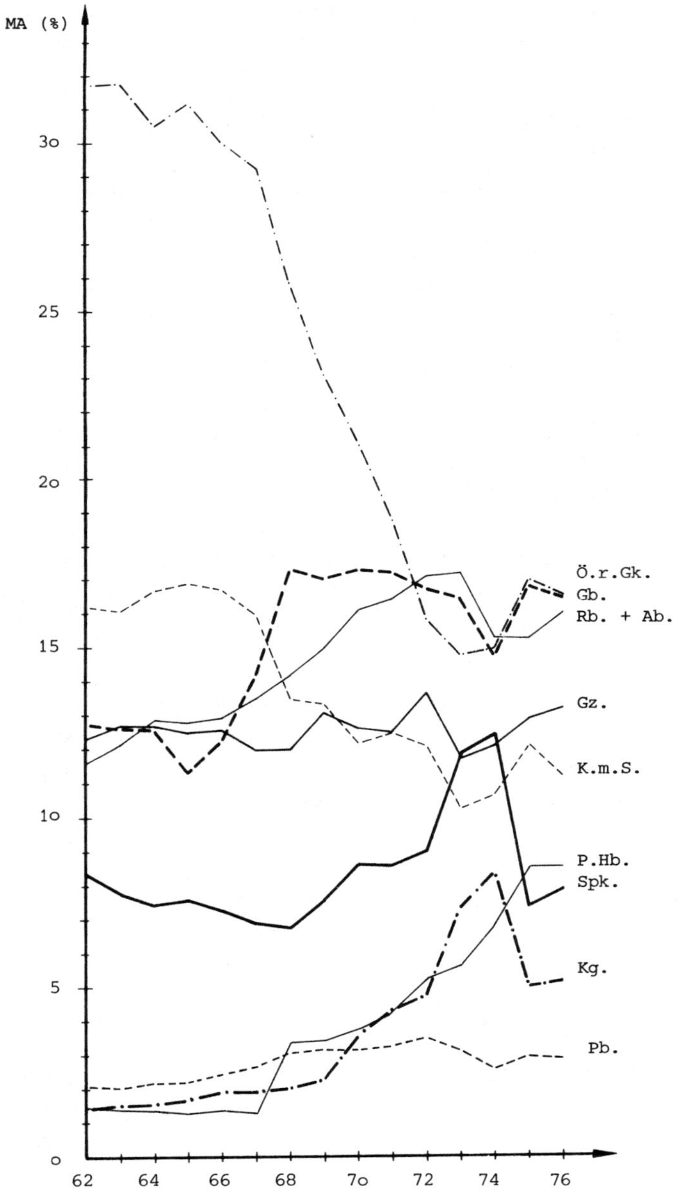

(c) Der Markt für Spareinlagen

Wenig Bewegung gab es hingegen auf dem Spareinlagenmarkt (inklusive Sparbriefe). Da im Bankendurchschnitt bei allen hier im Wettbewerb liegenden Bankengruppen eine Zunahme des Bilanzanteils festzustellen war[1], wird ersichtlich, daß das Marktpotential im Beobachtungszeitraum von der Kreditwirtschaft anscheinend nicht voll ausgeschöpft werden konnte. Tendenziell waren jedoch die geschäftlichen Bemühungen der Kreditgenossenschaften am erfolgreichsten, da sie ihre Marktposition leicht zulasten der Sparkassen verbessern konnten[2], die jedoch trotz allem mit weitem Abstand Marktführer sind.

(d) Der "Markt" für Eigenkapital

Von geschäftspolitischer Bedeutung ist der "Markt" für Eigenkapital, der jedoch - entsprechend den unterschiedlichen Rechtsformen und Kapitalbeschaffungsmöglichkeiten - nicht für alle Bankengruppen gleichmäßig relevant ist[3]. Ferner ist zu bemerken, daß im Jahre 1966 ein Sprung in der Entwicklung eintrat, der lediglich auf einer statistisch bedingten Neubewertung der Eigenkapitalausstattung der Kreditinstitute mit Sonderaufgaben basiert. Da die Vergleichbarkeit nur indirekt gegeben ist, wird auf eine nähere Behandlung dieses "Marktes" verzichtet[4].

---

1) Vgl. Abb. 6.

2) Vgl. Abb. 18 und Tabelle A 29.

3) Vgl. dazu die Kapitel 3.2.1. bis 3.2.3.

4) Vgl. Abb. 19 und Tabelle A 30.

Abb. 18: Spareinlagen und Sparbriefe von Nichtbanken

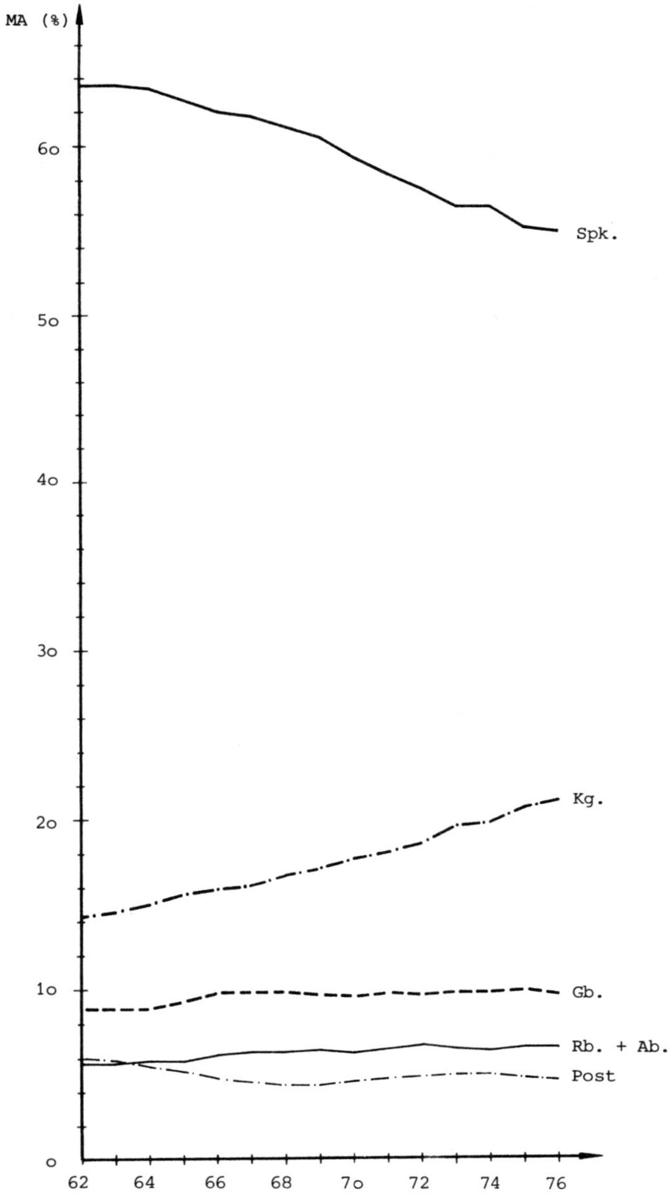

Quelle: Tabelle A 29 im Anhang.

Abb. 19: Kapital (einschließlich offene Rücklagen gem. § 1o KWG)

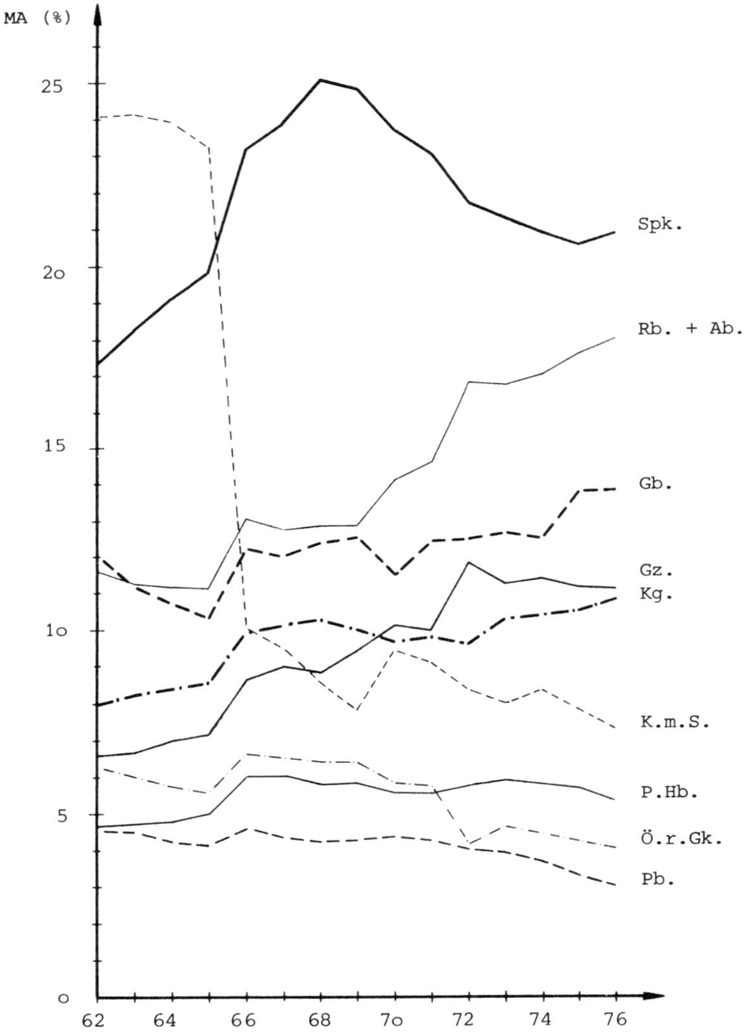

Quelle: Tabelle A 3o im Anhang.

2.4. Die Entwicklung ausgewählter Gewinn- und Verlustpositionen

Als weiterer wichtiger Indikator für die Wettbewerbsfähigkeit bzw. den Wettbewerbserfolg wird hilfsweise die Ertragssituation in der Kreditwirtschaft genommen. Denn die Notwendigkeit der Eigenkapitalbildung setzt bestimmte Anforderungen auch an die Rentabilitätspolitik voraus, deren Erfolg sich in den entsprechenden Gewinn- und Verlustpositionen niederschlägt. Doch es zeigt sich, daß auch hier (wie bei der zuvor dargestellten Bilanzanalyse) interpretatorische Vorsicht angebracht ist. Das liegt hauptsächlich an

- der (trotz gewisser Universalisierungstendenzen) immer noch unterschiedlichen Geschäftsstruktur und

- der durch die Rechtsformen bedingten unterschiedlichen Rechnungslegung

der Kreditinstitute, die eine Vergleichsanalyse ausgewählter Gewinn- und Verlustpositionen allgemein erschweren[1]. Seitdem aber im Jahre 1968 die Bilanzformblätter und auch die Gewinn- und Verlustrechnungen in der deutschen Kreditwirtschaft weitgehend vereinheitlicht wurden, ist ab diesem Zeitpunkt eine vergleichende Ertragsanalyse (unter den genannten Vorbehalten) möglich. Im Novemberbericht 1976 veröffentlichte die DEUTSCHE BUNDESBANK erstmals eine solche Untersuchung[2], auf deren Zahlenmaterial die folgenden Ausführungen weitgehend basieren.

---

1) Vgl. Winfried GIES / Friedhelm SCHAPERJAHN: Ertragsstrukturen der Großbanken und Sparkassen, in: Betriebswirtschaftliche Blätter für die Praxis der Sparkassen und Landesbanken/Girozentralen, 26. Jg. (1977), S. 145.

2) DEUTSCHE BUNDESBANK: Ertragsentwicklung im Bankgewerbe, in: Dies.: Monatsberichte, 28. Jg. (1976), Nr. 11, S.16-29.

2.4.1. Die Ertragsuntersuchung der DEUTSCHEN BUNDESBANK

In ihrer Analyse der Ertragsrechnungen sämtlicher Institute - ausgenommen Bausparkassen und Gelddienste der Post - für den Zeitraum von 1968 bis 1975 kommt die DEUTSCHE BUNDESBANK zu dem Ergebnis, daß die Erträge aller Geschäftsbanken zusammen - gemessen am Betriebsergebnis[1] als auch am Jahresüberschuß vor Steuern[2] - im Betrachtungszeitraum relativ stark geschwankt haben. Beide Größen weisen jedoch ein unterschiedliches Verlaufsprofil auf[3], so daß Interpretationen über etwaige Gewinn- und Verlustursachen möglich werden. Denn die Differenz zwischen Jahresüberschuß und Betriebsergebnis kann auch als Saldo der "sonstigen" (= nicht im Betriebsergebnis erfaßten) Erträge und Aufwendungen angesehen werden. Zwischen 1968 und 1975 vergrößerte sich dieser Saldo (mit Ausnahme der Jahre 1971 und 1975) sehr stark im negativen Bereich, obwohl in der "Tendenz" die sonstigen Erträge den Aufwendungen gefolgt sind. Die Diskrepanz weist mit ca. -2,5 Mrd. DM 1974 den höchsten Wert auf, d.h. der Jahresüberschuß bleibt in den letzten Jahren deutlich hinter dem laufenden Betriebsergebnis zurück - sogar 1975 mit immerhin noch -1,7 Mrd. DM. Die Bundesbank deutet das als Indiz sowohl für Verluste im Kreditgeschäft als auch für verlustreiche Devisen- und Wertpapiergeschäfte, wobei jedoch nicht abgeschätzt werden kann, inwieweit diese Aufwendungen noch durch die Auflösung von stillen Reserven z.T. kompensiert werden konnten.

---

1) Betriebsergebnis = (Zinserträge ./. Zinsaufwendungen) + (Provisionserträge ./. Provisionsaufwendungen) ./. Verwaltungsaufwand.

2) Jahresüberschuß vor Steuern = Betriebsergebnis + sonstige Erträge ./. sonstige Aufwendungen.

3) Vgl. Abb. 20.

Abb. 20: Ertragsentwicklung in der Kreditwirtschaft 1968 - 1975

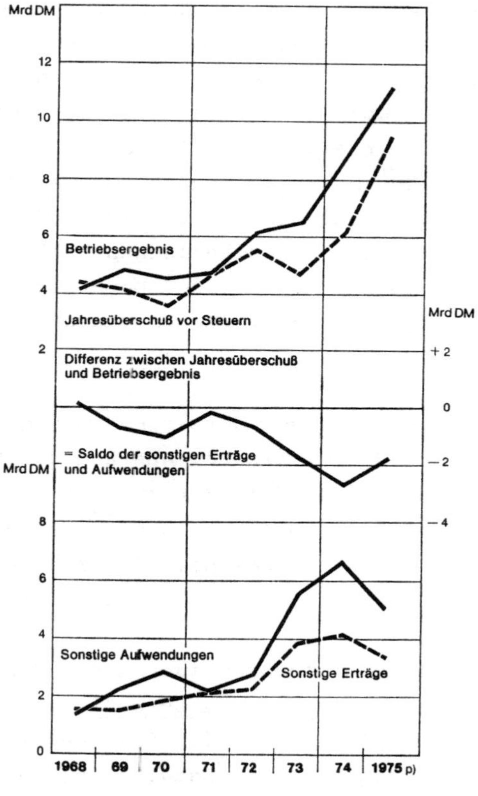

Erläuterung: p) vorläufig

Quelle: DEUTSCHE BUNDESBANK: Ertragsentwicklung im Bankgewerbe, S. 17.

Eine Analyse der einzelnen Komponenten des Betriebsergebnisses (Zinsüberschuß, Provisionsüberschuß, Verwaltungsaufwand) in Relation zum durchschnittlichen Geschäftsvolumen kann aber nur bedingt zum Erfolgsvergleich der Bankengruppen herangezogen werden, da die Strukturunterschiede, die es trotz der Universalisierungstendenz wie gesagt noch gibt, berücksichtigt werden müssen. So werden in der Regel diejenigen Banken, die über ein großes Zweigstellennetz verfügen, einerseits zwar einen relativ hohen Zinsüberschuß aufweisen, andererseits aber auch erhöhte Verwaltungs-, insbesondere Personalaufwendungen haben, während die Banken, deren Tätigkeiten vor allem im inländischen Zahlungsverkehr, im Auslandsgeschäft, im Wertpapier- und Depotgeschäft liegen, im Vergleich dazu relativ höhere Provisionserträge vorzeigen können.

Zur ersten Gruppe zählen insbesondere die Kreditgenossenschaften, Sparkassen und - mit weitem Abstand führend - die Teilzahlungsbanken, während in der zweiten Gruppe die Kreditbanken (insbesondere Großbanken und Privatbankiers) klar dominieren. Den höchsten Personalaufwand haben hingegen die Teilzahlungsbanken, aber auch die Großbanken.

Faßt man nun alle diese Komponenten zusammen und betrachtet die <u>Relation von Betriebsergebnis zu Geschäftsvolumen</u> als Indikator des "relativen" Erfolges (E) der jeweiligen Bankengruppe, dann sieht man, daß die Entwicklung bei fast allen Institutsgruppen sehr unterschiedlich verlaufen ist[1]. Vom <u>Niveau</u> her haben die Kreditinstitute mit Sonderaufgaben (Durchschnitt 1968 - 1975: μ = 0,38 %), die Girozentralen (0,40 %), Großbanken (0,50 %) und die genossenschaftlichen Zentralbanken (0,51 %) die geringsten Werte aufzuweisen, während bei den Teilzahlungsbanken mit 2,66 % ein überdurchschnittliches Ergebnis errechnet werden konnte. Dieser

---

1) Vgl. Tabelle 12 und Abb. 21.

außergewöhnliche Tatbestand läßt sich durch die strukturell bedingten höheren sonstigen Aufwendungen infolge größerer Risikokomponenten erklären, die bei dieser Bankengruppe zum Ausgleich ein relativ höheres Betriebsergebnis erfordern.

Aber auch die Sparkassen und die Kreditgenossenschaften weisen im Durchschnitt mit 0,94 % bzw. 0,91 % Anteil des Betriebsergebnisses am Geschäftsvolumen noch einen relativen Erfolg auf, der jedoch während des gesamten Beobachtungszeitraumes im Vergleich zu den übrigen Bankengruppen wesentlich geringeren Schwankungen ausgesetzt war. Da diese Variabilität der Ergebnisse - gemessen an der Standardabweichung σ - insbesondere bei den Teilzahlungsbanken (σ = 0,57), aber auch bei den Großbanken und Privatbankiers (beide noch mit σ = 0,26) relativ groß ist, wird die Vermutung bestätigt, daß Institute, die vorwiegend im kurzfristigen Geschäft orientiert sind, stärkeren Ertragsschwankungen ausgesetzt sind, als das bei den mehr langfristig orientierten der Fall ist. Extreme Beispiele sind die privaten Hypothekenbanken (σ = 0,07) und die Kreditinstitute mit Sonderaufgaben (σ = 0,03). Eine Ausnahme bilden die Kreditgenossenschaften (σ = 0,13), von denen die Bundesbank annimmt, daß sie sich offenbar

> "... *in einer 'Nische' des Kreditmarktes (befinden), wo sie den wechselnden Winden nicht so stark ausgesetzt sind*" 1).

Einen Überblick über Niveau und Schwankungsbreite des relativen Erfolges ausgewählter deutscher Kreditinstitutsgruppen vermitteln die folgende Tabelle 12 sowie die Abbildung 21 (a) - (f).

1) DEUTSCHE BUNDESBANK: Ertragsentwicklung im Bankgewerbe, S. 23.

Tabelle 12: Relativer Betriebserfolg[1] deutscher Kreditinstitute 1968 - 1975

Bankengruppe	1968	1975[2]	Durchschnitt 68-75	Standardabweichung
Großbanken	o,49	o,86	o,5o	o,2576
Regionalbanken und sonstige Kreditbanken	o,77	o,88	o,68	o,1624
Ausländische Banken	o,77	o,72	o,82	o,1652
Privatbankiers	1,11	o,83	o,88	o,2551
Girozentralen[3]	o,6o	o,43	o,4o	o,1148
Sparkassen	1,o1	1,25	o,91	o,176o
Genossenschaftliche Zentralbanken[4]	o,58	o,98	o,51	o,2328
Kreditgenossenschaften	o,73	o,97	o,94	o,1264
Private Hypothekenbanken	o,7o	o,58	o,71	o,o741
Öffentl.-rechtl. Grundkreditanstalten	o,37	o,69	o,65	o,1476
Teilzahlungsbanken	3,21	3,11	2,66	o,5722
Kreditinstitute mit Sonderaufgaben	o,41	o,43	o,38	o,o331

1) Betriebsergebnis in % des Geschäftsvolumens.

2) Vorläufig, da der Bundesbank zum Zeitpunkt der Berichterstattung im November 1976 noch nicht alle Gewinn- und Verlustrechnungen aller Bankengruppen für 1975 vorlagen.

3) Einschließlich Deutsche Girozentrale.

4) Einschließlich Deutsche Genossenschaftsbank.

Quelle: DEUTSCHE BUNDESBANK: Ertragsentwicklung im Bankgewerbe, S. 22; eigene Berechnungen.

Abb. 21: Die Entwicklung des relativen "Betriebserfolges" ausgewählter Institutsgruppen 1968 - 1975

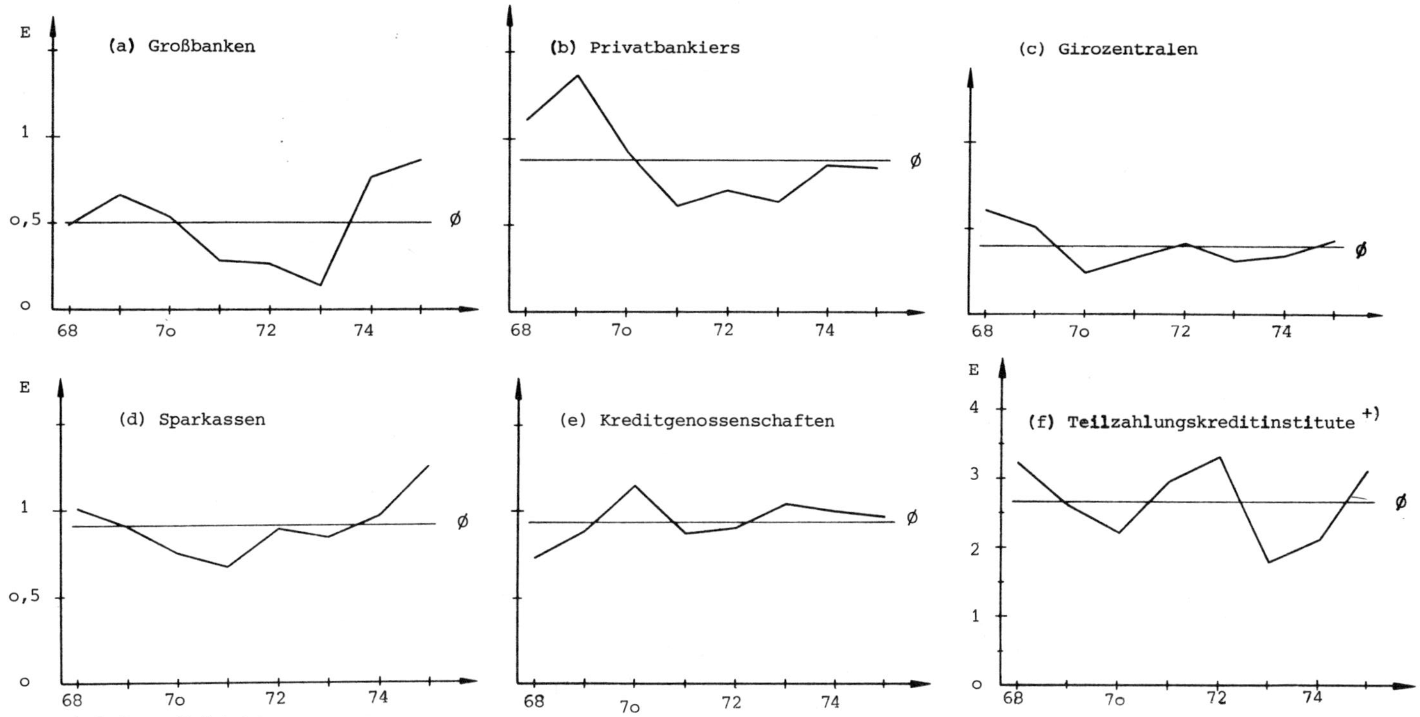

+) Anderer Maßstab!

Erläuterung: E = Betriebsergebnis in % des Geschäftsvolumens; Ø = Durchschnitt 1968 - 1975.

Quelle: DEUTSCHE BUNDESBANK: Ertragsentwicklung im Bankgewerbe, S. 22.

2.4.2. Eine Analyse einzelner Ertrags- und Aufwandspositionen

Da in der vorangegangenen Analyse, die allein anhand des errechneten Betriebsergebnisses vorgenommen wurde, nur ausgewählte Ertrags- und Verlustpositionen berücksichtigt wurden, wird im folgenden noch etwas näher auf die weiteren Komponenten eingegangen, deren jeweilige Ertrags- und Aufwandsbeträge jedoch z.T. saldiert wurden[1]. Positiv sind in der Regel die Komponenten des "Gesamtüberschusses":

- Zinsüberschuß (= Zinsertrag ./. Zinsaufwendungen) als sog. Verzinsung des Geschäftsvolumens[2] sowie

- Provisionsüberschuß (= Provisionsertrag ./. Provisionsaufwendungen) als sog. Verzinsung des Dienstleistungsgeschäfts.

Von dieser sog. Überschußsumme, die man auch als Bruttowertschöpfung (von der Entstehungsseite) bezeichnen kann, werden die folgenden Aufwands-Größen (= Verwendungsseite der Bruttowertschöpfung) abgezogen:

---

1) Zwar ist den Kreditinstituten nach § 26 a KWG die Möglichkeit eingeräumt worden, in der Erfolgsrechnung zu saldieren, doch wird dies - ebenso wie die generellen handelsrechtlichen und speziellen bankbetrieblichen Bewertungsmöglichkeiten - als störend empfunden, da eine vergleichende Ertragsmessung u.U. erschwert wird. Vgl. Joachim BEIER: Zur methodischen Konzeption und praktischen Ausgestaltung vergleichender Ertragsanalysen der Banken, in: Die Bank, Jg. 1977, Heft 5, S. 6.

2) Es fehlen im Zinsgeschäft der Kreditbanken der Ertrag aus Gewinnabführungsverträgen und Aufwendungen aus Verlustübernahme sowie Erträge aus sonstigen Vermögensgegenständen. Vgl. Klaus MERTIN: Ergebnisstrukturen des Kreditgewerbes, in: Die Bank, Jg. 1977, Heft 2, S. 4.

- "Aufwands-Saldo" (= Verwaltungsaufwand + sonstige Aufwendungen ./. sonstige Erträge)[1],

- EEV-Steuern (vom Einkommen, vom Ertrag und vom Vermögen),

- Einstellungen in die offenen Rücklagen.

Als resultierenden Saldo erhalten wir den Bilanzgewinn (bzw. Bilanzverlust), der für sich allein genommen jedoch relativ wenig über Erfolg oder Mißerfolg der Institute aussagt, da sich Schwankungen in der Ertragslage nur bedingt im Endergebnis der Gewinn- und Verlustrechnung niederschlagen[2]. Der von der Bundesbank statt dessen gewählte und im vorangegangenen Kapitel näher analysierte Ersatzindikator "Betriebsergebnis" ist dagegen auch nicht ganz unproblematisch, da er unternehmensspezifische Bewertungen und Erfolgsgestaltungen enthält, die den Zeit- und Unternehmensvergleich beeinträchtigen können[3].

Trotz dieser Einschränkungen ist es sinnvoll, den sog. Gesamtüberschuß als Ertragsindikator heranzuziehen, da die einzelnen Komponenten im allgemeinen auf der nominellen ex post Erfassung von Markttransaktionen beruhen, also durchaus den Wettbewerbserfolg widerspiegeln können.

---

1) Der Verwaltungsaufwand umfaßt sämtliche Personalaufwendungen sowie den Sachaufwand. Bruttowertschöpfung abzüglich Verwaltungsaufwand läßt sich als Nettowertschöpfung (= Betriebsergebnis) bezeichnen.

2) Vgl. Joachim BEIER: Zur methodischen Konzeption ..., S. 7.

3) Hierbei handelt es sich z.B. um die im Verwaltungsaufwand enthaltenen Zuführungen zu Pensionsrückstellungen, Anlageabschreibungen sowie vorab vorgenommene Gewinnverwendungen im Zusammenhang mit der Aufdeckung und Übertragung stiller Reserven. Vgl. Joachim BEIER: Zur methodischen Konzeption ..., S. 7.

Der Gesamtüberschuß (bzw. die Bruttowertschöpfung) abzüglich Aufwandssaldo ergibt den Jahresüberschuß vor Steuern.

Der Zusammenhang der oben genannten Größen in % des jeweiligen Geschäftsvolumens läßt sich wie folgt schematisch darstellen:

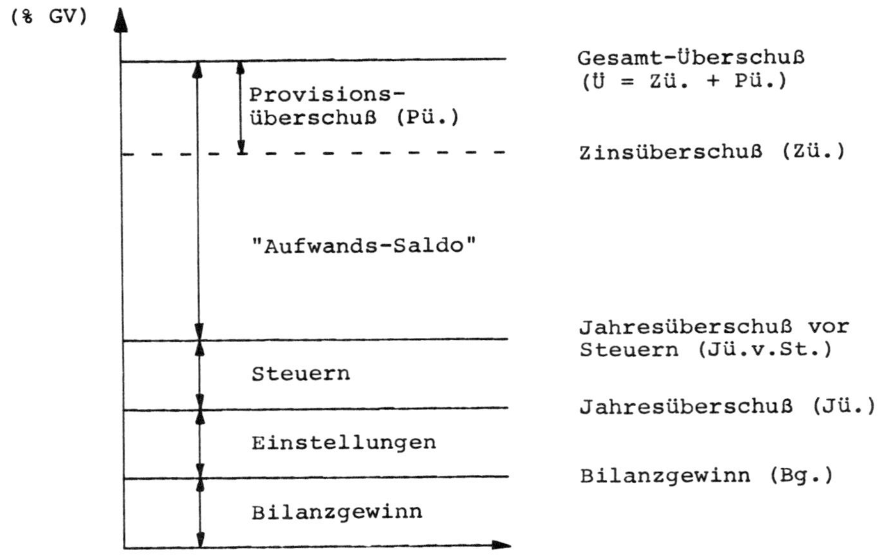

In der folgenden Abbildung 22 (a) - (g) sind diese Relationen für ausgewählte Bankengruppen für den Zeitraum 1968 bis 1975 dargestellt worden. Dabei zeigt sich recht deutlich, daß die Hochzinsphase der DEUTSCHEN BUNDESBANK (z.B. 1973) einen erheblichen Einfluß auf die Ertragslage insbesondere des kurzfristigen zinsabhängigen Geschäftes ausgeübt hat. Die größten Einschnitte haben hier die Großbanken und die Teilzahlungskreditinstitute. Kreditinstitute, die sich vorwiegend im längerfristigen Bereich engagiert haben (Beispiel: Sparkassen, Kreditgenossenschaften), verzeichnen dagegen einen vergleichsweise stabilen Entwicklungsverlauf.

Abb. 22: Relative Ertrags- und Aufwandsentwicklung 1968 - 1975

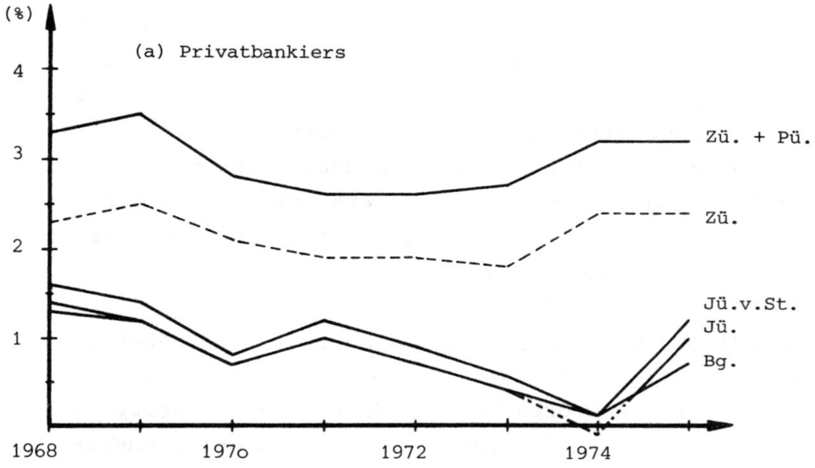

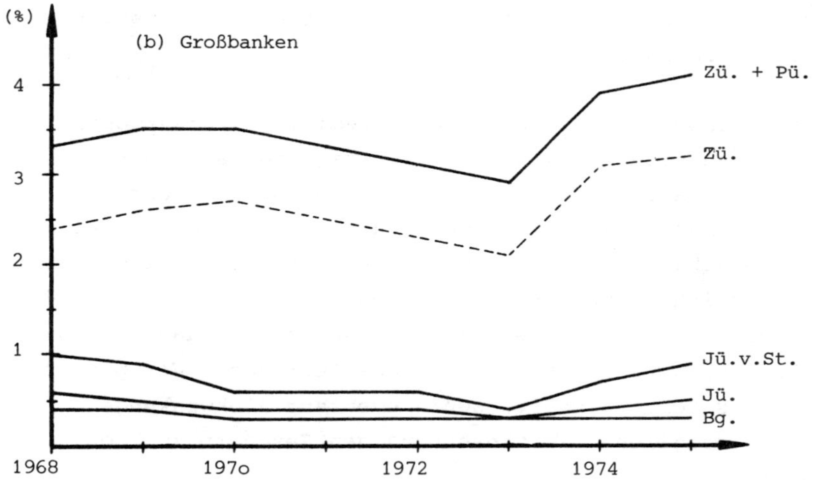

Im einzelnen lassen sich folgende Feststellungen treffen:

1. Bei den Privatbankiers wurden in den Jahren 1969 bis 1974 kaum Einstellungen in die Rücklagen vorgenommen. Auch der "Trend" des relativen Bilanzgewinns ist in diesem Zeitraum sinkend. Im Jahre 1974 konnte nur ein bescheidener Bilanzgewinn dadurch erreicht werden, daß Rücklagen aufgelöst wurden, und zwar in Höhe der fälligen Steuerzahlungen. Denn der Wert des Jahresüberschusses war negativ, während andererseits ein positiver Bilanzgewinn ausgewiesen wurde.

2. War bei den Privatbankiers das Jahr 1974 mit Abstand das schwierigste (Herstatt-Zusammenbruch), so war wie gesagt für die Großbanken im Jahre 1973 ein großer Einschnitt, der sich in einer Verringerung der Steuerzahlungen und des Jahresüberschusses niederschlug; auch wurden in diesem Jahr erstmals keine Einstellungen vorgenommen. Auffällig ist nur, daß während der ganzen Beobachtungsperiode der Bilanzgewinn nahezu konstant geblieben ist.

3. Im Gegensatz zu den sonstigen Kreditinstitutsgruppen zeichnen sich die Kreditbanken insgesamt aber durch einen relativ hohen Provisionsüberschuß aus, der in der Beobachtungsperiode weitgehend die gleiche Relation zum Geschäftsvolumen aufwies. Das ist nicht weiter verwunderlich, denn gerade bei diesen Bankengruppen ist das provisionsabhängige Geschäft (insbesondere das des inländischen Zahlungsverkehrs, das Auslands-, Wertpapier- und das Depotgeschäft) sehr bedeutend. Schwankungen sind lediglich beim zinsabhängigen Geschäft zu beobachten.

noch Abb. 22:

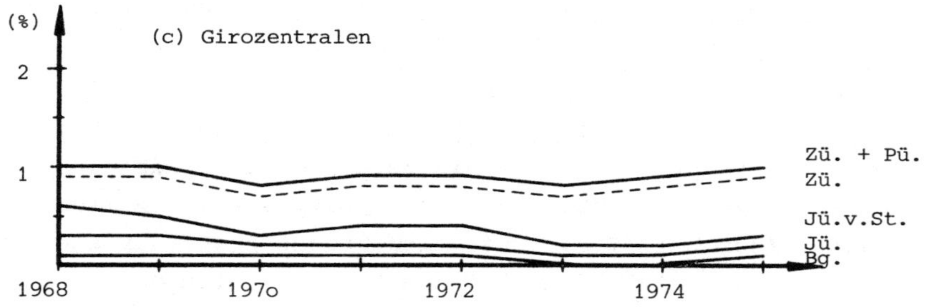
(%)
(c) Girozentralen
2
1
Zü. + Pü.
Zü.
Jü.v.St.
Jü.
Bg.
1968
197o
1972
1974

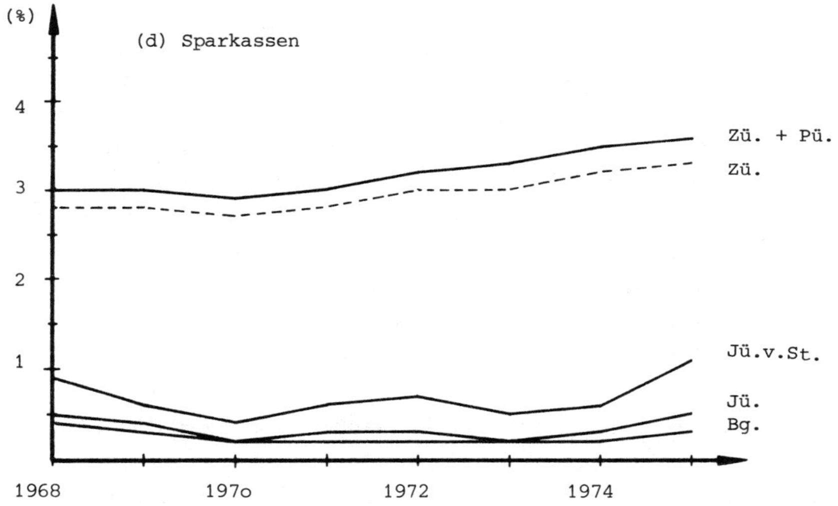
(%)
(d) Sparkassen
4
3
2
1
Zü. + Pü.
Zü.
Jü.v.St.
Jü.
Bg.
1968
197o
1972
1974

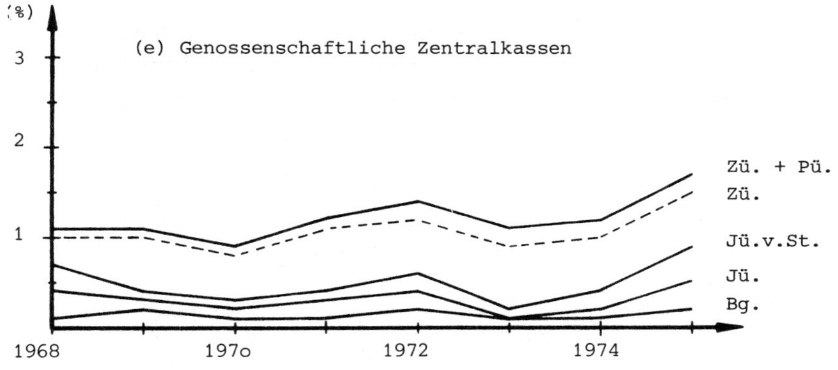
(%)
(e) Genossenschaftliche Zentralkassen
3
2
1
Zü. + Pü.
Zü.
Jü.v.St.
Jü.
Bg.
1968
197o
1972
1974

4. Vergleicht man nun den von der Struktur ähnlichen Genossenschaftssektor mit dem Sparkassensektor, dann fällt insbesondere der vom Niveau her niedrige Zins- und Provisionsüberschuß bei den entsprechenden nicht im Mengengeschäft tätigen Spitzeninstituten (Girozentralen und genossenschaftliche Zentralkassen) auf. Entsprechend niedrig ist auch die relative Steuerzahlung, der relative Jahresüberschuß sowie der relative Bilanzgewinn. Auch bei diesen Instituten zeigt sich, daß speziell das Jahr 1973 (und bei den Girozentralen auch das Jahr 1974) am erfolglosesten war, da hier die relativ größten Einbrüche erzielt wurden.

Ein Unterschied ist jedoch besonders augenfällig: So weisen beispielsweise die Girozentralen während der gesamten Beobachtungsperiode fast konstante relative Einstellungen in die Rücklagen auf (und verzichten statt dessen in den "erfolglosen" Jahren 1973/74 weitgehend auf den Ausweis eines Bilanzgewinns), während umgekehrt bei den genossenschaftlichen Zentralkassen der relative Bilanzgewinn konstanz bleibt (zulasten der Einstellungen im Jahre 1973).

Auch das darf nicht weiter verwundern, da bei den Girozentralen die Einstellungen in die Rücklagen bislang die einzige Form der Eigenkapitalzuführung sind. Dazu kommt, daß sie vom Niveau her die niedrigste Eigenkapitalquote in der deutschen Kreditwirtschaft überhaupt aufweisen[1)] und aus diesem Grunde erhöhte Anstrengungen in dieser Richtung notwendig werden.

---

1) Vgl. Abb. 9.

noch Abb. 22:

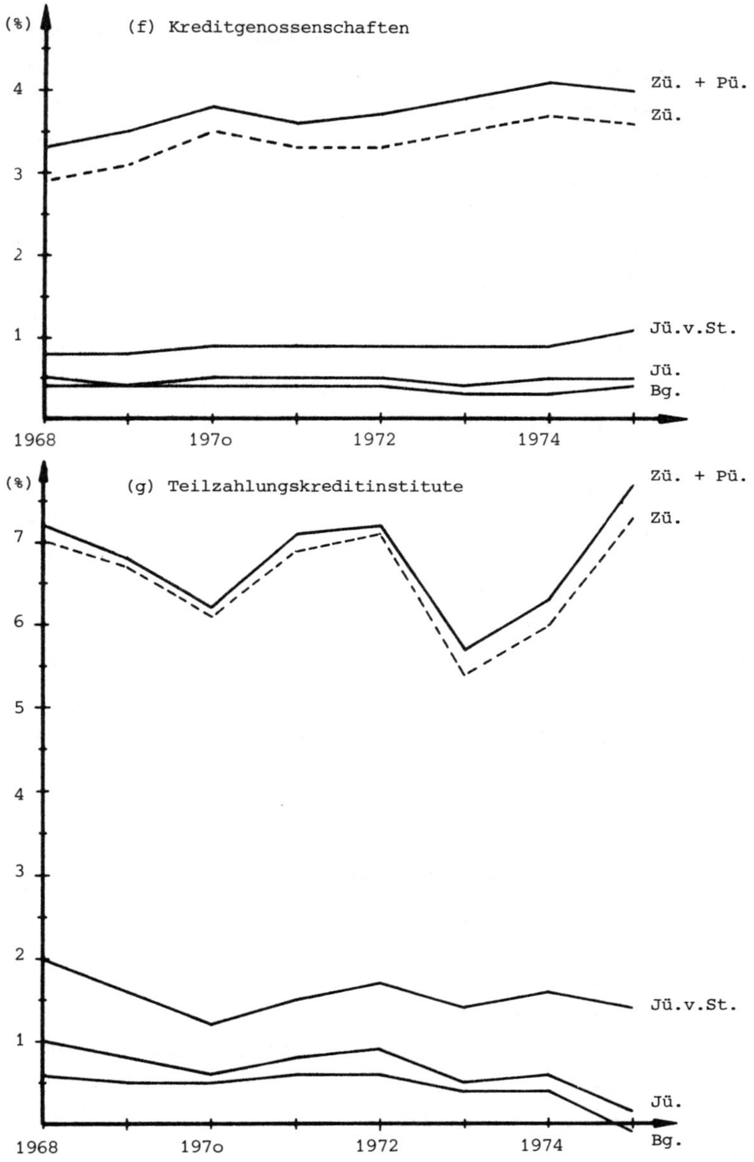

Quelle: Tabellen A 39 - A 46 im Anhang.

5. Ähnlichkeiten in der Entwicklung der Erfolgsindikatoren weisen auch die Sparkassen und Kreditgenossenschaften auf, bei denen (im Trend) eine leichte Verbesserung von relativem Zins- und Provisionsüberschuß zu beobachten ist. Während der relative Bilanzgewinn nahezu konstant bleibt, werden Einbrüche nur bei den Einstellungen in die Rücklagen beobachtet: Im Jahre 1969 bei den Kreditgenossenschaften und in den Jahren 1970 und 1973 bei den Sparkassen. Gerade für diese letztere Bankengruppe ist aber eine solche Entwicklung existenzbedrohend, da sie praktisch nur über Eigenfinanzierung das geschäftlich notwendige Eigenkapital beschaffen kann.

6. Vom Niveau her den höchsten relativen Zinsüberschuß weisen die Teilzahlungskreditinstitute auf, wobei aber auch die Schwankungen extrem stark ausfallen. Einbrüche sind zu verzeichnen in den Jahren 1970 und 1973, die sich hauptsächlich in Verminderungen der relativen Einstellungen in die Rücklagen auswirken. Unverständlich ist dagegen die Entwicklung im sog. "guten" Bankenjahr 1975, da trotz steigender relativer Zins- und Provisionsüberschüsse eine Abnahme des Jahresüberschusses und (bei Konstanz der relativen Einstellungen) sogar ein negativer Bilanzgewinn (= Bilanzverlust) ausgewiesen wird.

2.4.3. Ein Vergleich der Verwendungsmöglichkeiten der Bruttowertschöpfung

Um die "Verwendungsmöglichkeiten" bankwirtschaftlicher Erträge aus dem zinsabhängigen und dem provisionsabhängigen Geschäft für alle Bankengruppen besser vergleichen zu können, wurden die Aufwandspositionen ("Aufwandssaldo", Steuern, Einstellungen in die Rücklagen) sowie der Bilanzgewinn in Prozent des jeweiligen Gesamtüberschusses (Zinsüberschuß + Provisionsüberschuß) für die "Eck"-Jahre 1968 und 1975 errechnet[1]. Dabei lassen sich die folgenden Feststellungen treffen:

1. Der Anteil des sog. Aufwandssaldos an der Bruttowertschöpfung steigt für alle Bankengruppen im Durchschnitt um 9 Prozentpunkte auf 71 % (1975). Als größte Aufwandsposition tritt hierbei der Verwaltungsaufwand auf, der sich aus dem Personalaufwand (= Gehälter, Löhne, soziale Abgaben sowie Aufwendungen für Altersversorgung und Unterstützung) sowie dem Sachaufwand für das Bankgeschäft (einschließlich Abschreibungen und Wertberichtigungen auf Grundstücke und Gebäude sowie auf Betriebs- und Geschäftsausstattungen und einschließlich sonstiger Steuern) zusammensetzt.

2. Da die Teilzahlungskreditinstitute aufgrund ihres sehr personalintensiven Kleinkreditgeschäfts einen hohen Verwaltungsaufwand haben, ist naturgemäß auch der Anteil, den der Aufwandssaldo am Gesamtüberschuß hat, hier am größten (im Vergleich zu den übrigen Bankengruppen). Er beträgt 1975 fast 86 % (gegenüber 72 % im Jahre 1968).

   Einen ebenfalls sehr hohen Aufwandssaldo weisen die Großbanken auf, 1975 mit einem Anteil von 78 % gegenüber 69 % (1968). Die im breiten Mengengeschäft nicht so aktiven Spitzeninstitute des Genossenschafts- und des Sparkassen-Sektors haben dagegen einen relativ geringen Verwaltungs- und sonstigen Aufwand. Bei den genossenschaftlichen Zentralkassen sinkt der Anteil am Gesamtüberschuß sogar von 45,5 % (1968) auf 41,3 %

---

1) Vgl. Abb. 23.

(1975), während bei den Girozentralen ein deutlicher Anstieg zu verzeichnen ist, und zwar von 40,8 % (1968) auf 66,3 % (1975).

3. Der Anteil der EEV-Steuern am Gesamtertrag bleibt im Durchschnitt aller Banken ziemlich konstant bei 14 - 15 %. Die anteilsmäßig niedrigsten Steuern zahlen zwar die Privatbankiers (1976: 5,5 %), doch muß man dabei berücksichtigen, daß diese Institutsgruppe ex definitione ausschließlich Banken in der Rechtsform der Einzelfirma bzw. der Personalgesellschaft umfaßt, die nicht körperschaftsteuerpflichtig sind[1]. Die Clearingstellen des Genossenschafts- und Sparkassensektors weisen dagegen einen überproportional hohen Steueranteil von 23,5 % bzw. 18,3 % im Jahre 1975 auf. Im Zeitvergleich (1975 gegenüber 1968) sinkt dagegen bei fast allen Institutsgruppen dieser Anteil - ausgenommen Kreditgenossenschaften und Sparkassen, deren relative Steuerzahlungen leicht angestiegen sind[2].

4. Als wichtige Quellen bankwirtschaftlicher Selbstfinanzierung (= cash flow) gelten die Einstellungen in die Rücklagen sowie die unternehmenswirtschaftliche Reservierung des Bilanzgewinns (nach Abzug der Dividende). Ein Vergleich der Jahre 1968 und 1975 zeigt, daß der Anteil an der Bruttowertschöpfung insgesamt bei allen Banken zurückgeht. Der leichte Anstieg der relativen Einstellungen bei Privatbankiers, Kreditgenossenschaften und Sparkassen darf nicht überbewertet werden, da die

---

1) Die von den Privatbankiers zu leistende Einkommensteuer aufgrund der Privatentnahmen wird von den Inhabern selbst an das Finanzamt abgeführt, sie erscheint also nicht in der Gewinn- und Verlustrechnung des Instituts.

2) Da der Steuereinfluß bei einzelnen Institutsgruppen unterschiedlich stark ausfällt, soll in einem Exkurs noch etwas näher darauf eingegangen werden; vgl. Kapitel 2.4.4.

Anteilserhöhungen bei diesen Institutsgruppen lediglich zulasten des Bilanzgewinns gegangen sind, und zwar besonders stark bei den Privatbankiers. Eine Ausnahme bilden allein die genossenschaftlichen Zentralkassen, die sowohl beim Bilanzgewinn als auch den Einstellungen eine relative Zunahme verbuchen konnten.

Zusammenfassend läßt sich sagen, daß trotz der Wahl des als "gut" bezeichneten Bankenjahres 1975 im Vergleich zu 1968 eine recht deutliche Verschlechterung in der relativen Verwendungsrechnung der Bruttowertschöpfung der deutschen Kreditwirtschaft zulasten des Selbstfinanzierungsvolumens eingetreten ist. Anteilsgewinne verbuchte allein der Aufwandssaldo, und dabei wiederum hauptsächlich die Personalaufwendungen, die aufgrund erhöhter Dienstleistungsbereitschaft im Zuge der stetigen Erhöhungstendenz der Personalkosten stark angestiegen sind.

Abb. 23: Ein Verwendungsvergleich der Bruttowertschöpfung ausgewählter Bankengruppen 1968 und 1975 (in % der Bruttowertschöpfung)

(a) Alle Bankengruppen

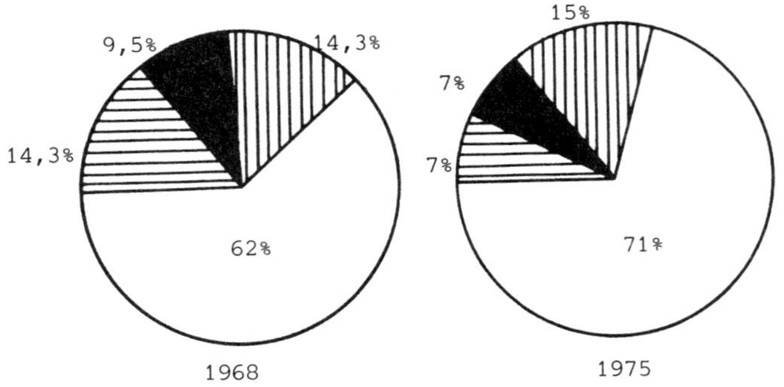

(b) Großbanken

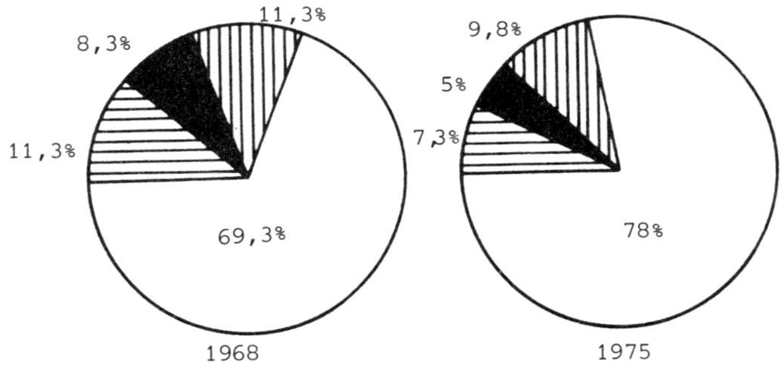

(c) Privatbankiers

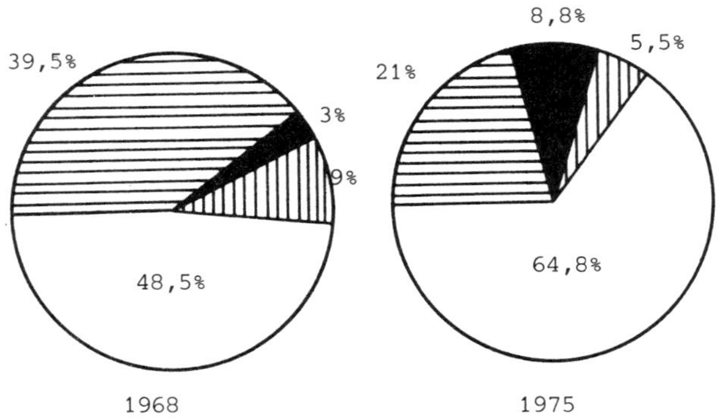

noch Abb. 23:

(d) Genossenschaftliche Zentralkassen

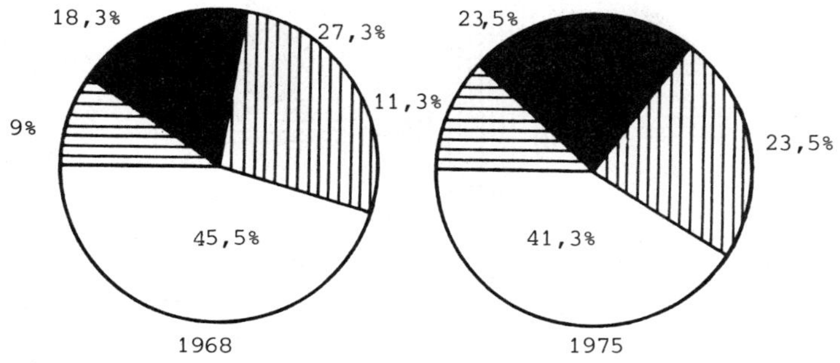

(e) Kreditgenossenschaften

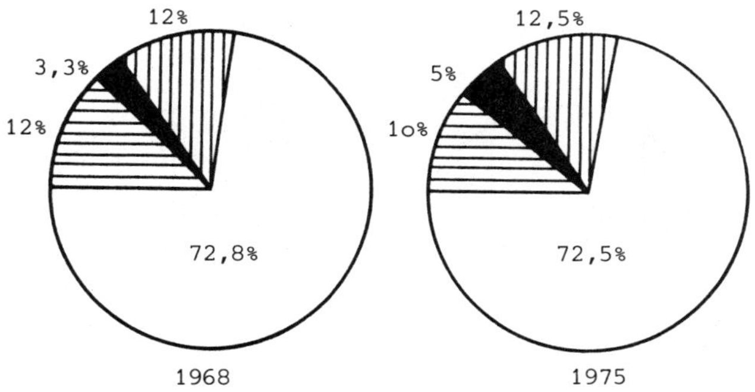

(f) Teilzahlungskreditinstitute

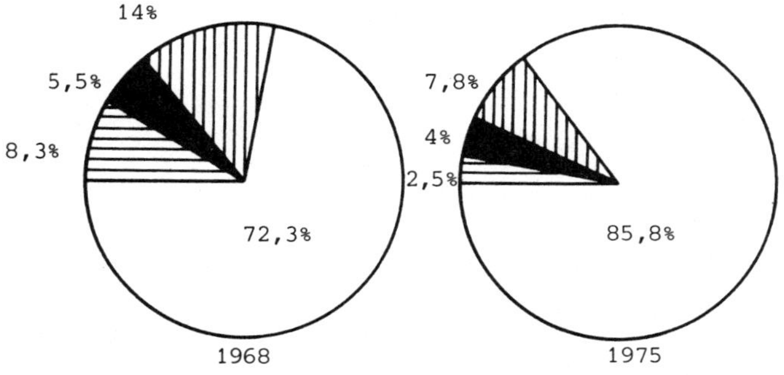

noch Abb. 23:

(g) Girozentralen

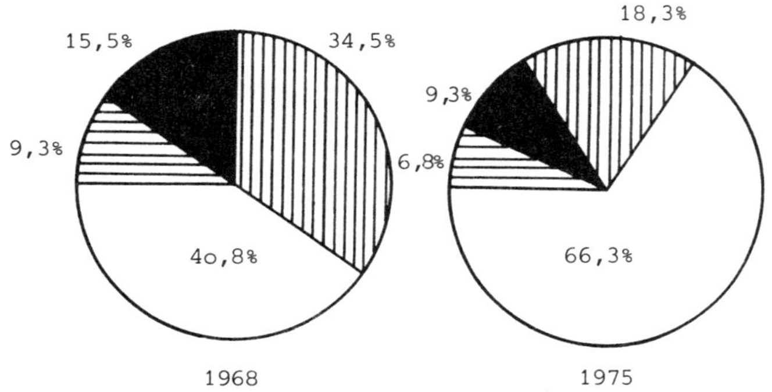

(h) Sparkassen

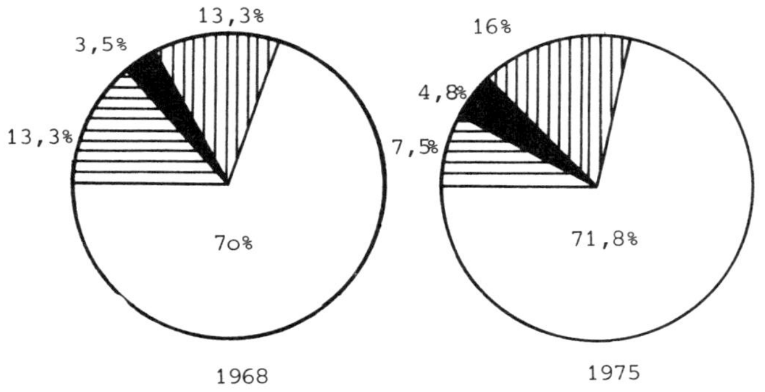

<u>Legende:</u>

Aufwandssaldo
EEV-Steuern
Einstellungen
Bilanzgewinn

<u>Quelle:</u> Eigene Berechnungen nach Tabellen A 31 - A 38 im Anhang.

2.4.4. Exkurs: Der Einfluß der Steuern auf die Ertragsentwicklung

Unterschiede in der Besteuerung von Unternehmen beeinflussen den Wettbewerb. Dies gilt vornehmlich auch für Unternehmen im Bereich der Kreditwirtschaft[1]. Diese Unterschiede haben Auswirkungen unmittelbar auf die Preisbildung sowie mittelbar auf den dem Unternehmen verbleibenden Gewinn. Da aber der Gewinn die einzige Möglichkeit für den Sparkassensektor darstellt, Rücklagen zu bilden, ist die Besteuerung somit von erheblicher Bedeutung für die Eigenkapitalbildung. Hauptärgernis in der Vergangenheit waren die in diesem Zusammenhang unterschiedlichen Ansatzpunkte, die dem öffentlich-rechtlichen Sektor gewisse Vorteile einräumten. Andererseits spielte in der Diskussion um die sogenannten Steuerprivilegien der Sparkassen auch das Argument einer "gerechten" Besteuerung schon immer eine bedeutende Rolle[2].

Durch das zweite Steuerreformgesetz vom 17.4.1974 wurden Vermögensteuer- und Gewerbesteuerpflicht der öffentlichen oder unter Staatsaufsicht stehenden Sparkassen neu geregelt. Danach erhöhte sich die Steuermeßzahl für den Gewer-

---

1) Diese Meinung wird auch u.a. vertreten von: Dieter STOLTE: Zur Frage der Gemeinnützigkeit der Sparkassen, Schriften der Forschungsstätte für öffentliche Unternehmen Köln, hrsg. von Gerhard Weisser und Theo Thiemeyer, Bd. 4, Göttingen 1976; Gerhard WEISSER: Gemeinnützigkeit und Paritätspostulat, in: Sparkasse, 81. Jg. (1964), S. 346 f.; Eberhard AUST: Der Wettbewerb in der Bankwirtschaft, Frankfurt 1963, S. 26; Deutscher Bundestag (Hrsg.): Bericht der BUNDESREGIERUNG über die Untersuchung der Wettbewerbsverschiebungen im Kreditgewerbe und über eine Einlagensicherung, Drucksache V/3500 vom 18.11.1968, S. 101 f.; im folgenden zitiert als "Wettbewerbsenquête".

2) Hans FLOITGRAF: Steuerprivilegien und Wettbewerb im Bankwesen der Bundesrepublik Deutschland, Frankfurt 1964, S. 22 f.

beertrag von 3,5 % auf 4,25 %[1], während sich bei der Vermögensteuer das als Wert zugrunde zu legende Betriebsvermögen von 70 % auf 85 % des Gesamtwertes des gewerblichen Betriebes erhöhte[2]. Die Änderung der Gewerbesteuer gilt im übrigen auch für Kreditgenossenschaften und Zentralkassen.

Die Körperschaftsteuer wurde mit dem Körperschaftsteuerreformgesetz vom 31.8.1976 zuletzt neu geregelt[3]. Beabsichtigt war, ein besser überschaubares und vor allem "sozial gerechteres" Steuerrecht zu schaffen[4]. Dies sollte durch die Einführung des Anrechnungsverfahrens sichergestellt werden, wonach die auf den Ausschüttungen lastende Körperschaftsteuer auf die Einkommensteuer der Anteilseigner angerechnet wird, um die Doppelbesteuerung ausgeschütteter Gewinne zu vermeiden. Im zuvor geltenden Körperschaftsteuerrecht wurde der von den Kapitalgenossenschaften ausgeschüttete Gewinn doppelt besteuert: Einmal bei der Kapitalgesellschaft selbst (Körperschaftsteuer) und zusätzlich beim Anteilseigner (Einkommensteuer). War

---

1) Gewerbesteuergesetz § 11 Abs. 5 Ziff. 1

2) § 109 a Bewertungsgesetz. Zur Reform der Vermögensteuer vgl. im übrigen auch: R. ZAWAR: Die Reform der einheitswertabhängigen Steuern, in: Juristische Schulung, Jg. 1974, Heft 8, S. 535.

3) Zur Körperschaftsteuerreform vgl. u.a.: L. SCHMIDT: Die Körperschaftsteuerreform, in: Neue Juristische Wochenschrift, Jg. 1976, Heft 49, S. 2233 ff.; C. FLÄMIG: Die Reform der Körperschaftsteuer, in: Juristische Schulung, Jg. 1977, Heft 2, S. 83 ff., Jg. 1977, Heft 3, S. 152 ff., Jg. 1977, Heft 4, S. 222 ff.; U. GORNIAK: Körperschaftsteuerreform verabschiedet, in: Betriebswirtschaftliche Blätter für die Praxis der Sparkassen und Landesbanken/Girozentralen, 25. Jg. (1976), S. 142 ff.

4) Helmut SCHMIDT: Das Steuerreformprogramm der Bundesregierung, in: Bulletin der Bundesregierung, Nr. 11, vom 29.1.1974 (Hrsg.: Presse- und Informationsamt der Bundesregierung), S. 98.

der Anteilseigner eine Körperschaft, so unterlag die Gewinnausschüttung erneut der Körperschaftsteuer[1].

Die 1976 durchgeführte Änderung ist allerdings nur für die Institute von Bedeutung, die auch Gewinne ausschütten. Die Sparkassen zum Beispiel sind hiervon kaum betroffen, da sie in der Regel nur geringe Ausschüttungen vornehmen können und sollen[2]. Aus diesem Grund wurde auch der ursprüngliche Regierungsentwurf, der einen einheitlichen Steuersatz von 46 % für Sparkassen und andere begünstigte Institute (z.B. Kreditgenossenschaften) vorsah, abgeändert und für öffentlich-rechtliche Institute ein Satz von 44 % festgesetzt. In der nachfolgenden Übersicht 2 sind die unterschiedlichen Regelungen noch einmal dargestellt.

---

1) Die Doppelbelastung der ausgeschütteten Gewinne wurde zwar durch den gespaltenen Körperschaftsteuertarif für einbehaltene und ausgeschüttete Gewinne von 51 % bzw. 15 % gemildert, jedoch konnte die Körperschaftsteuer von 15 % selbst nicht ausgeschüttet werden, so daß der entsprechende Teil des Gewinns dem Steuersatz für einbehaltene Gewinne von 51 % unterlag (sog. Schattenwirkung). Die effektive Steuerbelastung für ausgeschüttete Gewinne betrug demnach 23,4 %, einschließlich der Ergänzungsabgabe sogar 24,56 % (vgl. auch: U. GORNIAK: Körperschaftsteuerreform verabschiedet, S. 142).

2) Wettbewerbsenquête, S. 52.

Übersicht 2: Der Körperschaftsteuersatz für einbehaltene Gewinne bei den einzelnen Kreditinstitutsgruppen (in %)

Bankengruppe	Körperschaftsteuersatz bis einschl. 1975	1976	ab 1977
Aktienbanken	51	51	56
Sparkassen	35	43	44
Genossenschaften	32	41	46

Quelle: MONOPOLKOMMISSION, Hauptgutachten 1973/75, S. 284.

Für berücksichtigungsfähige Ausschüttungen gilt für Aktien- und Genossenschaftsbanken ab 1977 ein einheitlicher Satz von 36 %.

Der Körperschaftsteuersatz hat also auch für die Kreditinstitutsgruppen in den letzten Jahren fortlaufend zugenommen, und zwar in unterschiedlichem Ausmaß. Bei den Aktienbanken ist die Zunahme 1977 gegenüber 1975 mit 9,8 % am geringsten; allerdings ist hier auch das Niveau des Steuersatzes am höchsten gewesen. Die Sparkassen mußten eine Aufstockung um 25,7 % hinnehmen, während den Genossenschaftsbanken eine Steuersatzerhöhung um 43,8 % zugemutet wurde; bei letzteren wiederum war das Ausgangsniveau allerdings am niedrigsten.

Zwar sind die Sparkassen in den vergangenen Jahren im Vergleich zu den anderen konkurrierenden Kreditinstitutsgruppen steuerlich begünstigt worden, doch muß berücksichtigt werden, daß durch den Abbau dieser Vergünstigungen (bei Vermögen-, Gewerbe- und Körperschaftsteuer) die Gesamtsteuerbelastung der Sparkassen im Vergleich zu früheren

Jahren erheblich gestiegen ist, ohne daß die Geschäftsbeschränkungen in irgendeiner Weise reduziert worden sind. Die folgende Abbildung 24 zeigt die effektive Steuerbelastung der Gewinne der verschiedenen Institutsgruppen.

Abb. 24: Die Steuerbelastung ausgewählter Kreditinstitutsgruppen (EEV-Steuern in % des Jahresüberschusses vor Steuern)

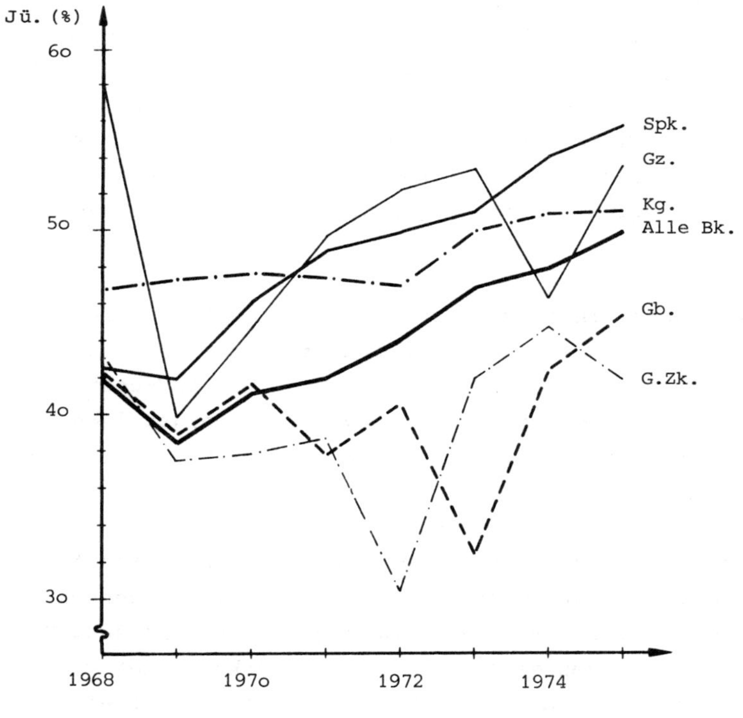

Quelle: Tabelle A 47 im Anhang.

Danach ist die Steuerbelastung in der Kreditwirtschaft insgesamt nahezu kontinuierlich von 41,8 % (1968) auf 49,8 % (1975) angestiegen. Sieht man einmal von den Teilzahlungsbanken ab, die 1975 mit 72,2 % eine außergewöhnlich hohe Steuerlastquote erreichten, ansonsten aber eine in etwa konstante Quote aufweisen, ist die steuerliche Gewinnbelastung der Sparkassen und der Gruppe "Regional- und sonstige Kreditbanken" am stärksten in den letzten Jahren gestiegen. Schließt man außerdem etwaige jährliche Schwankungen dadurch aus, daß man die durchschnittliche Steuerbelastung mit den Werten des Jahres 1968 vergleicht, so wird deutlich, daß eine kontinuierlich starke Mehrbelastung vor allem bei den Sparkassen festzustellen ist. Die Steuerbelastung dieser Gruppe stieg von 42,4 % (1968) auf 55,7 % (1975) und erreichte einen Durchschnittswert von 50,3 %. Dieser Wert wird nur noch von demjenigen der Teilzahlungskreditinstitute übertroffen (51,9 %), der aber wiederum vor allem von dem Ergebnis für 1975 beeinflußt wird.

Auch die anderen Institute des Sparkassensektors, die Girozentralen, nehmen bei der Betrachtung der Durchschnittswerte mit 50,2 % einen Spitzenplatz ein. Die EEV-Besteuerung der Kreditgenossenschaften sowie der Zweigstellen ausländischer Banken erreicht mit 49,2 % bzw. 49,0 % eine ähnliche Größenordnung.

Von einer steuerlichen Bevorzugung wesentlicher Kreditinstitutsgruppen kann demnach - wie in der Vergangenheit immer wieder angeführt - nicht mehr gesprochen werden. Zudem muß bei den oben genannten Daten berücksichtigt werden, daß die neuen Regelungen des Körperschaftsteuersatzes von 1976 bzw. 1977 hierin noch keinen Eingang gefunden haben. Es ist zu vermuten, daß sich die Unterschiede in der steuerlichen Effektivbelastung der verschiedenen Instituts-

Abb. 25: Die durchschnittliche Steuerbelastung der Kreditinstitutsgruppen in den Jahren 1968 - 1975 (in % des Jahresüberschusses vor Steuern)

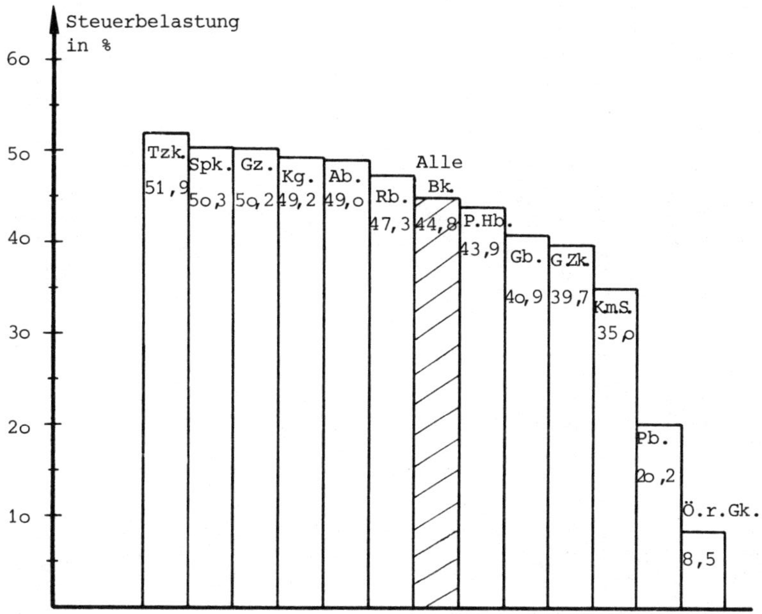

Quelle: Tabelle A 47 im Anhang.

gruppen (hier: Aktienbanken, Sparkassen, Genossenschaftsbanken) noch stärker verringern werden.

Trotz der relativ hohen Zunahme der steuerlichen Gewinnbelastung der Sparkassen ist es bisher nicht zu dem von den Sparkassen befürchteten[1)] Absinken der Eigenkapitalquote unter die 3 %-Marke gekommen[2)]. Das dürfte im wesentlichen auf die allgemein günstige Geschäftsentwicklung in der Kreditwirtschaft in den Jahren 1975 und 1976 zurückzuführen sein.

Es muß allerdings davon ausgegangen werden, daß diese Tendenz sich in den nächsten Jahren wieder ändern kann, d.h. daß sich die Möglichkeiten, das Eigenkapital aus eigenen Mitteln aufzustocken, wieder verschlechtern werden. So stieg z.B. bei den Sparkassen der Reingewinn - ausgedrückt in Prozent der Durchschnittsbilanzsumme - in den letzten Jahren von 0,27 % (1973) über 0,32 % (1974) auf 0,49 % (1975), um dann 1976 wieder auf 0,42 % abzusinken.

---

1) DEUTSCHER SPARKASSEN- UND GIROVERBAND: Jahresbericht 1975, Bonn 1976, S. 55.

2) Vgl. Tabelle A 18.

Abb. 26: Erfolgsvergleich der Sparkassen in % der durchschnittlichen Bilanzsumme

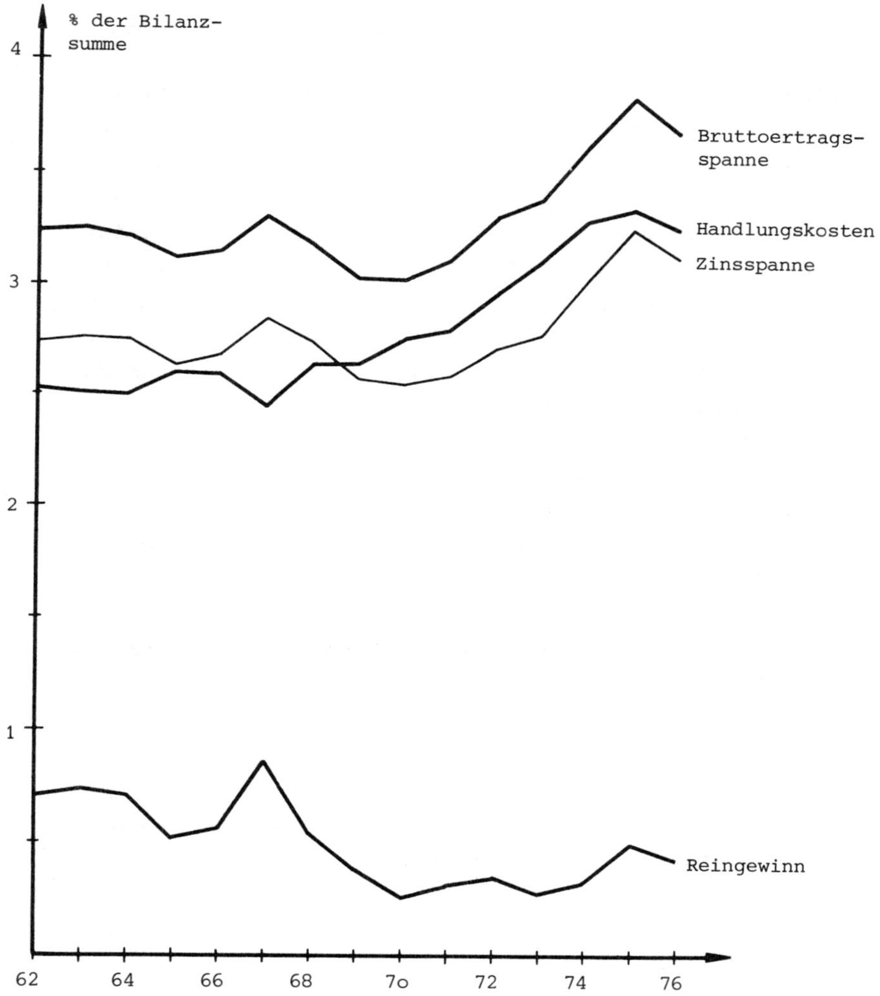

Quelle: Tabelle A 51 im Anhang.

3. Die wettbewerbspolitische Bedeutung des Eigenkapitals

3.1. Der Stellenwert des Eigenkapitals für Kreditinstitute

Während es bei Industrieunternehmen zumindest theoretisch durchaus denkbar ist, einen Betrieb ohne Eigenkapital zu führen, ist dies bei Kreditinstituten nicht möglich. Das Kreditwesengesetz schreibt eine ausreichende Ausstattung der Kreditinstitute mit eigenen Mitteln vor[1]. Zudem ist auch die Geschäftstätigkeit bzw. das Geschäftsvolumen von der Höhe des Eigenkapitals abhängig, was sich in den Vorschriften der Grundsätze I und Ia des Bundesaufsichtsamtes für das Kreditwesen[2] sowie in für einzelne Institutsgruppen geltenden Gesetzen dokumentiert.

In der betriebswirtschaftlichen bzw. bankbetrieblichen Literatur sind die Funktionen des Eigenkapitals im wesentlichen unumstritten. Zuerst hat sie wohl SOMARY zusammengestellt[3]:

(1) Schaffung von Vertrauen, das erforderlich ist, um dem Institut den nötigen Kredit zu sichern;

(2) Deckung von Verlusten im Geschäftsbetrieb;

(3) Erhöhung der Sicherheit der Disposition durch Zuführung von Kapitalien, die der Bank nicht entzogen werden können;

---

1) KWG § 10 Abs. 1.

2) Grundsätze über das Eigenkapital und die Liquidität der Kreditinstitute vom 20. Januar 1969, geändert und ergänzt durch Bekanntmachungen vom 22. Dezember 1972 und 30. August 1974, abgedruckt in: DEUTSCHE BUNDESBANK: Geschäftsbericht 1976, S. 71 ff.

3) Felix SOMARY: Bankpolitik, 3. Aufl., Tübingen 1934, S. 6.

(4) Ermöglichung von Geschäften, die Kapitalfestlegung zur Folge haben.

Im Laufe der Zeit sind diese Funktionen - vor allem auch durch die verstärkte staatliche Reglementierung kreditwirtschaftlicher Aktivitäten - einigen Wandlungen unterworfen gewesen. Zwar besitzen sie auch heute noch Gültigkeit, jedoch sind sie stark spezifiziert worden, wodurch die Vielfalt der Aufgaben des kreditwirtschaftlichen Eigenkapitals zum Ausdruck kommt. Folgender Funktionenkatalog läßt sich nennen[1).

(1) Errichtungsgrundlage,
(2) Begrenzung des Geschäftsvolumens (Bremsfunktion),
(3) Garantie und Haftung,
(4) Finanzierung,
(5) intertemporärer Verlustausgleich,
(6) Gewinnverteilungsbasis,
(7) Schaffung von Vertrauen,
(8) Rentabilitätsmaßstab.

Der zuletzt genannten Funktion kommt seit der jüngsten Novellierung des KWG besondere Bedeutung zu, da das Eigenkapital als Maßstab für die rentable bzw. weniger rentable Arbeitsweise eines Kreditinstitutes herangezogen wird[2). Der Gesetzgeber schreibt vor, daß bei einem Verlust in Höhe der Hälfte des haftenden Eigenkapitals oder bei einem Ver-

---

1) Ebenso: Karl Fr. HAGENMÜLLER: Der Bankbetrieb, Bd. I, Wiesbaden 1964, S. 187; Johann Philipp Freiherr von BETHMANN: Artikel "Finanzierung", in: Bank-Enzyklopädie, Bd. 2, Wiesbaden 1975, S. 30 ff.; Christian MAURER / Gustav RAAB: Das Eigenkapital der Kreditinstitute, Wien 1973, S. 12.

2) Vgl. auch: Manfred HARTMANN: Das Eigenkapital als Strukturproblem der deutschen Kreditwirtschaft, in: Quartalshefte (Hrsg.: Girozentrale und Bank der österreichischen Sparkassen AG), 13. Jg. (1978), Heft 1, in Vorb.

lust in Höhe von jeweils mehr als 10 % des Eigenkapitals in mindestens drei aufeinanderfolgenden Jahren die Erlaubnis zum Betreiben eines Kreditinstituts entzogen werden kann[1]. Die oben genannten Funktionen beziehen sich im wesentlichen auf die Erscheinungsform des Eigenkapitals als Grund-, Stamm- oder Dotationskapital[2]. Demgegenüber müssen bei den Rücklagen Einschränkungen gemacht werden, die bei den stillen Rücklagen weitergehender Natur sind als bei den offenen Rücklagen. So wird zum Beispiel das mögliche Geschäftsvolumen von der Höhe der stillen Rücklagen nicht beeinflußt, da diese nicht zum haftenden Eigenkapital rechnen; die Bremsfunktion entfällt also hier. Ähnliches gilt auch für die Funktion der Schaffung von Vertrauen, da das Ausmaß der stillen Reserven einer Bank dem breiten Publikum nur sehr begrenzt bekannt sein dürfte[3].

Im einzelnen wird vom Gesetzgeber als haftendes Eigenkapital bei Kreditinstituten anerkannt[4]:

> *"1. Bei Einzelkaufleuten, offenen Handelsgesellschaften und Kommanditgesellschaften das Geschäftskapital und die Rücklagen nach Abzug der Entnahmen des Inhabers oder der persönlich haftenden Gesellschafter und der diesen gewährten Kredite sowie eines Schuldenüberhanges beim freien Vermögen des Inhabers; bei offenen Handelsgesellschaften und Kommanditgesellschaften ist nur das eingezahlte Geschäftskapital zu berücksichtigen;*

---

1) KWG § 35.

2) Zu den verschiedenen Erscheinungsformen des Eigenkapitals vgl. hierzu weiter unten Übersicht 5.

3) Eine ausführliche Erläuterung der einzelnen Funktionen des Eigenkapitals findet sich bei: Karl Fr. HAGENMÜLLER: Der Bankbetrieb, Bd. I, S. 187 ff.

4) KWG § 10 (Hervorhebungen von uns).

2. *bei Aktiengesellschaften, Kommanditgesellschaften auf Aktien und Gesellschaften mit beschränkter Haftung das eingezahlte Grund- oder Stammkapital abzüglich des Betrages der eigenen Aktien oder Geschäftsanteile sowie die Rücklagen; bei Kommanditgesellschaften auf Aktien ferner Vermögenseinlagen der persönlich haftenden Gesellschafter, die nicht auf das Grundkapital geleistet worden sind, unter Abzug der Entnahmen der persönlich haftenden Gesellschafter und der diesen gewährten Kredite;*

3. *bei eingetragenen Genossenschaften, die Geschäftsguthaben und die Rücklagen zuzüglich eines vom Bundesminister der Finanzen nach Anhörung der Deutschen Bundesbank durch Rechtsverordnung festzusetzenden Zuschlages, welcher der Haftsummenverpflichtung der Genossen Rechnung trägt; Geschäftsguthaben von Genossen, die zum Schluß des Geschäftsjahres ausscheiden, und ihre Ansprüche auf Auszahlung eines Anteils an dem in der Jahresbilanz nach § 33 d Abs. 1 B II 2 des Gesetzes betreffend die Erwerbs- und Wirtschaftsgenossenschaften gesondert ausgewiesenen Reservefonds der Genossenschaft sind abzusetzen; der Bundesminister der Finanzen kann die Ermächtigung zum Erlaß von Rechtsverordnungen auf das Bundesaufsichtsamt übertragen;*

4. *bei öffentlich-rechtlichen Sparkassen sowie bei Sparkassen des privaten Rechts, die als öffentliche Sparkassen anerkannt sind, die Rücklagen;*

5. *bei Kreditinstituten des öffentlichen Rechts, die nicht unter Nummer 4 fallen, das eingezahlte Dotationskapital und die Rücklagen;*

6. *bei Kreditinstituten in einer anderen Rechtsform das eingezahlte Kapital und die Rücklagen."*

Zu ergänzen ist hier noch, daß Zweigstellen ausländischer Kreditinstitute als Eigenkapital an Stelle eines Grund- oder Stammkapitals ein Dotationskapital ausweisen, das ihnen von ihrem ausländischen Mutterinstitut zur Verfügung gestellt wird[1].

---

1) KWG § 53 Abs. 2.

Es wird hier ausdrücklich vom "haftenden Eigenkapital" gesprochen. Dieser Begriff grenzt den Begriff des "Eigenkapitals" insofern ein, als zu den haftenden Mitteln keine stillen Rücklagen gerechnet werden dürfen. Andererseits geht er über den in der Betriebswirtschaft gebräuchlichen Eigenkapitalbegriff hinaus; denn in das "haftende Eigenkapital" von Kreditinstituten werden auch die Haftungsverhältnisse (Haftsummenzuschlag) der Kreditgenossenschaften und das freie Vermögen von Einzelbankiers oder Komplementären von Personenhandelsgesellschaften einbezogen[1].

Die oben genannten Eigenkapitalfunktionen haben in den vergangenen Jahrzehnten eine unterschiedliche Gewichtung erfahren, was sich auch in den Eigenkapitalquoten der verschiedenen Institutsgruppen im Zeitablauf ausdrückt. Eine sehr gute Übersicht der Entwicklung der Eigenkapitalquoten in den letzten 100 Jahren findet sich bei HARTMANN[2].

In diesem Zusammenhang soll dahingestellt bleiben, ob die zum Teil stark veränderten Eigenkapitalquoten Resultat einer verschobenen Gewichtung der Eigenkapitalfunktionen sind, oder ob das Absinken der Quoten Ursache für eine Schwerpunktverlagerung der Funktionen gewesen ist. Geht man davon aus, daß das Ziel der Unternehmenspolitik der Kreditinstitute eine Steigerung der Geschäftstätigkeit - und damit des Bilanzvolumens - ist, dürfte eher letzteres der Fall sein; d.h. aufgrund der stark gestiegenen Ge-

---

1) *"Der Begriff des 'haftenden Eigenkapitals' ist nicht glücklich, da er sprachlich eine Einschränkung des Begriffes 'Eigenkapital' darstellt, tatsächlich aber eine Erweiterung zum Ausdruck bringt."* (Ludwig SCHORK: Gesetz über das Kreditwesen, Kommentar, 2. Aufl., Köln, Berlin, Bonn, München 1976, § 10 Anm. 2).

2) Manfred HARTMANN: Das Eigenkapital als Strukturproblem der deutschen Kreditwirtschaft; vgl. auch Tabelle 13.

Tabelle 13: Die Entwicklung der Eigenkapitalquoten der Kreditinstitutsgruppen 187o-1975

Bankengruppe	187o	188o	189o	19oo	191o	192o	193o	194o	195o[1]	196o	197o	1975
Kreditbanken[2]	.	.	39,4	33,9	23,3	5,o	1o,6[3]	12,9[4]	1,8	5,1	4,3	4,7
Großbanken[2]	.	.	37,2	32,6	2o,6	6,3	6,8	4,7	1,o	4,7	4,o	4,7
Sparkassensektor												
Sparkassen[5]	5,7	6,2	6,1	6,o	5,6	2,4	2,7	4,6	2,6	3,1	3,7	3,1
Girozentralen	.	.	.	.	2,5[6]	9,4[7]	4,1	3,1[8]	1,4	2,3	2,4	2,2
Genossenschaftssektor												
Kreditgenossenschaften[9]	.	.	.	15,9	15,6	16,1[1o]	1o,3	6,7	5,o	6,o	4,5	3,7
- ländliche	.	.	.	.	4,3[11]	1o,3[1o]	6,5	5,1	4,1	5,5[12]	4,5	-
- gewerbliche	23,5	23,9	23,4	22,1	21,o	7,8	15,1	8,8	6,6	6,3[12]	4,5	-
Zentralkassen	.	.	.	7,7[13]	2o,2[11]	2o,8[1o]	24,2	4,4	4,o	4,2	3,5	2,7
- ländliche	.	.	.	.	11,o[11]	17,2[1o]	14,2	4,o	7,1	4,1[12]	-	-
- gewerbliche	.	.	.	.	17,6[11]	17,1[1o]	12,1	2,2	3,8	4,1[12]		

1) Seitdem Kapital nach § 11 KWG 1934 resp. § 1o KWG 1961 bezogen auf das Geschäftsvolumen.
2) Bis 192o Kapital + Reserven bezogen auf die Bilanzsumme.
3) Berliner Großbanken, Provinzbanken mit Filialnetz, Spezial- und Hausbanken und sonstige Kreditbanken.
4) 1939.
5) Sparkassen in Preußen bis 189o (Reservefonds bezogen auf Aktivvermögen), im Deutschen Reich von 19oo bis 192o (Rücklagen bezogen auf Aktivvermögen).
6) 1913. 7) 1925, seitdem inkl. Deutsche Girozentrale. 8) 1939.
9) Geschäftsguthaben der Mitglieder und Reservefonds bezogen auf die Summe der Aktiva (erste Angabe für 19o1).
1o) 1924. 11) 1913.
12) Geschäftsvolumen geschätzt aus Summe der Passiva zuzüglich Indossamentsverbindlichkeiten aus rediskontierten Wechseln und eigene Ziehungen im Umlauf.
13) Preußische Zentralkassen.

Quelle: DEUTSCHE BUNDESBANK (Hrsg.): Deutsches Geld- und Bankwesen in Zahlen 1876-1975.
dies.: Monatsberichte, versch. Jgg.; Statistisches Handbuch der Bank Deutscher Länder, Frankfurt 1955.

schäftsvolumina[1] ging der Anteil des Eigenkapitals zurück und die Eigenkapitalfunktionen erhielten eine andere Gewichtung: Brems-, Haftungs- und Rentabilitätsfunktion sind in den Vordergrund getreten.

Besonders die Haftungsfunktion ist von immer größerer Bedeutung geworden und hat die ursprüngliche Finanzierungsfunktion des Eigenkapitals verdrängt. Dies drückt sich auch im starken Rückgang der Eigenkapitalquoten (vor allem der Kreditbanken) aus: Konnten die Kreditbanken 1890 noch nahezu 40 % der Bilanzsumme zu Finanzierungszwecken aus eigenen Mitteln aufbringen, betrug der Eigenkapitalanteil 1975 nur noch 4,7 %. Ähnlich stark ist auch der Rückgang bei den gewerblichen Kreditgenossenschaften von 23,5 % auf 4,5 % gewesen.

Demgegenüber ist die Eigenkapitalquote bei den Sparkassen nie wesentlich über 6 % hinausgegangen, was vor allem daraus resultierte, daß die Sparkassen nicht als Unternehmen im eigentlichen Sinne angesehen wurden, sondern lediglich Finanzierungsaufgaben für ihre Gewährträger zu erfüllen hatten, wobei Eigenkapital in größerem Umfang entbehrlich schien[2].

---

1) Während 1955 alle Geldinstitute noch ein Geschäftsvolumen von etwa zwei Dritteln des Sozialprodukts hatten, überstieg dieses 1976 mit über 1500 Mrd. DM (DEUTSCHE BUNDESBANK, Monatsberichte, 28. Jg. (1976), Nr. 12, S. 30+) das Sozialprodukt in Höhe von knapp 1100 Mrd. DM (nach Berechnungen des Deutschen Instituts für Wirtschaftsforschung; Karin MÜLLER-KRUMHOLZ / Reinhard POHL: Zur Wirtschaftslage der Bundesrepublik Deutschland, in: Deutsches Institut für Wirtschaftsforschung: Vierteljahreshefte zur Wirtschaftsforschung, Jg. 1977, Heft 2, S. 86) um nicht weniger als 35 %.

2) Felix SOMARY: Bankpolitik, S. 6; Manfred HARTMANN: Das Eigenkapital als Strukturproblem der deutschen Kreditwirtschaft.

Welche absolute oder relative Höhe des Eigenkapitals für Kreditinstitute erforderlich ist, darüber gab es und gibt es auch heute noch seitens des Gesetzgebers keine genauen Vorschriften[1].

In den letzten Jahren hat sich in der Praxis jedoch eine "Strukturregel" durchgesetzt, nach der sich das Eigenkapital der Kreditinstitute auf mindestens 3 bis 5 % der Bilanzsumme belaufen soll. Diese "Regel" wird von BIRCK/MEYER als "allgemeine Richtnorm für die Eigenkapitalausstattung der Banken" bezeichnet[2].

Auch der Gesetzgeber bzw. in diesem Fall das Bundesaufsichtsamt für das Kreditwesen scheinen von einer ähnlichen Größenordnung des Eigenkapitalanteils ausgegangen zu sein, denn im sogenannten Grundsatz I werden Kredite und Beteiligungen eines Kreditinstituts auf das 18-fache seines haftenden Eigenkapitals begrenzt. Wird vorausgesetzt, daß alle Aktivpositionen auf diesen Grundsatz Anwendung finden, so bedeutet das, daß eine "Angemessenheit"[3] der Eigenkapitalausstattung von 5,56 % für ausreichend erachtet wird. Da aber darüber hinaus nicht alle Kredite bei diesem Grundsatz voll angerechnet werden (z.B. Realkredite, Kredite an die öffentliche Hand), scheint auch ein niedrigerer Eigenkapitalansatz durchaus ausreichend zu sein. Daß dem so ist, dafür spricht auch die Regelung des Gesetzgebers für die Verwendung des Jahresüberschusses: So ist in den verschiedenen Landessparkassengesetzen[4] vorgeschrieben, ab welcher

---

1) Vgl. hierzu auch die Ausführungen zur "optimalen Kapitalstruktur" weiter unten (Kapitel 3.3.).

2) Heinrich BIRCK / Heinrich MEYER: Die Bankbilanz, Handkommentar, 1. Teillieferung, 3. Aufl., Wiesbaden 1976, S. II 10.

3) "Die Kreditinstitute müssen ... ein angemessenes haftendes Eigenkapital haben" (KWG § 10 Abs. 1).

4) Z.B.: Hessisches Sparkassengesetz, § 16.

Gewinnhöhe Ausschüttungen an den Gewährträger vorgenommen werden können. In der Regel ist vorgesehen, daß überhaupt erst ab einem Rücklagenbestand in Höhe von 3 % der Gesamteinlagen und Schuldverschreibungserlöse Gewinnausschüttungen vorgenommen werden dürfen. Liegt die Eigenkapitalausstattung darunter, wird eine totale Ausschüttungssperre verfügt, d.h. etwaige Gewinne werden voll den Rücklagen zugeführt.

Die folgende Abbildung 27 zeigt, inwieweit die verschiedenen Kreditinstitutsgruppen den obengenannten Grundsatz bisher "ausgenutzt" haben, d.h. inwieweit die "Bremsfunktion" (Beschränkung der Geschäftstätigkeit) des Eigenkapitals bisher zum Tragen gekommen ist.

Aus der Darstellung wird deutlich, daß bisher keine der erfaßten Institutsgruppen ihr Kreditpotential voll ausgeschöpft hat, was allerdings nicht bedeutet, daß nicht einzelne Banken - zumindest zeitweise - die festgesetzte Obergrenze erreicht bzw. sogar überschritten haben können.

Bei allen Banken ist ferner seit 1974 ein Rückgang der Ausnutzung des Eigenkapitalgrundsatzes festzustellen, der bei den Kreditbanken und den genossenschaftlichen Zentralkassen am ausgeprägtesten ist. Ursache hierfür dürfte u.a. auch die konjunkturelle Entwicklung in den letzten Jahren und die - teilweise dadurch bedingte - Änderung in der Kreditstruktur der Banken gewesen sein. Denn gerade die für den Grundsatz I nicht in Frage kommenden Kredite an die öffentliche Hand haben in diesem Zeitraum ganz erheb-

Abb. 27: Durchschnittskennziffern (Auslastungsgrad) des Grundsatzes I

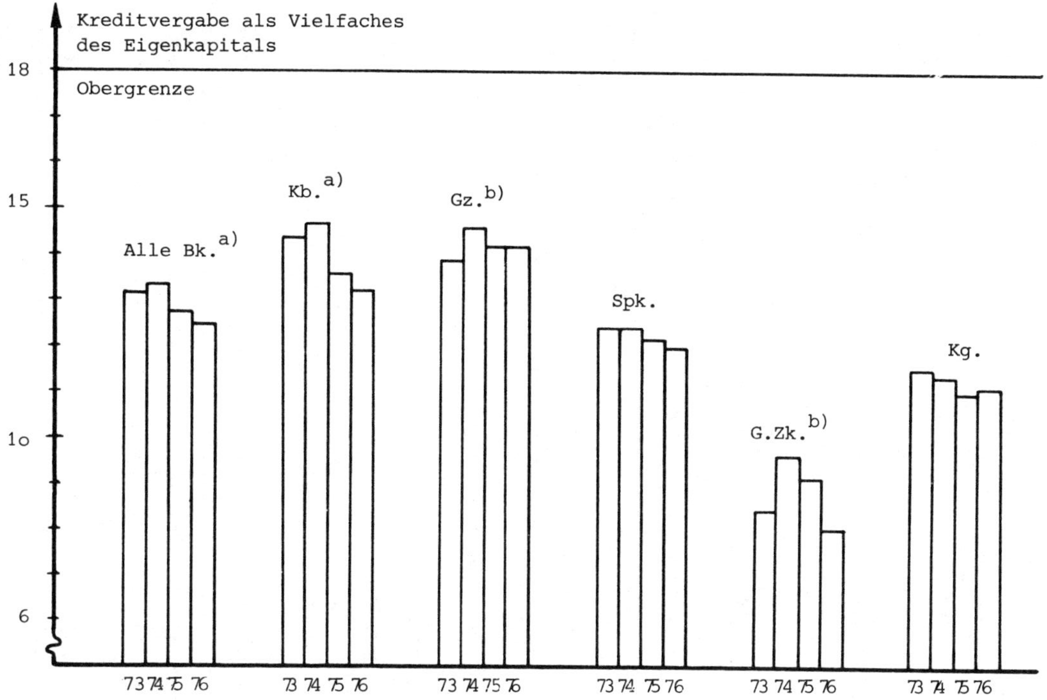

a) Ohne Zweigstellen ausländischer Banken.
b) Ohne Spitzeninstitute.

Quelle: DEUTSCHE BUNDESBANK: Geschäftsbericht 1976, S. 76.

lich zugenommen[1]: Während ihr Anteil an allen Krediten an Nichtbanken von 14,8 % (1973) auf 20,6 % (1976) stieg, erhöhte sich ihr absoluter Wert im gleichen Zeitraum um annähernd 100 Mrd. DM (+ 85,3 %). Demgegenüber stiegen die Kredite an Nichtbanken insgesamt nur um 32,9 %, diejenigen an inländische Unternehmen und Privatpersonen sogar nur um 21,8 %.

Tabelle 14: Kredite von Kreditinstituten an Nichtbanken

Jahr	Zunahme der Kredite gegenüber Vorjahr in %			Anteil der öff. Kredite an allen Krediten in %
	insgesamt	an inländ. öffentliche Haushalte	an inländ. Unternehmen und Privatpersonen	
1974	8,2	16,3	6,5	15,9
1975	10,4	36,3	4,6	19,6
1976	11,3	16,9	9,4	20,6

Quelle: DEUTSCHE BUNDESBANK: Monatsberichte, 29. Jg. (1977), Nr. 8, S. 16+ ff.

Eine ähnliche Entwicklung zeigen im übrigen auch die ab 1974 stark ansteigenden Anteile der Bankkredite an der Gesamtverschuldung von Ländern und Gemeinden[2]: Bei den Gemeinden stieg dieser Anteil von 84,5 % (1973) auf 90,6 %

1) Wesentliche Ursache hierfür ist das strukturell bedingte Defizit der öffentlichen Haushalte; vgl. zur Begründung u.a.: Grundfragen der Stabilitätspolitik, Gutachten des Wissenschaftlichen Beirats beim Bundesministerium für Wirtschaft, in: Bundesminister für Wirtschaft (Hrsg.): Studien-Reihe 2, o.O., o.J., S. 14 ff.; Werner EHRLICHER: Das strukturelle Defizit, in: Wirtschaftsdienst, 55. Jg. (1975), S. 449-453.

2) Vgl. hierzu Tabelle A 52 und A 53.

(1976) und bei den Ländern noch stärker von 46,9 % (1973) auf 68,9 % (1976).

Geht man davon aus, daß es sich bei der "Stagnation" der privaten Kreditnachfrage um ein konjunkturell bedingtes Phänomen handelt, mittel- bis langfristig also wieder mit einer steigenden privaten Kreditnachfrage zu rechnen ist, dann wird es auch wieder zu einem Anstieg der Kennziffern des Grundsatzes I kommen.

Neben der Grundsatz I-Regelung ist in diesem Zusammenhang außerdem zu berücksichtigen, daß durch die jüngste Novellierung des Kreditwesengesetzes vom 1.5.1976 auch die Verhaltensnormen bezüglich der Vergabe von Großkrediten grundlegend geändert wurden[1)]. Auch hier knüpft der Gesetzgeber an das haftende Eigenkapital der Institute an und versucht, durch Begrenzung der Großengagements der Kreditinstitute eine Risikoverringerung zu erreichen[2)].

Es wird also für die Kreditinstitute - zumindest mittelfristig - vor allem unter den Aspekten der Rentabilität, der Grundsatz I- und der Großkredit-Regelung darauf ankommen, ihre Eigenkapitalbasis zu verstärken, wollen sie nicht eine Einschränkung ihrer Geschäftstätigkeit, d.h. ihrer auf Bilanzwachstum ausgerichteten Strategie hinnehmen.

Zu einem ähnlichen Ergebnis ist auch die MONOPOLKOMMISSION in ihrem Gutachten gekommen[3)], wobei sie besonders darauf hinweist, daß einerseits Steigerungen des Geschäftsvolumens

---

1) KWG § 13.

2) Vgl. zu dieser Neuregelung und ihrer Entwicklung im einzelnen: Manfred HARTMANN: Ökonomische Aspekte der Reform des KWG, S. 48 ff.

3) MONOPOLKOMMISSION: Hauptgutachten 1973/75, S. 287 f.

notwendig sind, um die in den letzten Jahren stark gestiegenen Kosten auffangen zu können, andererseits der Zusammenhang zwischen Marktzugang und Unternehmensgröße gerade für die kleineren Institute von entscheidender Bedeutung ist. Die Zuführung von Eigenkapital, die Voraussetzung für Bilanzwachstum ist, stellt aber besonders die Privatbankiers und die Institute des Genossenschafts- und Sparkassensektors vor Probleme, da sie keinen direkten Zugang zum Kapitalmarkt haben.

Im folgenden sollen daher zunächst unterschiedliche Finanzierungsformen bei unterschiedlichen Unternehmensformen dargestellt werden, um dann - ausgehend von der Kapitalbildung im privaten und genossenschaftlichen Bereich - Möglichkeiten der Eigenkapitalverbesserung speziell des Sparkassensektors zu diskutieren.

3.2. Die Problematik der Eigenkapitalbeschaffung

3.2.1. Ein Überblick über mögliche Finanzierungsformen

"Durch die fortschreitende Funktions- und Kompetenzteilung zwischen Kapitaleigentum und Kapitaldisposition ... wird das Prinzip der Identität zwischen Eigentum und Verfügungsberechtigung immer mehr durchlöchert"[1]. So entfernt sich auch die ökonomische Einteilung in Eigen- und Fremdkapital immer weiter von der juristischen Unterscheidung. So werden z.B. aus Rentabilitätsgründen (Ausnutzen von Steuerprivilegien) bestimmte Formen aufgenommenen Kapitals, die ökonomisch - aufgrund der im Unternehmen ausgeübten Funktion -

1) Winfried STÖRRLE: Eigen- oder Fremdfinanzierung unter Berücksichtigung von Mischformen, in: Handbuch der Unternehmensfinanzierung (Hrsg.: Oswald Hahn), München 1971, S. 378.

eher dem Eigenkapital zuzuordnen sind, vertragsmäßig und damit juristisch als Fremdkapital konzipiert und auch als solches ausgewiesen[1]. Eine Übersicht über die verschiedenen Finanzierungsformen findet sich u.a. bei CREMER[2][3]:

Übersicht 3: Formen der Unternehmensfinanzierung

Finanzierung	Außenfinanzierung	Innenfinanzierung
Eigen-finanzierung	Einlagenfinanzierung Beteiligungsfinanzierung (z.B. Ausgabe junger Aktien)	Selbstfinanzierung (Gewinneinbehaltung)
Fremd-finanzierung	keine eigene Bezeichnung (z.B. Aufnahme eines Kredits)	keine eigene Bezeichnung (z.B. Bildung von Pensionsrückstellungen)

Unter Eigen- bzw. Fremdfinanzierung ist die Zunahme des bilanziellen Eigen- bzw. Fremdkapitals zu verstehen, während Innen- und Außenfinanzierung charakterisieren, "aus welchen Quellen die Finanzierungsmittel stammen"[4]. Als Quellen der Außen- (Eigen-) Finanzierung sind z.B. Neueinlagen, als Quellen der Innen- (Eigen-) Finanzierung sind Gewinne bzw. Rücklagen, Abschreibungsmittel zu nennen.

1) Beispielsweise Darlehen innerhalb eines Konzerns und Gesellschaftsdarlehen (Winfried STÖRRLE: Eigen- oder Fremdfinanzierung unter Berücksichtigung von Mischformen, S. 378).

2) Claus CREMER: Grundfragen einer Theorie der optimalen Finanzierung, Betriebswirtschaftliche Forschungsergebnisse, Bd. 66, Berlin 1974, S. 31.

3) Ähnlich auch: Erich GUTENBERG: Einführung in die Betriebswirtschaftslehre, Reihe: Die Wirtschaftswissenschaften, Wiesbaden 1958, S. 119 f.

4) Ernst WALB: Finanzwirtschaftliche Bilanz, 3. Aufl., Wiesbaden 1966, S. 42 (Hervorhebung von uns).

Verschiedene Mischformen der Eigen- und Fremdfinanzierung werden von STÖRRLE angeführt[1]:

Übersicht 4: Zwischenformen der Eigen- und Fremdfinanzierung

Finanzierungscharakter	Finanzierungsmittel
"Eigenfinanzierung" mit Sondergestaltung bestimmter Rechte (Eigenkapital mit ökonomischem Fremdkapital-Teilcharakter)	(stimmrechtlose) Vorzugsaktien (dividendenbenachteiligte) Mehrstimmrechtsaktien
Ausgeprägte Zwischenformen der Praxis	Genußschein Partiarische Darlehen Gewinnobligationen
"Fremdfinanzierung" mit Sondergestaltung bestimmter Rechte, insbesondere des Mitspracherechts (Fremdkapital mit ökonomischem Eigenkapital-Teilcharakter)	Gesellschaftsdarlehen Großkredite

Die Entscheidung, welche Finanzierungsform (-mischform) gewählt wird, hängt im wesentlichen von der unternehmerischen Zielsetzung ab. Unter Rentabilitätsgesichtspunkten spielen dabei die Kapitalkosten eine wesentliche Rolle, als da sind: Beschaffungskosten (Kosten, die bis zur Überlassung des Kapitals entstehen), Tilgungskosten, Nutzungskosten (Zinsen), Kosten des Effektenkapitaldienstes, Marktpflegekosten (Schaffung und Erhaltung eines Finanzierungsspiel-

1) Winfried STÖRRLE: Eigen- oder Fremdfinanzierung unter Berücksichtigung von Mischformen, S. 381.

raumes)[1]. Die "klassische" Kostenart sind die Nutzungskosten. Sie belaufen sich je nach Kapitalart auf 80 bis 95 % der Gesamtkosten des Finanzierungsbereichs[2]. Andere Kosten fallen im wesentlichen nur bei der Effektenfinanzierung an.

Die Möglichkeiten der Eigenkapitalbildung sollen im folgenden unter dem Gesichtspunkt der unterschiedlichen Rechtsformen von Unternehmen - speziell der Kreditinstitute - dargestellt werden.

3.2.2. Das Eigenkapital bei unterschiedlichen Unternehmensformen

In der nachfolgenden Übersicht 5 sind die verschiedenen Erscheinungsarten des Eigenkapitals - je nach Unternehmensform - dargestellt.

1) Oswald HAHN: Die Wahlkriterien finanzwirtschaftlicher Entscheidungen, in: Handbuch der Unternehmensfinanzierung (Hrsg.: Ders.), München 1971, S. 127 f.

2) Vgl. ebenda, S. 128 f.

Übersicht 5: Die unterschiedlichen Erscheinungsarten des Eigenkapitals von Unternehmen nach Rechtsformen

Rechtsform des Unternehmens	Erscheinungsart des Eigenkapitals
A. Einzelunternehmungen	Einlagen, persönlich haftendes Kapital
B. Gesellschaften	
1. Personengesellschaften	
OHG	Einlagen, persönlich haftendes Kapital
KG	persönlich haftendes Kapital (Komplementäre) übernommene Kapitalanteile (Kommanditisten)
Stille Gesellschaft	Einlagen
2. Kapitalgesellschaften	
AG	Grundkapital
GmbH	Stammkapital
KGaA	Grundkapital, persönlich haftendes Kapital (Komplementäre)
3. Genossenschaften	Geschäftsanteile
4. Sonderformen öffentlich-rechtlicher Unternehmungen (Körperschaften, Anstalten, Stiftungen)	Einlagen, Grundkapital, Rücklagen, Dotationskapital

Zerlegt man das Eigenkapital von Unternehmen in seine Bestandteile, so lassen sich sowohl "konstante" (auf längere Zeit feststehende) als auch "variable" (zum Teil durch den Unternehmenserfolg beeinflußte) Teile erkennen[1]:

(1) Konstante Bestandteile des Eigenkapitals

- Grundkapital der AG, KGaA
- Stammkapital der GmbH
- Kommanditkapital der KG
- Stille Beteiligung
- Geschäftsanteile bei der Genossenschaft.

(2) Variable Bestandteile des Eigenkapitals

- Persönlich haftendes Kapital (Einzelunternehmung, BGB-Gesellschaft, OHG)
- Eigenkapitalanteil der Komplementäre (KG, KGaA)
- Haftsumme bei der eGmbH
- Zuwachskapital (Gewinnvortrag) bei Körperschaften aus der Selbstfinanzierung und bei Fixkapitalerhöhungen mit Agio (AG, KGaA, GmbH).

Die Zurechnung der Geschäftsanteile der Genossen zum fixen Eigenkapital ist nicht unumstritten; VORMBAUM zählt z.B. die Geschäftsguthaben, also die eingezahlten Geschäftsanteile, zum variablen Eigenkapital[2]. Dies erscheint u.E. insofern nicht gerechtfertigt, als es sich hier um bestimmtes, genau festliegendes Kapital handelt, dessen mögliche Veränderung (durch Ausscheiden eines Genossen am Ende des

---

1) Oswald HAHN: Das Wesen der Finanzierung, in: Handbuch der Unternehmensfinanzierung (Hrsg.: Ders.), München 1971, S. 31 f.

2) Herbert VORMBAUM: Finanzierung der Betriebe, Wiesbaden 1964, S. 63.

Geschäftsjahres) vom Gesetzgeber eingehend reglementiert ist[1]).

HAHN rechnet die Haftsumme bei der eGmbH zum konstanten Eigenkapital[2]). Wir zählen sie dagegen zum variablen Eigenkapital, da sie lediglich Gewährleistungscharakter hat[3]), im Gegensatz zum tatsächlich eingezahlten Grund- bzw. Stammkapital oder Dotationskapital (z.B. der freien Sparkassen). Verschiedene Autoren bezeichnen auch die Geschäftsanteile bei der Genossenschaft als Ergänzungskapital[4]) und zählen diese Anteile statt zum konstanten zum variablen Kapital[5]). Dieser Argumentation vermögen wir - wie oben bereits erwähnt - allerdings nicht zu folgen, da die Geschäftsanteile als quasi fixer Kapitalbestandteil anzusehen sind.

---

1) Scheidet ein Genosse aus und überträgt seine Geschäftsanteile auf einen Dritten, bleibt das Eigenkapital ohnehin konstant und eine Auseinandersetzung (Eigenkapitalabzug) entfällt.

2) Er schränkt allerdings ein: "Im Hinblick auf die ohne Satzungsänderung laufend variierbare Zahl der Genossen unterliegen allerdings die letztgenannten Erscheinungsformen des Fixkapitals (Geschäftsanteile der Genossen und die Haftsumme bei der eGmbH, Anm. der Verfasser) laufenden Änderungen." (Oswald HAHN: Das Wesen der Finanzierung, S. 32).

3) Unter dem Gewährleistungskapital werden die Finanzierungsmittel verstanden, die im Verlustfalle entsprechende Haftung mit übernehmen (Joachim von KÖPPEN: Das Eigenkapital der Kreditinstitute, Wiesbaden 1966, S.94 ff.)

4) Ergänzungskapital = Rücklagen + Reingewinn.

5) So z.B. KÖPPEN (Joachim von KÖPPEN: Das Eigenkapital der Kreditinstitute, S. 72 ff.), LE COUTRE (Walter LE COUTRE: Grundzüge der Bilanzkunde, Teil 1, 4. Aufl., Wolfenbüttel 1949, S. 207 f.) und MEITHNER (Karl MEITHNER: Die Bilanzen der Bankunternehmungen, in: Die Bilanzen der Unternehmungen, Bd. II, Festgabe für J. Ziegler, Wien 1933, S. 276).

Wie die nachfolgende Übersicht 6 zeigt, sind in der Kreditwirtschaft nahezu alle möglichen Unternehmensformen vertreten, so daß in diesem Bereich auch alle Erscheinungsarten des Eigenkapitals (sowohl konstantes als auch variables) zu finden sind. Lediglich die stille Gesellschaft stellt keine eigene Rechtsform für das Betreiben eines Kreditinstitutes dar.

Übersicht 6: Die Rechtsformen der verschiedenen Kreditinstitutsgruppen[1)]

Kreditinstitutsgruppe	Rechtsform
Großbanken	AG
Regionalbanken und sonstige Institute	AG, GmbH, KGaA, eGmbH, öffentlich-rechtlich
Zweigstellen ausl. Banken	GmbH, AG
Privatbankiers	AG, GmbH, KG, OHG
Girozentralen	öffentlich-rechtlich
öffentlich-rechtliche Sparkassen	öffentlich-rechtlich
freie Sparkassen	öffentlich-rechtlich, AG, e.V., Stiftungen
genossenschaftliche Zentralkassen	AG, öffentlich-rechtlich, eGmbH
Kreditgenossenschaften	eGmbH, eG, AG
private Hypothekenbanken	AG, KGaA, eGmbH
öffentlich-rechtliche Grundkreditanstalten	öffentlich-rechtlich
Teilzahlungskreditinstitute	AG, KGaA, OHG, eGmbH, GmbH
Kreditinstitute mit Sonderaufgaben	öffentlich-rechtlich, AG, GmbH
Postscheck- und Postsparkassen	Teile einer nicht rechtsfähigen öffentlichen Anstalt

---

1) Nach der Gliederungssystematik der DEUTSCHEN BUNDESBANK.
Eine analoge Übersicht über die Art des Eigenkapitalausweises in der Bilanz - je nach Rechtsform des Kreditinstitutes - findet sich bei: Karl Fr. HAGENMÜLLER: Der Bankbetrieb, S. 191 ff.

Ergänzend zu dieser Übersicht sei hier noch erwähnt, daß zahlreiche Institute einer bestimmten Rechtsform an Kreditinstituten mit anderen Rechtsformen beteiligt sind, wodurch die Nachteile oder Einschränkungen z.B. öffentlich-rechtlicher oder genossenschaftlicher Institutionen gemindert werden[1].

Die Vielzahl der Unternehmensformen in der Kreditwirtschaft beruht im wesentlichen auch darauf, daß das KWG grundsätzlich keine Rechtsform vorschreibt[2]. Allerdings verbietet das Zweite Gesetz zur Änderung des Gesetzes über das Kreditwesen vom 24.3.1976 für die Zukunft das Betreiben eines Kreditinstitutes durch einen Einzelkaufmann, wobei der Hauptgrund für dieses Verbot in der beim Einzelbankier fehlenden Trennung zwischen Betriebsvermögen und dem der Bankenaufsicht nicht unterliegenden Privatvermögen des Bankiers zu suchen ist. Der Besitzstand der bereits zugelassenen Einzelbankiers wird aber gewahrt.

Eingeschränkt wird das KWG durch verschiedene Sonderregelungen, die vorsehen, daß einige Arten von Kreditinstituten nur in bestimmten Rechtsformen geführt werden dürfen, und zwar sind vorgeschrieben

- für Hypothekenbanken und Schiffspfandbriefbanken die Rechtsform der AG bzw. KGaA[3],

---

1) Als Beispiel seien hier nur genannt: Deutsche Kapitalanlagegesellschaft, Deutsche Factoring GmbH & Co. KG, Mietfinanz GmbH, Deutsche Leasing GmbH sowie zahlreiche Hypothekenbanken.

2) Bekanntmachung der Neufassung des Gesetzes über das Kreditwesen vom 3.5.1976, in: BGBl. I, S. 1121 ff.; vgl. auch: Ludwig SCHORK: Gesetz über das Kreditwesen, Kommentar, § 1, Anm. 16-18.

3) Hypothekenbankgesetz § 2 Abs. 1; Schiffsbankgesetz.

- für Kapitalanlagegesellschaften die Rechtsform der AG oder GmbH[1] sowie

- für private Bausparkassen die Rechtsform der AG[2].

3.2.3. Die Eigenkapitalbildung bei verschiedenen Kreditinstitutsgruppen

Im Laufe der letzten Jahre ist in der Kreditwirtschaft bei der Eigenfinanzierung eine verstärkte Tendenz zur Finanzierung von außen zu beobachten (soweit dies den Banken überhaupt möglich ist). Dies ist z.T. auf die allgemein stark gestiegenen Lohnkosten zurückzuführen, was sich gerade bei personalintensiven Dienstleistungsunternehmen bemerkbar macht, und z.T. auf den verstärkten Wettbewerb u.a. infolge der Freigabe der Habenzinsen und des verstärkten Engagements ausländischer Banken am deutschen Markt. Beide Aspekte haben zu einer Schrumpfung der Zinsmarge geführt und damit die Möglichkeit der Finanzierung aus Gewinnen verringert.

Folge dieser Entwicklung war, daß der Anteil der in den Bilanzen ausgewiesenen Eigenmittel bei den meisten Institutsgruppen in den letzten Jahren zugunsten des Fremdkapitals abgenommen hat[3]. Dies gilt vor allem für solche Institutsgruppen, die ursprünglich einen relativ hohen Anteil eigener Mittel aufzuweisen hatten, also z.B. Privatbankiers und Kreditgenossenschaften.

---

1) Kapitalanlagegesetz § 1 Abs. 2.

2) Bausparkassengesetz § 2 Abs. 1.

3) Vgl. hierzu die Darstellung der Eigenkapitalquoten in Abb. 9.

3.2.3.1. Die Eigenkapitalbildung im Privat- und genossenschaftlichen Sektor

Finanzierung von außen bedeutet für die Aktienbanken, daß sie in verstärktem Maße neue Aktien ausgeben. Das aber hat zur Folge, daß die Eigenkapitalbeschaffung dieser Institute relativ teuer ist, denn die Möglichkeit, immer wieder an den Kapitalmarkt herantreten zu können, erfordert eine attraktive Dividendenpolitik. Außerdem werden die Dividendenzahlungen in Grenzen konstant, d.h. unabhängig von der Ertragssituation des Instituts vorgenommen - durch Bildung bzw. Auflösung stiller Reserven -, weil eine Reduzierung oder sogar Ausfallen der Ausschüttungssätze u.U. Vertrauensverluste bei den Bankkunden zur Folge hätte. Zusätzlich zu diesen "Kosten der Dividendenpolitik" fallen natürlich die "normalen" Emissionskosten an, die mit der Ausgabe junger Aktien verbunden sind.

Die Eigenkapitalbildung der nichtemissionsfähigen Kreditinstitute vollzieht sich grundsätzlich durch Erhöhung des Grundkapitals (Einzahlungen der Gesellschafter) und/oder Zuführung von Gewinnen zu den Rücklagen. Als "nichtemissionsfähig" sind dabei alle Unternehmungen zu verstehen, die in privater Rechtsform geführt werden und keine Aktiengesellschaften darstellen. Zwar besteht auch für eine GmbH oder eine Stiftung die Möglichkeit, Obligationen aufzulegen, doch stellt dies keine Ausgabe von Anteilsscheinen über die Börse und somit keine Emission im obigen Sinne dar[1].

---

1) Zu den nichtemissionsfähigen Unternehmen zählen nach ZIMMERER auch Aktiengesellschaften mit einem Grundkapital von weniger als 1 Mio. DM, da sie - wegen des fehlenden Mindestkapitals - keine Börsenzulassung besitzen und somit keine "Eigenfinanzierung über den Kapitalmarkt" betreiben können (Carl ZIMMERER: Die Beteiligungsfinanzierung der nicht-emissionsfähigen Unternehmung, in: Handbuch der Unternehmensfinanzierung (Hrsg.: Oswald Hahn), München 1971, S. 540).

Eine Sonderstellung unter den Unternehmensformen und damit auch bei den Arten der Eigenfinanzierung nehmen die Genossenschaften ein. Bei dieser Kreditinstitutsgruppe stellen die "Genossen", also die Mitglieder der Genossenschaften, Kapital in Form von Geschäftsanteilen "ihrer" jeweiligen Genossenschaft (Volksbank oder Raiffeisenbank) zur Verfügung. Diese, oft nicht voll eingezahlten Geschäftsanteile bilden zusammen mit den Rücklagen das Eigenkapital. Im Konkursfall sind die nicht eingezahlten Anteile nachzuzahlen (Nachschußpflicht); zusätzlich hierzu übernimmt jedes Mitglied eine sog. Haftsummenverpflichtung[1]. Diese Haftsummenverpflichtung wird vom Gesetzgeber teilweise als Eigenkapital anerkannt[2], wobei als Obergrenze für die Anrechnung (unterschiedlich, je nachdem, ob es sich um eine Genossenschaft mit beschränkter oder unbeschränkter Haftung handelt) die Hälfte der in der Bilanz ausgewiesenen Mittel gilt. Im einzelen wird als Zuschlag anerkannt:

(1) bei eGmbH: 75 % der Haftsumme,

(2) bei eGmuH: 200 % der Geschäftsanteile,

(3) bei genossenschaftlichen Zentralkassen: 35 % der Haftsumme (Obergrenze hier: 25 % des vorhandenen haftenden Eigenkapitals)[3].

In verschiedenen Ländern (z.B. Österreich, Schweden, Schweiz) kennt man auch noch eine Sonderform einer Genossenschaft

---

1) Unter Haftsumme ist der Betrag zu verstehen, mit dem die Genossen über ihren Geschäftsanteil hinaus haften (§ 131 Genossenschaftsgesetz).

2) KWG § 10 Abs. 2 Ziff. 3.

3) Verordnung des Bundesaufsichtsamtes für das Kreditwesen über die Festsetzung eines Zuschlages für die Berechnung des haftenden Eigenkapitals von Kreditinstituten in der Rechtsform der eingetragenen Genossenschaft (Zuschlagsverordnung) vom 6.12.1963, in BGBl I, S. 871.

ohne Haftpflicht. Hierbei wird die Haftsumme durch die Anteilhaftung ersetzt, d.h. im möglichen Konkursfall ist für die Genossen das Risiko auf die Höhe des Geschäftsanteils beschränkt; es entfällt also die Nachschußpflicht[1].

Unter der Voraussetzung der Beibehaltung der bisherigen Finanzierungsform gibt es im Genossenschaftssektor zwei Möglichkeiten zur Erhöhung des Eigenkapitals[2]: Entweder durch Zuführung bzw. Werbung neuer Mitglieder oder durch die Übernahme mehrerer Geschäftsanteile des vorhandenen Mitgliederkreises. Letztere Möglichkeit kann man noch dahingehend modifizieren, daß die Übernahme mehrerer Anteile auf freiwilliger oder obligatorischer Basis geschieht. Allerdings wirft die Zeichnung mehrerer Geschäftsanteile durch einen einzelnen Genossen insofern Probleme auf, als sich die Haftsumme stets auf die Zahl der übernommenen Anteile erstreckt; mehrfache Anteilsübernahme - soll sie im Hinblick auf die Eigenkapitalverbesserung erfolgreich sein - setzt also zumindest eine Modifizierung der entsprechenden Haftungsbestimmungen voraus[3].

---

1) Walter PRAGER: Die Beteiligungsfinanzierung der Genossenschaft, in: Handbuch der Unternehmensfinanzierung (Hrsg.: Oswald Hahn), München 1971, S. 571 f.

2) Andere Möglichkeiten, die jedoch die Finanzierungsform verändern, finden sich z.B. bei: Helmut SCHUDT: Der Genußschein als genossenschaftliches Finanzierungsinstrument, Marburger Schriften zum Genossenschaftswesen, Reihe A, Bd. 43, Göttingen 1974.

3) Walter PRAGER: Die Beteiligungsfinanzierung der Genossenschaft, S. 574 ff.

3.2.3.2. Die Eigenkapitalbildung im Sparkassensektor

Im Sparkassensektor ist grundsätzlich zu unterscheiden zwischen

- den öffentlich-rechtlichen Sparkassen und den Sparkassen des privaten Rechts, die als öffentliche Sparkassen anerkannt werden,
- den öffentlich-rechtlichen Girozentralen und
- den Sparkassen, die in privatrechtlicher Form[1)] geführt werden (freie Sparkassen).

Girozentralen und freie Sparkassen verfügen über Dotationskapital, das von den öffentlichen Anteilseignern zur Verfügung gestellt wird. Anteilseigner und Haftungsträger sind vorwiegend öffentlich-rechtliche Gebietskörperschaften, daneben aber auch (zusammen mit diesen oder alleine) die regionalen Sparkassen- und Giroverbände. Die Möglichkeit der Eigenfinanzierung ist damit weitgehend abhängig von der Bereitschaft der Haftungs- und Kapitalträger, das Dotationskapital durch zusätzliche Kapitaleinlagen zu erhöhen.

Die Besonderheit der öffentlich-rechtlichen Sparkassen liegt nun darin, daß sie - wie bereits erwähnt - ihr Eigenkapital nur über eine aus den Jahresüberschüssen gebildete Rücklage bilden können. Das Kreditwesengesetz (KWG) schreibt im einzelnen vor, was für die Kreditinstitute als haftendes Eigenkapital zu gelten hat; bei den öffentlich-rechtlichen Sparkassen sowie bei Sparkassen des privaten Rechts, die als öffentliche Sparkassen anerkannt werden,

---

1) Meist in der Rechtsform von Stiftungen des bürgerlichen Rechts und wirtschaftlicher Vereine.

sind dies die Rücklagen[1]. Nicht nur in diesem Zusammenhang ist die Erwirtschaftung eines angemessenen Eigenkapitals aus den Überschüssen für die Sparkassen von größter Bedeutung, sondern auch weil das KWG - wie oben bereits erwähnt - das Kreditgeschäft eines Bankinstituts auf das Achtzehnfache des haftenden Eigenkapitals beschränkt.

Jedoch nicht nur die öffentlich-rechtlichen Sparkassen, sondern auch die anderen Institute des Sparkassensektors sind auf die Bildung von Rücklagen angewiesen. Das Dotationskapital wird nämlich in vielen Fällen durch externe Zuweisungen nicht ausreichend verstärkt[2]. Diesem Mangel wird dadurch begegnet, daß zum einen das konstante Eigenkapital durch eigene Mittel erhöht wird[3], zum anderen durch Gewinnthesaurierung Rücklagen gebildet werden.

Die beschränkten Möglichkeiten des Sparkassensektors, Eigenkapital zu bilden, haben dazu geführt, daß die Eigenkapitalquoten bei den Sparkassen und Girozentralen (neben den Realkreditinstituten und Zentralkassen) am geringsten sind[4] und sich an der Untergrenze bzw. sogar unter der "allgemeinen Richtnorm"[5] in Höhe von 3 % bewegen.

Zwar läßt sich beim Vergleich der letzten Jahre feststellen, daß sich das Eigenkapital in Relation zum durchweg

---

1) KWG § 10 Abs. 2 Ziff. 4; vgl. auch oben Kapitel 3.1.

2) Joachim von KÖPPEN: Das Eigenkapital der Kreditinstitute, S. 353.

3) Eine Erhöhung des konstanten Eigenkapitals durch eigene Mittel stellt dann Selbstfinanzierung dar, wenn dies mit Mitteln aus dem Jahresüberschuß geschieht (Gerhard BERG: Der Wettbewerb zwischen den privaten Hypothekenbanken und den im langfristigen Kreditgeschäft tätigen öffentlich-rechtlichen Kreditinstituten, Diss., Mainz 1968, S. 57, Anm. 2).

4) Vgl. hierzu die Tabelle A 18 sowie Abb. 9.

5) Vgl. hierzu weiter oben Abschnitt 3.1.

sehr starken Bilanzwachstum noch recht günstig entwickelt hat, doch ist eine sinkende Tendenz (Ausnahme 1976) unverkennbar[1]: 1970 lag die Quote der Sparkassen bei 3,7 % und die der Girozentralen bei 2,3 % (zum Vergleich: alle Bankengruppen 3,6 %); 1976 betrugen die entsprechenden Zahlen 3,2 % bzw. 2,3 % (alle Bankengruppen 3,4 %). Berücksichtigt man, daß in diesem Zeitraum ein erhebliches Wachstum der Geschäftsvolumina stattgefunden hat (bei den Sparkassen stieg das Geschäftsvolumen im Zeitraum 1970 bis 1976 um über 90 %, bei den Girozentralen im gleichen Zeitraum sogar um über 110 %[2], so zeigt sich in dieser Entwicklung ein "achtbares Ergebnis"[3].

Betrachtet man allerdings die Daten aus dem "Erfolgsvergleich" der Sparkassen[4], so kann festgestellt werden, daß in den letzten Jahren die Handlungskosten sehr stark gestiegen sind und zu einem Absinken des Reingewinns, der die Quelle des Eigenkapitals darstellt, geführt haben. Außerdem darf bei den genannten Zahlen nicht vergessen werden, daß es sich um ungewichtete Durchschnittswerte handelt. So gibt es eine ganze Reihe von Sparkassen, deren Eigenkapitalquoten ganz erheblich von den oben genannten Werten - sowohl nach unten, als auch nach oben - abweichen. Bereits eine Differenzierung des Sparkassensektors nach Verbandsbereichen macht deutlich, wie unterschiedlich die Eigenkapitalausstattung ausfällt. So erreichen etwa die Sparkassen des Verbandsbereichs Saarbrücken 1976 lediglich eine Eigenkapitalquote von 2,6 %, während diejenigen des Verbandsbereichs Hamburg immerhin eine solche von 3,7 %

---

1) Vgl. Abb. 9.

2) Vgl. Tabelle A 2.

3) Dierk HARTWIG: Die Sparkassen suchen neue Eigenkapitalquellen, in: Börsenzeitung, Jg. 1976, Nr. 253, S. 13.

4) Vgl. Tabelle A 51.

aufweisen können. Der Durchschnitt für alle Sparkassen im Bundesgebiet liegt dagegen 1976 bie 3,2 %[1].

Im Jahre 1962 waren die Unterschiede noch größer: Hier lag der Verbandsbereich Hamburg mit 4,4 % weitaus an erster Stelle, während die Sparkasse Berlin nur eine Quote von 2,4 % aufweisen konnte. Auch im Jahresvergleich werden die unterschiedlichen Entwicklungen deutlich: Bei den meisten Sparkassen ging der Eigenkapitalanteil - wenn auch nur geringfügig[2] - zurück; so sank auch der Bundesdurchschnitt von 3,4 auf 3,2 %. Demgegenüber konnten immerhin in drei Verbandsbereichen die Sparkassen den Eigenkapitalanteil erhöhen.

---

1) Vgl. Tabelle 15.

2) Hierbei ist allerdings zu berücksichtigen, daß die günstige wirtschaftliche Entwicklung in der Kreditwirtschaft 1975 und 1976 nicht unwesentlich zu einer Verbesserung der Eigenkapitalsituation der Sparkassen beigetragen hat; insofern "hinkt" der Vergleich der Jahre 1962 und 1976 etwas (vgl. hierzu aber den Verlauf der langfristigen Entwicklung in Abb. 9).

Tabelle 15: Eigenkapitalquoten der Sparkassen nach Verbandsbereichen 1962 und 1976 (in % des GV)

Verbandsbereich	Rücklagen in % der Bilanzsumme	
	1962	1976
Kiel	3,4	3,3
Hamburg	4,4	3,7
Hannover	3,1	3,0
Münster	3,6	3,6
Düsseldorf	3,5	3,3
Mainz 1)	3,6	3,3
Frankfurt	2,8	2,9
Stuttgart	3,4	3,2
Mannheim	3,4	3,3
München	3,1	3,2
Saarbrücken	3,1	2,6
Berlin (West)	2,4	2,7
Bundesgebiet insges.	3,4	3,2

1) 1962 Verbandsbereich Kaiserslautern.

Quelle: DEUTSCHER SPARKASSEN- UND GIROVERBAND: Jahresbericht 1962, Bonn 1963, S. 101; ders.: Jahresbericht 1976, Bonn 1977, S. 84 f.

Die in den vergangenen beiden Abschnitten kurz dargestellten Möglichkeiten der Kreditinstitute, sich Eigenkapital zu beschaffen, erklären sicherlich, wenn auch nur in beschränktem Maße, die unterschiedlichen Eigenkapitalquoten. Daß der Einfluß der verschiedenen Finanzierungsformen nur begrenzt ist, wird allerdings schon daran deutlich, daß die Eigenkapitalquoten selbst der Institutsgruppen (z.B. im Sparkassensektor; vgl. obige Tabelle 15) bei den einzelnen Banken differieren können.

Da der Sparkassensektor in seinen Eigenkapitalbeschaffungsmöglichkeiten aber bisher sehr beschränkt ist, greifen Vorschläge, die diesen Mangel beheben sollen, fast zwangsläufig auch auf Finanzierungsmöglichkeiten bei anderen Unternehmensformen zurück oder versuchen, sie zu modifizieren.

Die zumindest langfristig bestehende Notwendigkeit der Schaffung zusätzlicher Eigenkapitalquellen für die Sparkassen verdeutlicht STÄHR anhand einer Modellrechnung[1]. Er zeigt, daß - je nach Entwicklung der Zinsspanne - die Grundsätze über das Eigenkapital und die Liquidität von Kreditinstituten ganz erheblichen Einfluß auf den Bankbetrieb haben, wobei es u.U. zu einem Substanzverlust durch grundsatzmäßige Unterkapitalisierung kommen kann.

3.2.4. Vorschläge zur Verbesserung der Eigenkapitalstruktur der Sparkassen

Um eine Erhöhung des Eigenkapitals der Sparkassen zu erreichen, sind eine Reihe von Vorschlägen gemacht worden: Sie reichen von der Privatisierung über die Ausgabe von Genußscheinen bis hin zur stillen Beteiligung. Teilweise werden auch Beispiele der Eigenkapitalbildung ausländischer Sparkassen angeführt, wobei die höhere Eigenkapitalquote der Sparkassen in einigen Ländern besondere Erwähnung findet[2].

---

1) Hans Christoph STÄHR: Die Grundsätze über das Eigenkapital und die Liquidität von Kreditinstituten, in: Sparkasse, 94. Jg. (1977), S. 135 ff.

2) Im Bereich der EWG betrugen die Eigenkapitalquoten der Sparkassen 1975 beispielsweise in Belgien 4,7 %, in Dänemark 8,3 %, in Frankreich 5,4 % und Holland 4,8 %; diejenigen der Sparkassenzentralinstitute in Dänemark 8,9 %, in Italien 3,5 % und in Holland 3,9 % (EWG-SPARKASSEN-VEREINIGUNG: Bericht 1975/76, Brüssel o.J., S. 44 ff.).

Hierbei ist allerdings zu berücksichtigen, daß internationale Vergleiche - zumal der Relation Eigenkapital zum Bilanzvolumen - wenig sinnvoll sind, da sowohl die Rechtsformen als auch die geschäftspolitischen Zielsetzungen der Sparkassen in verschiedenen Ländern (Universal-, Spezial-, Trennbanksysteme) vor allem auch unter dem Gesichtspunkt der anders gearteten Risikostrukturen zu unterschiedlich sind[1].

An dieser Stelle sollen nur die wichtigsten Lösungsvorschläge erörtert werden, die zudem die Beibehaltung der gegenwärtigen Rechtsnorm vorsehen. In der nachfolgenden Übersicht 7 sind die hier zur Diskussion stehenden Möglichkeiten zusammengefaßt.

---

1) Hierauf weist auch GEIGER hin, wenn er schreibt, daß eine Chancengleichheit der Kreditinstitute nur dann gewährleistet ist, wenn sich die jeweiligen nationalen Anforderungen des Bankenaufsichtsrecht entsprechen (Helmut GEIGER: Bankpolitik, S. 170 f.).

Übersicht 7: Vorschläge zur Verbesserung der Eigenkapitalstruktur der Sparkassen

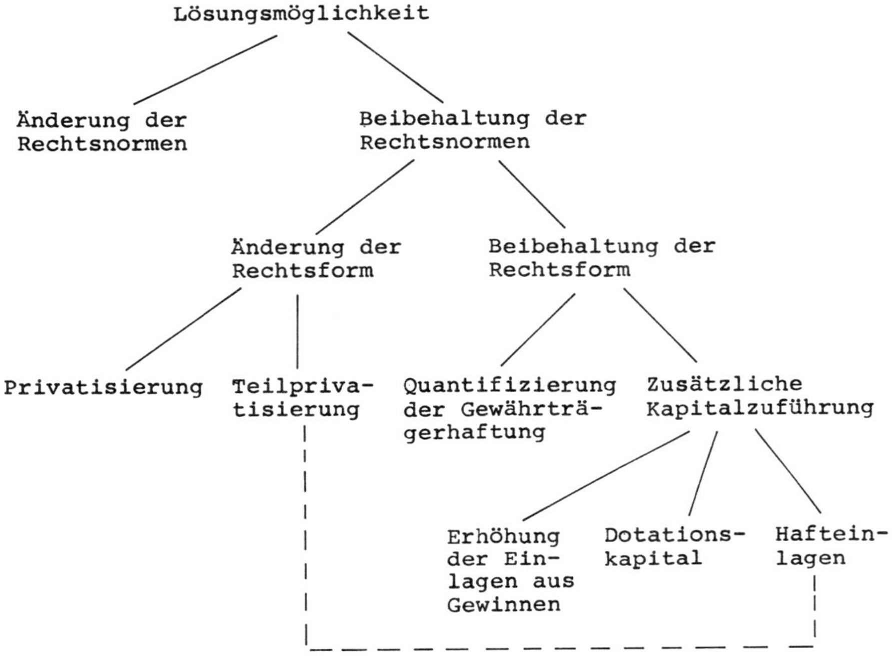

3.2.4.1. Privatisierung bzw. Teilprivatisierung

Die Beteiligung Privater als Anteilseigner an öffentlich-rechtlich organisierten Kreditinstituten ist nichts Ungewöhnliches. So können sich z.B. an der Deutschen Genossenschaftsbank - neben Bund und Bundesländern - auch juristische Personen und Handelsgesellschaften des Privatrechts beteiligen[1]. Die Zufuhr von Eigenkapital bei Sparkassen durch private Einlagen ist allerdings nur durch eine Änderung der derzeitigen gesetzlichen Regelungen möglich und würde bedeuten, daß der öffentlich-rechtliche Status der Sparkassen angetastet wird bzw. - z.B. bei einer Umwandlung in Aktiengesellschaften - völlig beseitigt würde; letzteres hätte zur Folge, daß die Sparkassen auch die gesetzlich geregelte unbeschränkte Gewährträgerhaftung verlieren würden. Voraussetzung für eine Beteiligung Privater ist eine angemessene Verzinsung des eingesetzten Kapitals. Dies verlangt aber wiederum eine entsprechend höhere Rentabilität der Sparkasseninstitute.

Der "Privatisierungsvorschlag"[2] sieht im einzelnen so aus, daß bis zu etwa 50 % des Sparkassenstammkapitals von privater Seite aufgebracht werden soll. Diese Kapitaleinlagen sollen mit einer 5-jährigen Kündigungsfrist verbunden sein und im Insolvenzfall wie eine Ausfallbürgschaft haften. Ein Jahr vor Ablauf der Kündigungsfrist verliert die einzelne Einlage ihren Eigenkapitalcharakter. Die Verzinsung erfolgt analog dem Zinssatz für langfristige Anleihen, erhöht um einen bestimmten Prozentsatz als "Risikoprämie". Um eine Mobilität der Einlage herzustellen, sollten die Anteile übertragbar sein, wobei die Mittlerrolle für die Übertragung auf andere Erwerber möglicherweise von der Sparkasse selbst übernommen wird. Hierbei könnten allerdings Probleme entstehen, denn Eigenkapitalzuführung von

---

1) Gesetz über die Deutsche Genossenschaftsbank und zur Änderung des Gesetzes über die Landwirtschaftliche Rentenbank vom 22.12.1975, § 3, in: BGBl I, S. 3171.

2) Vgl. zu diesem Vorschlag auch: O.V.: Banken und Marktwirtschaft, Thesen eines F.D.P.-Arbeitskreises, o.O. 1976, S. 4 ff.; o.V.: Private Beteiligung an öffentlich-rechtlichen Sparkassen, in: Zeitschrift für das gesamte Kreditwesen, 30. Jg. (1977), S. 158 f.; E. WAGNER: Plädoyer für die Sparkassen-Privatisierung, in: Frankfurter Allgemeine Zeitung, Nr. 248 vom 3.11.1976, S. 16.

privater Seite bedeutet nicht nur, daß einmalig ein bestimmter Betrag von Privatpersonen aufgebracht wird, sondern daß fortwährend für ausscheidende Anteilseigner rechtzeitig Ersatz gefunden wird und darüber hinaus auch in späteren Perioden Sparkassenkunden bereit sind, neue bzw. zusätzliche Anteile zu zeichnen.

Wie bei Aktiengesellschaften so soll auch beim "Privatisierungsvorschlag" den Kapitalgebern ein Mitspracherecht eingeräumt werden, und zwar in Form eines zu wählenden Treuhänderbeirates, der Informations- und Anhörungsrecht bei wesentlichen geschäftspolitischen Entscheidungen besitzt. Zudem wählen die Anteilseigner aus ihrer Mitte maximal ein Drittel der Mitglieder des Verwaltungsrates der Sparkassen. Der Verwaltungsrat würde sich somit aus drei Teilen zusammensetzen, nämlich der kommunalen, der bürgerschaftlichen und der Personalvertretung.

Für die Landesbanken gehen die Vorschläge zur Beschaffung von Eigenkapital noch weiter; sie sollen in Aktiengesellschaften umgewandelt werden[1].

Die hier dargestellte Spezifizierung des Vorschlages zur Privatisierung bzw. Teilprivatisierung der Sparkassen bedeutet zweifellos zumindest eine "Verwässerung" des öffentlich-rechtlichen Charakters dieser Kreditinstitutsgruppe. Zwar ist es sicherlich nicht ausschließlich negativ zu sehen, wenn durch die teilweise Besetzung des Verwaltungsrates mit Bürgern das politische Element im Sparkassen-

---

1) Ähnliche Überlegungen sind auch vom Präsidenten des Verbandes der freien deutschen Sparkassen, SPECKMANN, für die elf freien Sparkassen in der Bundesrepublik angestellt worden (o.V.: Freie Sparkassen als Aktiengesellschaften?, in: Frankfurter Allgemeine Zeitung, Nr. 248 vom 3.11.1976, S. 15).

aufsichtsgremium etwas zurückgedrängt wird[1], doch entsteht hierbei auch das Problem der Besetzung dieses Teils des Verwaltungsrates. Will man am Regionalprinzip festhalten, würde das bedeuten, daß sowohl die Anteilseigner selbst als auch die von den Anteilseignern zu wählenden Verwaltungsratsmitglieder aus dem Geschäftsbereich der Sparkassen stammen müssen. Dadurch würden ganz eindeutig Sparkassen in Ballungsgebieten bzw. kapitalstarken Regionen bevorteilt, während Institute in ländlichen bzw. strukturschwachen Gebieten nicht nur durch die möglicherweise fehlende Finanzkraft ins Hintertreffen gerieten, sondern auch auf die harte Konkurrenz der Kreditgenossenschaften, die ebenfalls an einer verstärkten Zeichnung von Geschäftsanteilen interessiert sind, stoßen würden.

Konzentrationstendenzen und Konkurrenzsituationen innerhalb des Sparkassensektors wären bei einer Privatisierung und damit stärker auf Gewinnerzielung ausgerichteten Geschäftspolitik fast zwangsläufig die möglichen Folgen. Denn Privatisierung (inkl. Mitspracherecht) würde auch bedeuten, daß sich Bestrebungen, die Beschränkungen der Geschäftstätigkeit (etwa durch Regionalprinzip, Gemeinnützigkeit) aufzuheben, verstärken würden. Diese Folgen laufen aber dem derzeitigen Organisationsaufbau in diesem Bereich der Kreditwirtschaft eindeutig zuwider und würden auch die gesamtwirtschaftlichen Zielsetzungen, die sich mit dem Sparkassensektor verbinden (beispielsweise Dezentralisierung der Kreditwirtschaft, Betonung der sozialen Komponente der Marktwirtschaft durch die Sparkassen, Wett-

---

1) BERG spricht sogar von einem "nahezu unbeschränkten Einfluß" der Kommunen auf die Leitung und Verwaltung der Sparkassen (Gerhard BERG: Der Wettbewerb zwischen den privaten Hypothekenbanken und den im langfristigen Kreditgeschäft tätigen öffentlich-rechtlichen Kreditinstituten, S. 70).

bewerb zwischen drei etwa gleich großen Bankengruppen[1]), konterkarieren.

3.2.4.2. Quantifizierung der Gewährträgerhaftung

Ähnlich wie beim Haftsummenzuschlag der Kreditgenossenschaften könnte (nach diesem Vorschlag) auch bei den Sparkassen die Haftung der Gewährträger (Gemeinde, Kreis, Stadt, Land) stärker berücksichtigt werden, und zwar in Form eines Zuschlags zum haftenden Eigenkapital, der bei der Berechnung der Kreditobergrenze nach Grundsatz I als Eigenkapital herangezogen werden kann. Dieser Zuschlag wäre von den Kommunen erst im Konkursfall aufzubringen. Diese öffentliche Haftung bietet den Gläubigern dieser Kreditinstitute eine zusätzliche Garantie, die den besonderen Sicherheitsstatus öffentlich-rechtlicher Kreditinstitute begründen würde.

Problematisch bei diesem Vorschlag ist allerdings vor allem die Festsetzung der Bemessungsgrundlage, die für die Höhe des anzuerkennenden Zuschlags die Grundlage bilden soll; problematisch deshalb, weil die Bemessungsgrundlage nicht nur zum Zeitpunkt der Einführung der quantifizierten Gewährträgerhaftung eine möglichst optimale Lösung darstellen soll, sondern auch in der darauffolgenden Zeit. D.h. die Bemessungsgrundlage muß so flexibel gehandhabt werden können, daß sie auch der zukünftigen Geschäftsentwicklung der Sparkassen Rechnung trägt. Eine Lösung, die eine mehr oder weniger starre Festsetzung vorsehen würde, hätte zur Folge, daß die öffentlich-rechtlichen Institute nach einiger Zeit wiederum auf ihre aus dem Gewinn zu bildenden

---

1) Ausführlich wird hierauf eingegangen bei: F. HERMANNS: Zur Bedeutung der Sparkassen im deutschen Bankensystem, in: Sparkassen international, Jg. 1977, Nr. 1, S. 17-19.

Rücklagen als einzigem flexiblen Instrument angewiesen wären. Unter diesem Aspekt sind z.B. die Vorschläge zu sehen, die die Rücklagen oder das Steueraufkommen der Gewährträger als Bemessungsgrundlage heranziehen wollen.

Bemißt sich der Haftungszuschlag beispielsweise analog der Haftsummenzuschlagsverordnung bei Genossenschaftsbanken auf 50 % des bereits vorhandenen Eigenkapitals, würde sich die Eigenkapitalquote der Sparkassen von 3,2 % (1976) auf 4,80 % und die der Girozentralen von 2,3 % auf 3,45 %[1] erhöhen. Durch die Begrenzung auf die Hälfte der durch Gewinnthesaurierung angesammelten Rücklagen machten diese zwar den Hauptanteil am haftenden Eigenkapital aus - und auch ein Anreiz zur weiteren Bildung von Eigenkapital aus Gewinnen wäre gegeben -, doch würde eine Fortsetzung der bisher zu beobachtenden langfristig fallenden Tendenz der Eigenkapitalquoten[2] auch den relativen Zuschlagsbetrag laufend sinken lassen; d.h.,daß relativ sinkende Rücklagen auch einen relativ sinkenden Zuschlag und damit insgesamt doch wieder fallende Eigenkapitalquoten zur Folge haben. Hinzu kommt, daß eine Eigenkapitalquote der Sparkassen aufgrund eines 50 %-Anteils in der obengenannten Größenordnung, wie sie derzeit nur noch von den Privat- und Teilzahlungsbanken sowie den Zweigstellen ausländischer Banken übertroffen wird, vermutlich zu ganz erheblichen Widerständen in der übrigen Kreditwirtschaft führen würde.

Ein anderer Lösungsvorschlag, der außerdem vermeiden würde, daß diejenigen Sparkassen, die bisher die niedrigsten Rücklagen haben, auch den geringsten Zuschlag erhalten, orientiert sich primär an der "Einkommenssituation" der Gewährträger; denn er legt die Steuerkraft als Bemessungsbasis

---

1) Vgl. hierzu die Zahlen für 1976 in Tabelle A 18.

2) Vgl. Tabelle 13.

(z.B. gewogener Durchschnitt der letzten 10 Kommunalhaushalte) zugrunde[1]. Damit würde dem Wachstum der Geschäftsvolumina der Institute besser Rechnung getragen, ohne daß die Rücklagen aus Gewinnthesaurierung in gleichem Umfang mitwachsen müssen. Zwar wäre bei diesem Weg auch das tatsächliche Haftungspotential (Steuerkraft) der Kommunen stärker berücksichtigt, doch würde diese Lösung auch bedeuten, daß im Extremfall die Eigenkapitalquote langfristig gegen Null geht und das haftende Kapital ausschließlich aus dem Zuschlag besteht. Damit wären aber die Sparkassen in ganz erheblichem Maße, was ihre Kapitalausstattung betrifft, von der Entwicklung der Kommunen bzw. speziell von der Entwicklung der Steuerkraft in den Kommunen abhängig. Um diese Schwierigkeit zu umgehen, wäre allein eine "kombinierte" Bemessungsgrundlage denkbar, die (möglicherweise zu gleichen Teilen) an der Steuerkraft des Gewährträgers als auch an der Selbstfinanzierungskraft des Instituts ansetzt.

Die Quantifizierung der Gewährträgerhaftung analog dem Haftsummenzuschlag der Genossen wirft allerdings ein grundsätzliches Problem auf: Während bisher die Haftung der Gemeinden bzw. Länder im Insolvenzfall einer Sparkasse praktisch unbegrenzt ist, folgt aus dem Charakter der Haftsumme als Zuschlag, daß sie in einem bestimmten Verhältnis zum Eigenkapital stehen muß, d.h. die Obergrenze für die Ermittlung des Zuschlages ist in jedem Fall das vorhandene Kapital selbst. Damit aber wäre die Haftung der Gewährträger, wie sie bisher besteht, ganz erheblich eingeschränkt, im Extremfall einer gegen Null tendierenden Eigenkapitalquote sogar gänzlich aufgehoben. Um das zu verhindern, wäre es also notwendig - abweichend vom Beispiel der Kreditgenossenschaften -, neben der quantifizierten Gewährträger-

---

1) Vgl. hierzu auch das nachfolgende Kapitel 3.2.4.3., das sich u.a. mit der finanziellen Situation der Kommunen beschäftigt.

haftung auch weiterhin die unbeschränkte Haftung der Kommunen beizubehalten. Damit erscheint aber dieser Vorschlag in sich nicht mehr konsistent. Zudem bliebe von rein rechtlicher Seite aus gesehen als Grundvoraussetzung zu klären, ob der Haftungszuschlag vom Gesetzgeber überhaupt als "haftendes Eigenkapital" anerkannt wird. Da es sich hierbei im wesentlichen aber um ein juristisches Problem handelt, soll dieser Aspekt in dieser Arbeit nicht weiter verfolgt werden[1)].

Zwar bedeutet der Vorschlag der Quantifizierung der Gewährträger - wie auch immer der Haftungszuschlag spezifiziert wird - für die Kommunen eine "billige" Lösung der Eigenkapitalprobleme "ihrer" Kreditinstitute[2)] und für die Sparkassen einen größeren Spielraum für die Geschäftspolitik, aber "echtes" Kapital wird den Instituten dadurch nicht zugeführt.

Bevor weitere Lösungsmöglichkeiten, die jedoch "echte" Kapitalzuführungen unter Beibehaltung der Rechtsform vorsehen, dargestellt werden, soll vorher kurz die finanzielle Situation der Länder und Gemeinden beleuchtet werden, um festzustellen, ob grundsätzlich eine Inanspruchnahme der Gewährträger zum Zwecke der Eigenkapitalzuführung zum gegenwärtigen Zeitpunkt aus haushaltspolitischen Gründen überhaupt praktikabel erscheint.

---

1) Zur rechtlichen Diskussion des Begriffs "haftendes Eigenkapital" vergleiche im übrigen auch: Dirk SCHMIDT: Das nachrangige Haftkapital, in: Sparkasse, 94. Jg. (1977), S. 80.

2) Solange kein Insolvenzfall eintritt.

3.2.4.3. Exkurs: Die finanzielle Situation der Länder und Gemeinden

Die im Anhang angeführten Tabellen A 52 und A 53 zeigen, in welchen Größenordnungen sich die Schulden der Länder und Gemeinden bewegen. Dabei sind als Bezugsgrößen die jeweiligen Steuereinnahmen angeführt.

Auffallend ist vor allem die Diskrepanz zwischen Steuereinnahmen und Verschuldung bei den Gemeinden: Beliefen sich die Einnahmen aus Steuern 1962 noch auf Beträge, die in etwa die gleiche Größenordnung wie die Verschuldung hatten, reduzierte sich diese Relation bis 1976 auf etwa 1 : 2, d.h. die Steuereinnahmen der Gemeinden machten 1976 nur noch etwa die Hälfte der gesamten Verschuldung aus.

Demgegenüber sieht die Situation der Länder etwas "rosiger" aus: Bei den Bundesländern liegen die Steuereinnahmen im hier betrachteten Zeitraum immer über der Verschuldung, allerdings reduziert sich auch hier das Verhältnis laufend zuungunsten der Steuereinnahmen; 1976 liegen sie nur noch um knapp 10 % über den Schulden, während sie 1962 noch mehr als doppelt so hoch waren.

Das negative Bild läßt sich auch anhand der Einnahmen-Ausgaben-Rechnung der öffentlichen Hand verdeutlichen: Sowohl der Finanzierungssaldo der Gemeinden als auch der der Länder ist in den letzten Jahren negativ gewesen. Bei den Ländern bewegte er sich zwischen -1,5 Mrd. DM (1972) und -9,1 Mrd. DM (1974) und bei den Gemeinden zwischen -4,9 Mrd. DM (1973) und -9,0 Mrd. DM (1971)[1].

---

1) STATISTISCHES BUNDESAMT: Statistisches Jahrbuch 1975 für die Bundesrepublik Deutschland, Stuttgart-Mainz 1975, S. 402 f.; dass.: Statistisches Jahrbuch 1977 für die Bundesrepublik Deutschland, Stuttgart-Mainz 1977, S. 392 f.

Die folgende Abbildung 28 gibt nun einen kleinen Überblick über die Entwicklung der bankfinanzierten Verschuldung der Länder und Gemeinden[1], d.h. sie verdeutlicht, in welchem

Abb. 28: Der Anteil der Bankkredite an der Verschuldung der Länder und Gemeinden in %

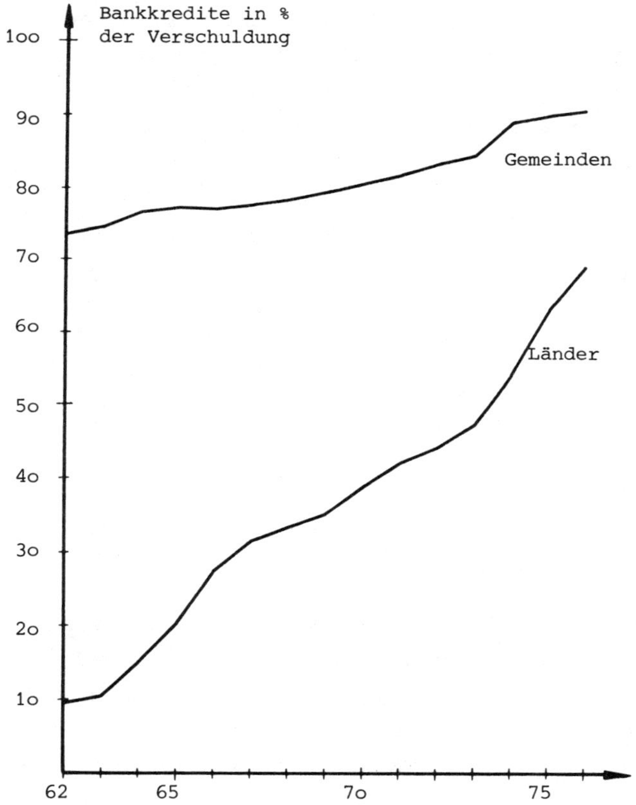

Quelle: Tabellen A 52 und A 53 im Anhang.

1) Vgl. zur Schuldenstruktur von Bund, Ländern und Gemeinden auch: Richard R. KLEIN: Kommunale Schuldenpolitik, Schriften des Deutschen Instituts für Urbanistik, Bd. 61, Stuttgart, Berlin, Köln, Mainz 1977, S. 214 ff.

Maße die Kreditwirtschaft als Gläubiger der öffentlichen Hand auftritt.

Während bei den Gemeinden ein "leichtes" kontinuierliches Ansteigen der Bankkredite zu verzeichnen ist (der Anteil der Bankschulden an der Gesamtverschuldung erhöhte sich 1976 auf 90,6 % gegenüber 73,7 % im Jahre 1962), fällt die Steigerung bei den Ländern wesentlich höher aus: Betrugen die Bankschulden 1962 lediglich 9,5 %, erhöhte sich dieser Anteil im betrachteten Zeitraum um mehr als das Siebenfache und betrug 1976 bereits 68,9 %. Zur Verdeutlichung noch einmal die folgende Gegenüberstellung:

		Gemeinden	Länder
Verschuldung insgesamt (in Mrd. DM)	1962:	15,1	13,4
	1976:	74,4	82,2
Steigerung (in %):		392,7	513,4
Bankkredite (in Mrd. DM)	1962:	11,1	1,3
	1976:	67,4	56,6
Steigerung (in %):		507,2	4 253,8

Demgegenüber geht zwangsläufig der Anteil der Finanzintermediäre (Versicherungen, Bausparkassen, sonstige Kreditgeber) an der öffentlichen Verschuldung immer weiter zurück und beträgt bei den Gemeinden nur noch knapp 10 % und bei den Ländern lediglich noch etwa 30 % (nach über 90 % im Jahre 1962!).

Für den Bereich der Gemeinden läßt sich die bankfinanzierte Verschuldung im übrigen noch nach den Kreditgebern (Sparkassensektor, sonstige Kreditinstitute) aufschlüsseln.

Abb. 29: Anteile der Bankverschuldung der Gemeinden nach Kreditinstitutsgruppen (in % der Gesamtverschuldung)

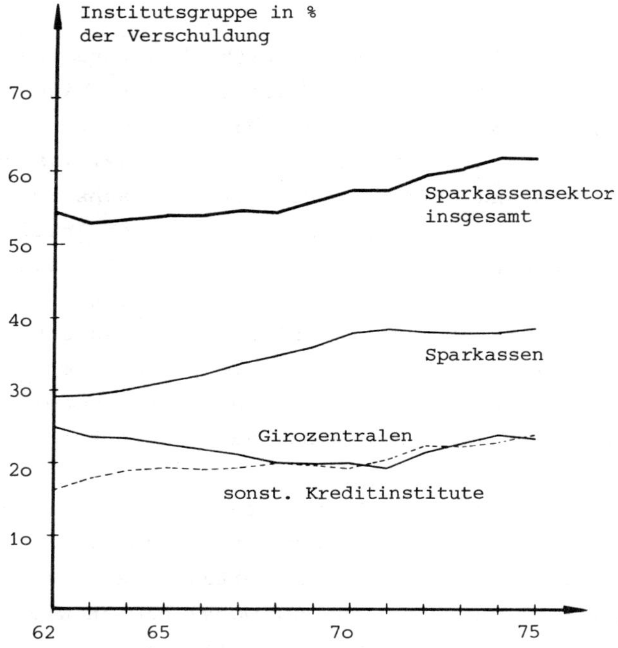

Quelle: Tabelle A 54 im Anhang.

Während die Sparkassen bis zum Jahre 1971 eine kontinuierliche Steigerung ihres Anteils von 29,1 % auf 38,3 % verzeichneten, ging der Schuldenanteil der Girozentralen in nicht ganz dem gleichen Maße von 25,0 % auf 19,2 % zurück, so daß sich der Anteil des gesamten Sparkassensektors nur wenig - um 3,4 %-Punkte (von 54,1 % auf 57,5 %) - erhöhte. Ab dem Jahre 1972 stagniert dann der Sparkassenanteil, während die Gemeindeschulden bei den Girozentralen auch relativ wieder zunehmen. Insgesamt verschuldeten sich die Gemeinden 1975 zu 61,8 % beim Sparkassensektor, wovon 38,5 % auf die Sparkassen selbst und 23,3 % auf ihre Zentralinstitute entfielen. Die Differenz zwischen beiden Gruppen hat sich gegenüber 1962 stark vergrößert[1].

Auch die sonstigen Kreditinstitute (Privatbanken, Kreditgenossenschaften etc.) konnten ihren Anteil als Gläubiger erhöhen, und zwar von 16,2 % (1962) auf 23,9 % (1975). Damit haben sie nicht nur die Girozentralen überflügelt, sondern auch den mit Abstand stärksten relativen Zuwachs im hier betrachteten Zeitraum zu verzeichnen, denn ihr Anteil steigerte sich um nahezu 50 % (gegenüber 14 % des Sparkassensektors). Trotzdem trifft die allgemeine Bezeichnung der Sparkassen als "Hausbanken" der Gemeinden ganz offensichtlich auch weiterhin zu, denn sie stellen mehr als 60 % der benötigten Fremdfinanzierungsmittel zur Verfügung, wobei dieser Anteil gegenüber 1962 noch ausgebaut werden konnte.

Die hier angeführten Daten bzw. Übersichten machen deutlich, daß Länder und Gemeinden nicht nur stark verschuldet sind, sondern daß diese Fremdmittel auch zum weitaus überwiegenden Teil bei Banken aufgenommen werden, wobei hieran wiederum die Sparkassen schwergewichtig beteiligt sind. Unter diesen Aspekten erscheinen Vorschläge zur Eigenkapitalerhöhung der Sparkassen mit öffentlichen Mitteln nicht sehr erfolgversprechend zu sein, zumal sie auch auf sehr wenig Gegenliebe bei den Stadtkämmerern stoßen dürften. Dies trifft hier im wesentlichen für die weiter unten behandelte Möglichkeit der Zuführung von Dotationskapital zu.

---

1) Zu einem etwas anderen Ergebnis gelangt man jedoch, wenn man sämtliche öffentliche Haushalte in die Analyse einbezieht. Vgl. deshalb oben Kapitel 2.3.4.1. (a) sowie Abb. 10.

3.2.4.4. Verstärkte Gewinnthesaurierung

Die naheliegendste Möglichkeit, die Eigenkapitalausstattung öffentlich-rechtlicher Kreditinstitute zu verbessern, ist zweifellos eine verstärkte Gewinnthesaurierung. Dies läßt sich durch Erhöhung der Betriebsgewinne und/oder Einschränkung der Ausschüttungen an die Gewährträger erreichen. Letzteres bedeutet, daß die Finanzierung gemeinnütziger Einrichtungen aus Gewinnen der Sparkassen weitgehend eingestellt wird bzw. daß die Gemeinden grundsätzlich auf die Sparkassengewinne als Einnahmequelle völlig oder zumindest weitgehendst verzichten.

Oben[1] wurde bereits auf die Entwicklung des Jahresüberschusses bzw. des Bilanzgewinns der Sparkassen eingegangen. Vom Jahresüberschuß (im Durchschnitt etwa 0,3 % des Bilanzgewinns) wird ein Anteil von etwa 7 bis maximal 10 % an die öffentliche Hand (unterschiedlich je nach Sparkassengesetz des Bundeslandes) abgeführt. Setzt man hierzu die Steuereinnahmen (knapp 38 Mrd. DM 1976) und die Verschuldung der Gemeinden (über 74 Mrd. DM, davon allein 67 Mrd. DM bei Banken bzw. über 45 Mrd. DM beim Sparkassensektor) in Beziehung, so stellt man fest, daß die Gewinnausschüttungen der Sparkassen nur in völlig untergeordnetem Maße zur Finanzierung der öffentlichen Hand beitragen. Zudem ist hierbei zu berücksichtigen, daß die Gemeinden ganz erhebliche Mittel in Form von zinsgünstigen Kommunaldarlehen seitens der Sparkassen sparen bzw. ihnen indirekt Mittel zufließen, die den Gewinn der Sparkassen reduzieren[2]. Würden nun die Gemeinden auf die Sparkassen als Einnahmequelle verzichten und der gesamte Jahresüberschuß dieser Institute den Rück-

---

1) Vgl. Abschnitt 2.4.3.

2) 1975 z.B. belief sich der Anteil der Kredite an öffentliche Haushalte an allen langfristigen Krediten der Sparkassen an Nichtbanken auf fast 40 % (DEUTSCHER SPARKASSEN- UND GIROVERBAND: Jahresbericht 1976, S. 14).

lagen zugeführt, würde dies ohne Zweifel eine - wenn auch nur geringe - Verbesserung der Eigenkapitalsituation der Institute bedeuten. In den Jahren 1970 bis 1974 betrug die Gewinnausschüttung an die Gewährträger durchschnittlich etwa 8 % des Jahresüberschusses (= 49 Mio. DM)[1]. Summiert man diese Gewinnabführungen z.B. für den Zeitraum 1968 bis 1976 auf, ergibt sich ein Betrag von ca. 450 Mio. DM. Addiert zu den 1976 vorhandenen Rücklagen in Höhe von 11 441 Mio. DM[2] würde das die Eigenkapitalquote der Sparkassen von 3,2 % auf fast 3,4 % erhöhen, wobei die "Subventionen" durch günstige Zinskonditionen nicht einmal berücksichtigt sind.

Neben dieser Möglichkeit der Rücklagenverstärkung muß natürlich auch von seiten der öffentlich-rechtlichen Kreditinstitute versucht werden, alle Möglichkeiten zu einer Erhöhung der Rentabilität auszunutzen. Das könnte allerdings auch - neben Rationalisierungsmaßnahmen - eine verstärkte Ausrichtung der Geschäftspolitik auf Gewinnmaximierung (mit möglicherweise Konzentrationstendenzen als Folgeerscheinung) hervorrufen[3]. Zwar ist den Sparkassen

---

1) Peter F. BUCHHOLZ: Die Wertschöpfung von Großbanken und Sparkassen - ein wettbewerbspolitischer Vergleich, in: Sparkasse, 92. Jg. (1975), S. 296.

2) DEUTSCHER SPARKASSEN- UND GIROVERBAND: Jahresbericht 1976, S. 85.

3) Das würde z.B. auch eine Abkehr von der Kommunalkreditvergabe - entgegen der nach der Gemeindehaushaltsreform erwarteten Ausweitung dieser Geschäftstätigkeit (Werner EHRLICHER u.a.: Die Auswirkungen der Gemeindehaushaltsreform auf die finanziellen Beziehungen zwischen Sparkassen und Gemeinden, Forschungsberichte (Hrsg.: Gesellschaft zur Förderung der wissenschaftlichen Forschung über das Spar- und Girowesen), Bd. 1, Stuttgart 1975, S. 70 ff. - bedeuten; denn Kommunalkredite bleiben zwar bei der Grundsatz I-Regelung unberücksichtigt, doch würde eine Verstärkung dieses Kreditgeschäfts negative Auswirkungen auf die Gewinnentwicklung und damit auch auf die Eigenkapitalausstattung haben (vgl. auch: Fritz KULINS: Aktuelle Zielkonflikte der Geschäftspolitik, in: Deutscher Sparkassen- und Giroverband: Sparkassen-Prüfertag 1973, Stuttgart 1974, S. 64).

durch die Landessparkassengesetze ein Handeln nach dem Gemeinnützigkeitsprinzip auferlegt, doch kann nicht auf der einen Seite argumentiert werden, Eigenkapital sei aus Gewinnen zu bilden, wenn auf der anderen Seite Gewinnerzielungsmöglichkeiten - sei es durch Gewinnabführungs- oder Geschäftspolitikvorschriften - stark beschränkt werden. Zukünftige geschäftspolitische Schwerpunkte der Sparkassen müßten daher z.B. im Kreditgeschäft bei Kreditarten liegen, die hohen Ertrag und große konjunkturelle Flexibilität aufweisen. Das würde eine Strukturverschiebung zugunsten kurz- und mittelfristiger Kredite bedeuten[1]. Beim Provisionsgeschäft wäre eine Überprüfung der Gebühren unumgänglich, was zur Folge hätte, daß vom Kunden z.T. erheblich höhere Preise für die Dienstleistungen der Sparkassen gezahlt werden müßten.

Allerdings darf bei der Diskussion dieser Ansätze nicht vergessen werden, daß die Möglichkeiten der Sparkassen - vor allem auch unter wettbewerbspolitischen Gesichtspunkten - sehr begrenzt sind. Dies zeigt auch der "Erfolgsvergleich" der Sparkassen[2], aus dem hervorgeht, daß bei stark steigenden "Handlungskosten" der Reingewinn (mit Ausnahme der letzten Jahre) kontinuierlich zurückgegangen ist. Zudem läßt sich leicht nachweisen, daß eine Zunahme der Eigenkapitalrelation voraussetzt, daß die Gewinne stärker steigen als die Bilanzbestände, was - vor allem auch bei einer inflationsbedingten Aufblähung der Bilanzvolumina[3] - kaum möglich erscheint.

---

1) Fritz KULINS: Aktuelle Zielkonflikte der Geschäftspolitik, S. 64.

2) Vgl. Tabelle A 51.

3) Vgl. hierzu auch die Beispielrechnung bei: Karl Peter HASENKAMP: Wachstum und Eigenkapitalentwicklung der Kreditinstitute bei Geldentwertung, in: Betriebswirtschaftliche Blätter für die Praxis der Sparkassen und Landesbanken/Girozentralen, 23. Jg. (1974), S. 16 f.

3.2.4.5. Gewährung von Dotationskapital

Ein weiterer Vorschlag, der die Zuführung von zusätzlichem Kapital zum Gegenstand hat, sieht die Bereitstellung von Dotationskapital vor[1]. Danach stellen die Gewährträger den Sparkassen entsprechende Mittel zur Verfügung, die die Funktion von Eigenkapital übernehmen. Eine zwingende gesetzliche Regelung, die es einer öffentlich-rechtlichen Sparkasse verbietet, Dotationskapital zu besitzen, gibt es nicht. Vielmehr ist das Fehlen von Dotationskapital lediglich historisch bedingt[2].

Da die Kommunen aber bereits jetzt hoch verschuldet sind[3], stellt sich bei diesem Vorschlag die Frage, woher das Dotationskapital kommen soll, wenn Barmittel nicht vorhanden sind. Als Lösungsmöglichkeit wird hier eine "zweckgebundene" Verschuldung der Gewährträger bei ihren Kreditinstituten genannt, wobei dann allerdings Eigenkapitalschöpfung aus Krediten betrieben würde; selbst eine entsprechende Verzinsung der Kredite zu Marktbedingungen würde an dieser Tatsache nichts ändern. Es finden also Transaktionen zwischen Gewährträgern und Kreditinstituten statt, die lediglich durch Umbuchungen vorgenommen werden, ohne daß tatsächlich zusätzliche finanzielle Mittel zur Verfügung gestellt werden.

---

1) Sparkassen des privaten Rechts, die als öffentliche Sparkassen anerkannt sind (freie Sparkassen), besitzen zum Teil bereits Dotationskapital. Ebenso andere öffentlich-rechtliche Kreditinstitute, wie z.B. Deutsche Siedlungs- und Landesrentenbank, Badische Kommunale Landesbank - Girozentrale, Deutsche Girozentrale - Deutsche Kommunalbank (vgl. Wettbewerbsenquête, S. 53).

2) Vgl. ebenda.

3) Vgl. hierzu die vorangegangenen Ausführungen in Kapitel 3.2.4.3.

Da auch für die Sparkassen die Verpflichtung zu einer angemessenen Verzinsung ihres (Eigen-) Kapitals, unabhängig von der bilanzmäßigen Bezeichnung des zu verzinsenden (Eigen-) Kapitals[1] besteht, hätte das zur Folge, daß die Sparkassen das ihnen von den Kommunen zur Verfügung gestellte Dotationskapital verzinsen müßten. Letztendlich würde dieser Vorschlag also bedeuten, daß die Kommunen bei den Sparkassen entsprechende Kredite aufnehmen, diese Beträge den Kreditinstituten wieder als Dotationskapital zur Verfügung stellen, außerdem Kreditzinsen zahlen, während andererseits die Sparkassen das Dotationskapital verzinsen.

Der einzige positive Aspekt, auf diese Art die Eigenkapitalausstattung der Sparkassen zu verbessern, ist darin zu sehen, daß die öffentlich-rechtlichen Kreditinstitute in zweifacher Hinsicht vom Dotationskapital profitieren: Zum einen erhöht dieses Kapital ihre Eigenmittel und damit auch ihren Kreditspielraum, zum anderen belastet der für die Bereitstellung des Dotationskapitals notwendige Kredit an die Kommunen nicht den durch die Grundsatz I-Regelung begrenzten Kreditspielraum, da öffentliche Kredite wie gesagt nicht unter diese Regelung fallen.

Inwieweit es sich bei einer Beteiligung der Kommunen an den Sparkassen "um eine ertragbringende Anlage, die sich für die Kommune aus vielerlei Sicht letztlich bezahlt macht"[2], handelt, hängt ganz entscheidend von den auszuhandelnden Konditionen ab. Die Einräumung niedriger Kreditzinsen ist für die Gemeinden sicherlich sehr vorteilhaft, bedeutet für die Sparkassen aber eine Gewinnreduzierung, die sich wiederum in verringerten Möglichkeiten, Eigenkapital zu bilden, niederschlägt.

---

1) Vgl. Wettbewerbsenquête, S. 53.

2) Hans-Ludwig OBERBECKMANN: Die Eigenkapitalausstattung der Sparkassen, in: Sparkasse, 94. Jg. (1977), S. 38.

3.2.4.6. Hafteinlagen

In eine ähnliche Richtung wie der am Anfang dargestellte Vorschlag der Privatisierung bzw. Teilprivatisierung zielt auch das hier zuletzt behandelte Modell der Eigenkapitalbeschaffung, die (nachrangige) Hafteinlage. Der Unterschied zum ersten Vorschlag besteht vor allem darin, daß zwar auch haftendes Kapital zugeführt wird, aber ohne die öffentlich-rechtliche Struktur der Kreditinstitute und die Bindung an den Gewährträger zu beeinflussen.

Zwei Möglichkeiten stehen hierbei zur Auswahl: Zum einen die stille Einlage, die entweder vom Gewährträger oder von der Sparkassenorganisation (möglicherweise über die Bildung von privatrechtlichen Gesellschaften[1]) aufgebracht wird und zum anderen die Einlage von Privaten. Beiden Möglichkeiten gemeinsam ist, daß das Kapital langfristig zur Verfügung gestellt wird und - im Falle eines Verlustes des Kreditinstituts - erst nach Befriedigung aller anderen Gläubiger zurückgefordert werden kann; daher die Bezeichnung "nachrangig". HADDING/SCHNEIDER[2]) definieren nachrangiges Haftkapital als Kapital,

> *"das dem Kreditinstitut für einen längeren Zeitraum auf schuldrechtlicher Basis überlassen ist, das damit die Liquidität des Kreditinstituts verbessert und das für die Deckung von Verlusten den allgemeinen Gläubigern des Kreditinstituts nach dem unternehmensrechtlichen Eigenkapital und den stillen Reserven zur Verfügung steht oder zumindest erst nach den allgemeinen Gläubigern zu befriedigen ist".*

---

1) Denkbar wären z.B. auch öffentlich-rechtliche Sparkassenförderungsgesellschaften.

2) Walter HADDING/Uwe H. SCHNEIDER: Nachrangiges Haftkapital bei Kreditinstituten in ausländischen Rechtsordnungen - Eine rechtsvergleichende Untersuchung, in: Sparkasse, 94. Jg. (1977), S. 390 f.

Die stille Einlage, die aus der Sparkassenorganisation selbst kommt (z.B. von einer privatrechtlichen Gesellschaft, die von einem Sparkassenregionalverband getragen wird), ist sicherlich nur eine Übergangslösung für einzelne Institute[1], die ihren begrenzten Kreditspielraum ausgeschöpft haben. Eine langfristige Lösung bzw. eine Lösung der Eigenkapitalproblematik aller Sparkassen ist dies sicherlich nicht.

Der Vorschlag der stillen Einlage des Gewährträgers braucht hier nicht weiter verfolgt zu werden, da er im wesentlichen mit den gleichen Problemen verbunden ist wie die Bereitstellung von Dotationskapital. Bliebe als Lösungsvorschlag nur noch die Hafteinlage von privater Seite.

Die private Hafteinlage bedeutet für den Einleger (z.B. Kunden des Instituts) kein Eigentumsrecht und daher auch keine Mitwirkung bei der Unternehmenspolitik[2]. Sie übernimmt - wie das Eigenkapital - Haftungs- bzw. Risikofunktion und würde somit den Anforderungen des Gesetzgebers genügen[3]. Als Äquivalent für das höhere Risiko erhält der Kapitalgeber einen erhöhten Zins. Die Einlage muß außerdem langfristiger Natur sein und mit einer entsprechenden Kündigungsfrist versehen sein[4], um so eine langfristige Pla-

---

1) Außerdem ist zu berücksichtigen, daß der stille Gesellschafter generell nicht für Verbindlichkeiten der stillen Gesellschaft haftet. Seine Einlage stellt im Konkursfall eine Konkursforderung gegenüber dem "Inhaber" dar Herbert VORMBAUM: Finanzierung der Betriebe, Wiesbaden 1964, S. 49).

2) Anders hier der Vorschlag der F.D.P. (Banken und Marktwirtschaft, Thesen eines F.D.P.-Arbeitskreises, S. 6 f.), der Mitbestimmungs- oder Mitspracherecht der Einleger vorsieht. Das aber wiederum käme zweifelsohne einer Teilprivatisierung gleich.

3) KWG § 10 Abs. 4. Ähnlich auch: Dirk SCHMIDT: Das nachrangige Haftkapital, S. 83.

4) Z.B. Fest- oder Kündigungsgeld mit einer Laufzeit von sieben Jahren und einer Kündigungsfrist von mindestens zwei Jahren.

nung des Kreditgeschäfts und des Eigenkapitalbedarfs zu ermöglichen. Wird zudem die jährliche Rückzahlungsquote dieser Einlagen begrenzt, bedeutet das für die Kreditinstitute, daß die Zahl der ausscheidenden Kapitalgeber begrenzt und damit auch der Umfang der Werbung neuer Einleger reduziert bzw. erleichtert wird.

Der große Vorteil der Hafteinlage gegenüber allen anderen hier dargestellten Vorschlägen liegt vor allem darin, daß die Beschaffung von Eigenkapital mittels einer solchen Hafteinlage auch jedem anderen Kreditinstitut - unabhängig von der Rechtsform - zur Verfügung stehen würde[1]. Es handelt sich hierbei also nicht um eine mögliche Besserstellung einer einzelnen Kreditinstitutsgruppe; möglichen Einwänden der anderen Institute gegen diesen Vorschlag wäre also bereits vorgebeugt. Mit der Einführung haftender Einlagen wäre den öffentlich-rechtlichen Kreditinstituten die Möglichkeit gegeben, Eigenkapital über den Kapitalmarkt (möglicherweise lokal begrenzt) zuzuführen, wobei die Organisationsform unverändert bliebe und der Einfluß der kommunalen Gewährträger nicht angetastet würde. Die Bildung zusätzlichen Eigenkapitals auf diese Art wäre auch möglich durch eine Umwandlung bereits bestehender Einlagen in Hafteinlagen. Durch diese Verschiebung in der Passivstruktur würden zwar keine zusätzlichen Mittel zugeführt, aber die haftenden Mittel und damit auch die Eigenkapitalquote würden auf jeden Fall verstärkt.

---

1) In verschiedenen europäischen Ländern kennt man nachrangiges Haftkapital, das auf der Grundlage von Obligationen hereingenommen wird. Vgl. hierzu die Übersicht bei: Walther HADDING/ Uwe H. SCHNEIDER: Nachrangiges Haftkapital bei Kreditinstituten in ausländischen Rechtsordnungen, S. 391 ff.

3.3. Die Problematik einer optimalen Kapitalstruktur

Die für Industrieunternehmen bestehenden, allerdings auch dort nicht unumstrittenen "Bilanzregeln"[1], wie z.B. die Forderung nach Übereinstimmung der Fristigkeiten einzelner Bilanzpositionen[2], sind auch (und gerade) in der Kreditwirtschaft nicht ganz unproblematisch. So fordert z.B. die "goldene Bilanzregel", daß das Eigenkapital dem Anlagevermögen entsprechen bzw. das kurzfristige Fremdkapital nicht größer als das kurzfristig liquidierbare Umlaufvermögen sein soll; ferner heißt es, das Fremdkapital darf das Eigenkapital nicht übersteigen.

Auf Kreditinstitute angewandt hieße das, daß die Banken die Laufzeiten ihrer Kredite so bemessen sollten, daß sie gegenüber ihren Einlegern jederzeit zahlungsfähig bleiben. Diese auch als "goldene Bankregel" bezeichnete Forderung hat sich im Laufe der Zeit jedoch gewandelt. So unterscheidet man heute allgemein drei Auslegungsmöglichkeiten, deren "bankwirtschaftlicher Freiheitsgrad" sukzessive zunimmt. Das ist insbesondere im Hinblick auf die Praktikabilität des täglichen Kreditgeschäfts und die Erfordernisse einer wachsenden Wirtschaft (mit den Notwendigkeiten einer Fristentransformation) zu sehen.

---

1) Vgl. zur Kritik vor allem auch: Erich GUTENBERG: Grundlagen der Betriebswirtschaftslehre, 3. Bd. "Die Finanzen", 7. Aufl., Berlin, Heidelberg, New York 1975, S. 295 f.

2) Eine systematische Darstellung des fristenkongruenten Bindungsgedankens von Finanzierungsmitteln mit entsprechenden Aktivitäten findet sich bei: Ludwig MÜLHAUPT: Der Bindungsgedanke in der Finanzierungslehre unter besonderer Berücksichtigung der holländischen Finanzierungsliteratur, Wiesbaden 1966.

Die "horizontalen" Regeln lauten[1]:

(a) *Formelle goldene Bankregel:*

Die Laufzeiten der Kredite müssen den vereinbarten Laufzeiten der Einlagen entsprechen. Bei dieser strengen Auslegung darf ein Kreditinstitut Sichteinlagen nur in täglich fälligen Krediten anlegen. Da es eine Nachfrage nach so kurzfristigen Mitteln praktisch nicht gibt, müssen die Banken Sichteinlagen verfügbar als Kasse oder Zentralbankguthaben halten.

(b) *Modifizierte goldene Bankregel:*

Die Laufzeiten der Kredite müssen den erwarteten tatsächlichen Laufzeiten der Einlagen entsprechen. Die Sichteinlagen sind täglich fällig. Eine Bank weiß aber aus Erfahrung, daß nicht alle Sichteinlagen auf einmal abgezogen werden. Stets verbleibt den Banken ein gewisser Bodensatz an Sichteinlagen, die Geldreserve. Ein Teil der Sichteinlagen weicht von der vereinbarten Laufzeit ab; sie ist tatsächlich länger. Eine Bank verstößt nicht gegen die modifizierte goldene Bankregel, wenn sie einen Teil der Sichtgelder als kurzfristige Kredite ausleiht. Bei Termineinlagen liegen die Verhältnisse ähnlich. Monatsgelder werden z.T. von den Einlegern immer wieder prolongiert. Die tatsächliche Laufzeit geht also auch hier bei einem Teil der Termineinlagen über die vereinbarte Laufzeit hinaus und gestattet eine längerfristige Mittelbereitstellung.

(c) *Praktizierte goldene Bankregel:*

Die Laufzeiten der Kredite müssen so gewählt werden, daß unter Ausschöpfung aller Refinanzierungsmöglichkeiten die Zahlungsfähigkeit der Banken gewahrt bleibt. Den Umfang einer Kreditgewährung mit Hilfe von Sichteinlagen braucht eine Bank nicht nur auf den Umfang der Geldreserve zu beschränken; sie kann noch darüber hinaus gehen. Sie muß in diesem Falle nur für Refinanzierungsmöglichkeiten sorgen. So könnte sie z.B. Sichtgelder als Kredite ausleihen, wenn sie zentralbankfähige Handelswechsel besitzt, die sie auf dem Wege des Rediskonts im Bedarfsfalle in Zentralbankgeld umwandeln kann.

---

1) Claus KÖHLER: Geldwirtschaft, 1. Bd. "Geldversorgung und Kreditpolitik", 2. veränd. Aufl., Berlin 1977, S. 77 f.

Zwar beinhalten die Grundsätze II und III des Bundesaufsichtsamtes für das Kreditwesen[1)] analoge Finanzierungsleitsätze, die an dieser Bankregel orientiert sind, doch ist die Forderung, daß das langfristige Geschäft auch langfristig finanziert werden soll bzw. die Forderung einer fristgemäßen Finanzierung des kurz- und mittelfristigen Kreditgeschäftes durch entsprechende Passivpositionen für die uns in diesem Zusammenhang interessierende "vertikale" Bilanzrelation "Fremdkapital zu Eigenkapital" bei Bankunternehmen kaum von Bedeutung. Denn innerhalb der vom Bundesaufsichtsamt für das Kreditwesen angeführten acht langfristigen Finanzierungsmittel kann Eigenkapital jederzeit durch eine andere Position ersetzt werden, ohne daß eine Verletzung des Grundsatzes II eintritt.

So wird denn die jederzeitige Zahlungsbereitschaft eines Instituts hauptsächlich von der entsprechenden Liquiditätspolitik bestimmt[2)], die wiederum von einer entsprechenden Wahl der Aktiva unter gleichzeitiger Berücksichtigung der Liquiditätspolitik der Bundesbank abhängt. Die unterschiedlichen Fristigkeiten des Fremdkapitals sind deshalb für das Verhältnis zwischen Fremd- und Eigenkapital nur von untergeordneter Bedeutung. Unter Liquiditätsgesichtspunkten wäre daher lediglich zu fordern, daß immobile Vermögensteile (Grundstücke, Gebäude, langfristige Beteiligungen), die bei Banken einen erheblich geringeren Raum als beispielsweise bei Industrieunternehmen einnehmen, durch Eigenkapital finanziert werden.

---

1) Abgedruckt in: DEUTSCHE BUNDESBANK: Geschäftsbericht für das Jahr 1976, S. 73 ff.

2) DUWENDAG u.a. sprechen in diesem Zusammenhang von *"indirekten Mindestanforderungen an die Liquidität der Banken"* (Dieter DUWENDAG u.a.: Geldtheorie und Geldpolitik, Reihe "Problemorientierte Einführungen" (Hrsg.: Diethard B. Simmert), Bd. 1, 2. überarb. und erw. Aufl., Köln 1977, S. 93).

Im Hinblick auf das Sicherheitsbedürfnis wird für das Nicht-Bankenunternehmen in der Regel gefordert, daß Eigenkapital und langfristiges Fremdkapital ausreichen, um eventuell wertmäßig gefährdete Vermögensteile und Verbindlichkeiten abzudecken. Auch diese Anforderung ist bei Kreditinstituten nicht zu verwirklichen. Wegen des hohen Anteils dieser möglicherweise gefährdeten Aktivpositionen an den gesamten Aktiva kann das Eigenkapital immer nur einen Bruchteil davon betragen. In der Bestimmung dieses Prozentsatzes - das wurde auch bereits weiter oben kurz angesprochen - liegt das eigentliche Bemessungsproblem. *Das Eigenkapital soll so groß sein, daß es bestehenden Risiken Rechnung trägt, ohne daß die Rendite unter eine Minimum-Grenze (beispielsweise eine in anderen Unternehmen erzielbare Rendite) absinkt*[1]. Quantitative Aussagen hierzu lassen sich kaum machen, da weder generell noch im Einzelfall, d.h. für ein einzelnes Kreditinstitut, Verluste aus dem Aktivgeschäft vorausgesagt werden können.

Theoretisch müßten die im Aktivgeschäft berechneten Zinssätze einen so hohen Risikozuschlag enthalten, daß daraus alle etwaigen Verluste abgedeckt werden können. Eigenkapital wäre dann als Garantiekapital nicht erforderlich. Da jedoch die tatsächlichen Verluste das kalkulierte Risiko bei weitem überschreiten können, kann auf Eigenkapital als Garantie- und Haftungsträger nicht verzichtet werden; daran können auch "Feuerwehrfonds", Gewährträgerhaftung, Haftsummenzuschlag etc. nichts ändern.

Die Feststellung der allgemeinen Finanzierungslehre, daß die Finanzierung dann als *"normal"* anzusehen ist, *"wenn*

---

1) *"... die optimale Kapitalstruktur (ist) eine Funktion des Risikogrades der Ertragserwartungen ..."* (Erich GUTENBERG: Grundlagen der Betriebswirtschaft, 3. Bd. "Die Finanzen", S. 225).

der wirtschaftliche und technische Ablauf durch Kapitalschwierigkeiten nicht gestört wird"[1], trifft zwar grundsätzlich auch auf Kreditinstitute zu, als Anhaltspunkt für die Bestimmung der optimalen Kapitalstruktur ist er jedoch von geringerem praktischen Wert als bei anderen Unternehmungen; denn technische Schwierigkeiten treten im Bankbetrieb nie als Folge mangelnden Eigenkapitals auf und können angesichts des völlig anders gearteten Geschäftsbetriebes vernachlässigt werden. Wegen der relativen Unabhängigkeit der Liquidität von der Kapitalstruktur kann aber auch der wirtschaftliche Ablauf für längere Zeit reibungslos vonstatten gehen, ohne daß sich eine zu geringe Eigenkapitalausstattung bemerkbar machen würde. Gerade weil Kreditinstitute bei normalem Geschäftsverlauf nahezu ohne Eigenkapital auskommen können, kann allein aufgrund allgemeiner betriebswirtschaftlicher Überlegungen ein endgültiges Urteil über die Angemessenheit der einen oder anderen Eigenkapitalquote nicht gefällt werden.

Maßgeblich für eine Festlegung der Höhe der Eigenkapitalquote bleiben somit entweder (mehr oder weniger) direkte Richtlinien des Gesetzgebers oder reine Rentabilitätsüberlegungen des einzelnen Kreditinstituts. Allgemeingültige Aussagen können nur auf der Basis theoretischer Ausführungen gemacht werden, auf die hier verzichtet werden soll[2].

---

1) Karl RÖSSLE: Allgemeine Betriebswirtschaftslehre, München 1948, S. 68; GUTENBERG spricht von einem "ausgewogenen Verhältnis" zwischen den Finanzierungsmöglichkeiten und gegenwärtigem und erwartetem bzw. geplantem Geschäftsvolumen eines Unternehmens (Erich GUTENBERG: Grundlagen der Betriebswirtschaft, 3. Bd. "Die Finanzen", S. 3).

2) Hierzu finden sich in der Literatur umfangreiche Darstellungen; stellvertretend seien hier nur genannt: Dieter SCHNEIDER: Investition und Finanzierung, 3. neubearb. Aufl., Opladen 1974, S. 445 ff.; Helmut LIPFERT: Optimale Unternehmensfinanzierung, Frankfurt 1967; Erich GUTENBERG: Zum Problem des optimalen Verschuldungsgrades, in: Zeitschrift für Betriebswirtschaft, 36. Jg. (1966), S. 681 ff.

ZUSAMMENFASSUNG

Die vorliegende Untersuchung beschäftigte sich schwerpunktartig mit der Analyse der Wettbewerbssituation in der deutschen Kreditwirtschaft im Zeitraum 1962 bis 1976, wobei insbesondere die Stellungen der einzelnen Bankengruppen an ausgewählten Märkten untersucht wurden. Da in vielen Diskussionsbeiträgen die mangelhaften Möglichkeiten der Eigenkapitalzufuhr bei den öffentlich-rechtlichen Kreditinstituten als Gründe für eventuelle wettbewerbspolitische Strukturbenachteiligungen angeführt werden, schloß sich an diese Bestandsaufnahme auch eine Analyse der Eigenkapitalbeschaffungsmöglichkeiten an. Die Ergebnisse lassen sich wie folgt thesenartig formulieren:

1. Seit dem Fortfall der Marktschranke "Bedürfnisprüfung" im Jahre 1957 hat sich die lokale Marktpräsenz (Zahl der Bankstellen insgesamt) in der Bundesrepublik Deutschland mehr als verdoppelt. Das Banknetz ist mit 1 400 Einwohnern pro Bankstelle heute eines der dichtesten in der Welt.

2. Diese Bankstellenexpansion erfolgte jedoch hauptsächlich durch eine Zunahme der Zweigstellenzahl. Die Zahl der selbständigen Institute verringerte sich um 53 %, wobei relativ gesehen dieser Rückgang bei den Sparkassen am größten war (Fusionswelle durch kommunale Neuordnungen).

3. Parallel dazu steigerte sich auch das Geschäftsvolumen. War 1962 noch der überwiegende Teil aller Banken (58 %) in der Größenklasse mit einem Geschäftsvolumen unter 10 Mio. DM, so befanden sich 1976 fast 65 % aller Banken in der Größenklasse 10 bis 100 Mio. DM.

4. Der Rückgang selbständiger Institute einerseits und die Erhöhung des Geschäftsvolumens andererseits läßt auf einen erhöhten Konzentrationsgrad in der Kreditwirtschaft schließen. Eine Analyse der jeweils 50 größten Institute des Privatsektors, des Genossenschaftssektors und des öffentlich-rechtlichen Sektors zeigt in der Tat, daß zwischen 1969 und 1975 eine (wenn auch nur leichte) Konzentrationszunahme festzustellen war, die jedoch im öffentlich-rechtlichen Bereich am geringsten ausfiel.

5. Eine Analyse der sachlichen Marktpräsenz, die anhand ausgewählter Bilanzpositionen vorgenommen wurde, machte deutlich, daß auch weiterhin ein Trend zum langfristigen Geschäft vorliegt, wobei die Entwicklung jedoch sektoral recht unterschiedlich verlief.

6. Verschiebungen der Anteile ergaben sich insbesondere bei den Märkten, auf denen einzelne Institutsgruppen vorher nicht so stark vertreten waren. So steigerten z.B. Sparkassen und Kreditgenossenschaften ihre Position auf dem Markt für kurzfristige Kredite (hauptsächlich auf Kosten der Kreditbanken), während die ursprünglich mehr kurzfristig orientierten Kreditbanken jetzt auch auf den Märkten für längerfristige Mittelverwendungen sowie für längerfristige Mittelherkünfte vordringen konnten. Die größten Gewinne im Wettbewerb konnte dabei eindeutig der Genossenschaftssektor verbuchen.

7. Die Auswirkungen dieses Wettbewerbskampfes lassen sich aber auch anhand ausgewählter Ertrags- und Aufwandspositionen feststellen. Dabei zeigt sich, daß im Beobachtungszeitraum 1968 bis 1975 eine recht deutliche Verschlechterung in der relativen Verwendungsrechnung der Bruttowertschöpfung (Zinsüberschuß plus Provisionsüberschuß) zulasten des Selbstfinanzierungsvolumens einge-

treten ist. Anteilsgewinne verbuchten insbesondere die Personalaufwendungen, die aufgrund erhöhter Leistungsbereitschaft als auch im Zuge der allgemeinen Personalkostenerhöhungen stark angestiegen sind.

8. Die Steuerbelastung aller Kreditinstitute ist darüber hinaus in den vergangenen Jahren mehr oder weniger stark angestiegen. Die Institute des Sparkassensektors rangieren dabei mit in der Spitzengruppe. Von einer steuerlichen Bevorzugung wesentlicher Institutsgruppen kann heute nicht mehr gesprochen werden.

9. In dem Beobachtungszeitraum 1962 bis 1976 verschlechterte sich die Eigenkapitalquote der gesamten deutschen Kreditwirtschaft, wobei insbesondere diejenigen Bankengruppen betroffen wurden, die - wie z.B. der Sparkassensektor - auf erwirtschaftetes Eigenkapital angewiesen sind.

10. Das Eigenkapital hat für Kreditinstitute jedoch eine erheblich andere Bedeutung als für Nichtbanken. Die Bedeutung resultiert heute im wesentlichen aus der Haftungsfunktion und den Vorschriften des Gesetzgebers, wobei allerdings keine genaue Festlegung der relativen oder absuluten Höhe des Eigenkapitals erfolgt.

11. Je nach Rechtsform eines Unternehmens gibt es sehr unterschiedliche Möglichkeiten, Eigenkapital zu beschaffen bzw. die Eigenkapitalausstattung zu verbessern. Da nahezu alle denkbaren Rechtsformen von Unternehmen auch unter den Kreditinstituten vertreten sind, besteht für die Gesamtheit der Kreditwirtschaft auch eine Vielzahl von Möglichkeiten der Eigenkapitalbeschaffung.

12. Speziell der Sparkassensektor hat nur sehr beschränkte Möglichkeiten der Eigenfinanzierung, was - zumindest langfristig - zu Problemen der Kapitalzuführung führen könnte.

    Aus der Vielzahl der Vorschläge zur Verbesserung der Eigenkapitalstruktur der Sparkassen stellt die Zuführung von nachrangigen Hafteinlagen die beste Lösung dar.

13. Die Ermittlung einer "optimalen Kapitalstruktur" für Kreditinstitute ist generell nicht möglich, sondern kann nur im Einzelfall - vor allem auch im Hinblick auf die gesetzgeberischen Vorschriften - festgestellt werden.

Summary

The present study concentrates on the analysis of the competitive situation of the German credit system during the period of 1962 - 1976, studying especially the position of the individual groups of banks based on selected markets. Since many publications argue that the unsatisfactory abilities of the public credit institutions to provide for equity capital may be a reason for possible structural competitive disadvantages, the present study also investigates the possibilities of procuring equity capital.

The results can be summarized by the following theses:

1. Subsequent to the removal of the market barrier "branch-requiring test" in 1957, the local distribution (i.e. the total number of the banking institutions) has more than doubled in the Federal Republic of Germany. The bank density is one bank per 1,400 inhabitants making the German bank network one of the densiest of the world.

2. The expansion of the banking institutions, however, was mainly induced by the increase of branch establishments. The number of autonomous institutions reduced by 53 %; compared with the whole range of financial institutions the savings banks have been most affected by this decline (phase of marked consolidation subsequent to the municipal reform).

3. Parallely to this development, the volume of business has increased. While in 1962 the greater part of the financial institutions (58 %) ranged, in terms of total business, within the category of smaller than deutschemark 10 million, in 1976 nearly 65 % of all financial institutions ranged within the category of deutschemark 10 to 100 million.

4. The decline of the autonomous institutions, on the one hand, and the increase of the volume of business, on the other hand, suggest a higher degree of concentration in the credit system. In fact, the investigation of 50 major financial institutions of the private, cooperative and public sector gives evidence of concentration (although slight) over the period of 1969 - 1975, reaching however the smallest extent in the public sector.

5. The analysis of the actual market sharing, based upon selected balance sheets, reveals a persistent trend towards the long-term business, the individual sectors showing quite a different development.

6. A shift in the market share has been particularly observed on those markets where, in the past, individual groups of financial institutions were less represented. Thus savings banks and credit cooperatives for example have expanded (especially at the expense of the credit banks), whereas those credit banks, which, initially, were more directed to the short-term business succeeded in penetrating as well the markets for longer-term capital appropriation and longer-term sources of funds. The cooperative sector obtained by far the best results in the competitive field.

7. In addition, the effects of this competitive strain are evidenced through selected accounts of assets and liabilities. It appears that over the period of 1968 - 1975 quite a substantial deterioration in the relative application of the gross value added statement (interest surplus and commission surplus) has taken place at the expense of the self-financing ratio. Share increase has been especially noticed in staff expenditure grown considerably due to a higher proficiency readiness and general increase of personal charges.

8. Furthermore, in the course of the past years, the whole credit system has been faced with more or less rising fiscal charges. The savings banks are one of the most seriously affected sectors. Today the factor of granting tax benefits to major groups of financial institutions is not telling any more.

9. During the observation period of 1962 - 1976 the equity ratio of the German banking system as a whole has been decreasing, whereby above all those groups of banks have been affected which, such as savings banks, are dependent on funds from sources within the bank.

10. Equity capital has quite a different meaning for credit institutions than for non-bank financial institutions. Nowadays the main importance of the equity capital is essentially deriving from the liability function and legislation, yet the relative or absolute amount of the equity capital is not strictly determined.

11. According to the legal form of the financial institution there is a variety of possibilities to procure equity capital or to improve the actual situation. In view of the fact that nearly all the theoretical legal forms of enterprises are found within the banking system, there is obviously a diversity of possibilities to procure equity capital.

12. On the other hand, the possibilities of self-financing are very limited in the savings banks sector and that may lead, at least in the long run, to difficulties in capital supply.

    Out of a series of suggestions aimed at improving the equity structure of the savings banks, the supply of subordinated loan stocks is regarded as the best solution.

13. As a rule, it is not possible to determine "the best capital structure" for the financial institutions as a whole, but it has to be determined individually taking especially the legal provisions into consideration.

RESUME

La présente enquête s'occupe de l'analyse de la situation de concurrence des instituts allemands du secteur bancaire et financier dans la période de 1962 à 1976 comme l'élément essentiel, en recherchant surtout les positions des groupes bancaires particuliers des marchés choisis. Comme les possibilités insuffisantes de l'augmentation de capital propre chez les établissements de crédit sont mentionnées dans beaucoup d'articles de discussion comme des causes de désavantages éventuels de structure dans la situation de concurrence, une analyse des possibilités de mobilisation de capital propre suivait cet inventaire. On peut formuler comme thèses les résultats suivants:

1. Depuis la suppression de la limite du marché "révision des besoins" en 1957, la présence locale au marché (le nombre de banques en tout) dans la République Féderale d'Allemagne s'est plus que redoublée. Avec plus de 1 400 habitants par banque, le réseau bancaire est aujourd'hui un des plus denses du monde.

2. Cette expansion de banques est surtout le résultat d'une augmentation des agences. Le nombre des établissements autonomes s'est diminué de 53%. Vu en relation, la diminution des caisses d'épargne était la plus forte (vogue de fusions par de nouveaux statuts municipaux).

3. Le chiffre d'affaires augmentait parallèlement. En 1962 encore, la plupart des banques (58%) se trouvait dans la classe d'un chiffre d'affaires au dessous de 10 millions de DM, tandis qu'en 1976, prèsque 65% de toutes les banques étaient dans la classe de 10 à 100 millions de DM.

4. La baisse du nombre des instituts autonomes d'une part et l'augmentation du chiffre d'affaires d'autre part font conclure un degré de concentration élevé dans le secteur bancaire et financier. Une analyse des 50 instituts les plus grands du secteur privé et du secteur coopératif montre en effet qu'une augmentation de concentration (même si elle n'est que légère) est à noter entre 1969 et 1975, qui cependant était la moins forte dans le secteur du droit public.

5. Une analyse de la présence au marché, qui a été faite à l'aide de positions de bilan choisis montrait clairement qu'une tendence vers les affaires à longue vue existe toujours, à l'occasion de laquelle le développement se montrait différemment dans les secteurs.

6. Des changements de parts se faisaient constater sur des marchés, où les différents groupes d'institut n'étaient pas tellement représentés auparavant. Les caisses d'épargne par exemple ainsi que les coopératives de crédit élevaient leur positions sur le marché de crédits à brève échéance (au dépens des banques de credit avant tout), tandis que les banques de crédit, qui d'abord étaient orientées plutôt à brève échéance, ont pu pénétrer dans le marché des fonds à longue échéance. C'est sans doute le secteur coopératif qui a pu marquer le plus grand profit dans la concurrence.

7. On peut constater de même les effets de cette compétition à l'aide de positions de rendement et d'effort choisis. A cette occasion, on constate que dans la période d'observation entre 1968 à 1975 une aggravation évidente s'est produite dans la facture relative fixant l'affectation de la promotion des nouvelles valeurs (l'exédent d'interêts plus l'exédent de commissions) aux dépenses du volume d'auto-financement.

8. En plus, l'incidence fiscale de tous les instituts de crédit avait augmenté dans les années précédentes plus ou moins fort. A ce sujet, les instituts du secteur de caisse d'épargne sont en tête. Aujourd'hui, on ne peut plus parler d'une préfération fiscale d'essentiels groupes d'instituts.

9. Dans la période d'observation de 1962 à 1976, le quota de capital propre de tous les instituts allemands de crédit s'aggravait. Cela concernait surtout ces groupes de banque, qui dépendent de leur capital propre exploité, comme par exemple le secteur des caisses d'épargne.

10. Pour lesinstituts de crédit, le capital propre signifie une importance tout à fait différente comparé aux non-banquiers. Aujourd'hui, cette signification résulte surtout de la fonction de responsabilité et du réglement du législateur, mais une fixation exacte de la somme relative ou absolue du capital propre n'est pas donnée.

11. Suivant le cadre juridique d'une entreprise, il y a de différentes possibilités de se procurer du capital propre, resp. d'améliorer l'équipement du capital propre. Comme prèsque toutes les formes juridiques d'entreprises qui sont possibles, et qui sont représentées dans les instituts de crédit, il existe une multitude de possibilités de procurer du capital propre pour la totalité des instituts de crédit.

12. Spécialement le secteur de caisse d'épargne n'a que des possibilités de financement à l'aide du capital propre qui sont très restreints, cela pourrait mener à des problèmes d'amenée du capital, au moins à longue échéance. Parmi la multitude de propos concernant l'amélioration de la structure du capital propre des caisses d'épargne, l'amenée de depôts de garantie représente la meilleure solution.

13. Généralement, il n'est pas possible de procurer une "structure optimale de capital", cela ne peut être constaté, surtout en vue des règles législatives, que dans le cas isolé.

ANHANG

Die 50 größten Kreditinstitute 1975

(1) Privatsektor

Rang	Kreditinstitut		Geschäftsvolumen* 1974	1975 in Mio DM	Veränderung 1974 bis 1975 in %
1	Deutsche Bank AG	KA	79.408,8	91.679,6	+ 15,45
		EA	50.835,0	56.963,5	+ 12,06
2	Dresdner Bank AG	KA	63.195,7	74.363,7	+ 17,67
		EA	42.495,4	48.609,1	+ 14,39
3	Commerzbank AG	KA	44.953,7	56.783,3	+ 26,32
		EA	32.184,0	38.835,2	+ 20,67
4	Bayerische Vereinsbank, München	KA	41.484,0	48.782,4	+ 17,59
		EA	25.798,4	28.806,8	+ 11,66
5	Bayerische Hypotheken- und Wechsel-Bank, München	KA		40.577,3 [1]	
		EA	27.219,0	30.434,7	+ 11,81
6	Bank für Gemeinwirtschaft AG, Frankfurt/Main	KA	30.702,3	35.307,8	+ 15,00
		EA	19.985,0	22.555,7	+ 12,86
7	Berliner Handels- und Frankfurter Bank, Frankfurt/Main — Berlin	KA	12.810,1	14.307,7	+ 11,69
		EA	5.882,9	6.375,6	+ 8,38
8	Frankfurter Hypothekenbank, Frankfurt/Main	EA	10.771,8	12.419,8	+ 15,30
9	Rheinische Hypothekenbank, Frankfurt/Main	EA	8.122,7	10.086,4	+ 24,18
10	Deutsche Genossenschafts-Hypothekenbank, Hamburg — Berlin	EA	8.557,1	9.413,1	+ 10,00
11	Deutsche Centralbodencredit-Aktiengesellschaft, Berlin — Köln	EA	7.608,1	9.364,1	+ 23,08
12	Industriekreditbank AG — Deutsche Industriebank, Düsseldorf — Berlin	KA	6.977,1	7.456,6	+ 6,87
		EA	6.973,1	7.433,3	+ 6,60
13	Westfalenbank AG, Bochum — Düsseldorf	KA	5.477,8	7.289,0	+ 33,06
		EA	3.843,9	4.237,7	+ 10,24
14	Vereins- und Westbank AG, Hamburg	KA	5.521,5	6.879,4	+ 24,59
		EA	5.335,5	5.720,1	+ 7,21
15	Sal. Oppenheim jr. & Cie., Köln — Frankfurt/Main	KA	5.872,1	6.802,3	+ 15,84
		EA	2.202,6	2.414,0	+ 9,60
16	Bayerische Handelsbank — Bodenkreditanstalt, München	EA	5.642,1	6.774,6	+ 20,07
17	Deutsche Hypothekenbank, Bremen — Frankfurt/Main	EA	5.661,9	6.542,9	+ 15,56
18	Deutsche Verkehrs-Kredit-Bank AG, Frankfurt/Main	EA	3.633,5	6.416,8	+ 76,60
19	Vereinsbank in Nürnberg, Hypothekenbank, Nürnberg	EA	5.140,7	6.158,8	+ 19,80
20	Deutsche Hypothekenbank (Actien-Gesellschaft), Hannover — Berlin	EA	4.830,6	5.650,0	+ 16,96
21	Berliner Bank AG, Berlin	KA	4.609,0	5.169,1	+ 12,15
		EA	4.259,3	4.718,7	+ 10,79
22	Deutsche Bau- und Bodenbank AG, Berlin — Frankfurt/Main	KA		4.954,1 [1]	
		EA	4.826,0	4.940,5	+ 2,37
23	Hypothekenbank in Hamburg, Hamburg	EA	3.801,9	4.756,7	+ 25,11
24	Bank für Handel und Industrie AG, Berlin	EA	3.530,7	4.634,5	+ 31,26
25	Rheinisch-Westfälische Boden-Credit-Bank, Köln	EA	3.733,8	4.416,1	+ 18,27
26	Pfälzische Hypothekenbank, Ludwigshafen	EA	3.344,7	4.370,2	+ 30,66
27	Württembergische Hypothekenbank, Stuttgart	EA	3.735,5	4.279,7	+ 14,57
28	Süddeutsche Bodencreditbank, München	EA	5.029,0	4.105,5	— 18,36
29	Berliner Disconto Bank, Berlin	EA	3.427,8	3.702,4	+ 8,01
30	Allgemeine Hypothekenbank AG, Frankfurt/Main	EA	3.137,5	3.623,7	+ 15,50
31	Trinkaus & Burkhardt, Düsseldorf	EA	3.100,5	3.574,2	+ 15,28
32	Braunschweig-Hannoversche Hypothekenbank, Hannover — Braunschweig	EA	2.741,4	3.396,8	+ 23,91
33	ADCA Allgemeine Deutsche Credit-Anstalt, Berlin — Frankfurt/Main	KA	3.320,5	3.228,3	— 2,78
		EA	3.139,9	2.966,5	— 5,52
34	Westfälische Hypothekenbank AG, Hagen	EA	1.662,7	2.929,7	+ 76,20
35	Deutsche Länderbank AG, Frankfurt/Main — Berlin	EA	1.822,7	2.672,0	+ 46,60
36	Berliner Industriebank AG, Berlin	EA	2.284,5	2.629,6	+ 15,11
37	KKB Kundenkreditbank — Deutsche Haushaltsbank KGaA, Düsseldorf	EA	2.138,4	2.490,6	+ 16,47
38	Investitions- und Handelsbank AG, Frankfurt/Main	EA	3.083,9	2.470,0	— 19,91
39	Deutsch-Südamerikanische Bank AG, Frankfurt/Main	EA	2.497,9	2.399,2	— 3,95
40	Metallgesellschaft AG, Frankfurt/Main	EA	2.311,2	2.354,3	+ 1,86
41	AKA Ausfuhrkredit-Gesellschaft mbH, Frankfurt/Main	EA	3.893,9	2.339,9	— 39,90
42	Deutsche Ueberseeische Bank, Berlin — Hamburg	EA	1.852,9	2.282,6	+ 23,19
43	Oldenburgische Landesbank AG, Oldenburg	EA	1.858,5	2.093,3	+ 12,63
44	Bank für Sparanlagen und Vermögensbildung AG, Frankfurt/Main	EA	1.894,7	2.086,5	+ 10,12
45	Deutsche Schiffahrtsbank AG, Bremen	EA	1.630,3	1.952,7	+ 19,78

46	Württembergische Bank, Stuttgart	KA	1.815,2	1.938,8	+ 6,81
		EA	1.773,1	1.892,6	+ 6,74
47	Norddeutsche Hypotheken- und Wechselbank (vormals Mecklenburgische Hypotheken- und Wechselbank), Hamburg	EA	1.433,1	1.891,6	+ 31,99
48	Berliner Commerzbank AG, Berlin	EA	1.516,5	1.876,1	+ 23,71
49	Lübecker Hypothekenbank AG, Lübeck	EA	1.639,2	1.861,2	+ 13,54
50	Merck, Finck & Co., München	KA	1.658,9	1.840,1	+ 10,92
		EA	1.439,3	1.598,0	+ 11,03

* Bilanzsumme zuzügl. Indossamentsverbindlichkeiten sowie den Kreditnehmern abgerechnete eigene Ziehungen im Umlauf. [1] 1975 erstmalig Konzernbilanz.
Zeichenerklärung: KA = Konzernabschluß EA = Einzelabschluß

(2) Genossenschaftlicher Sektor

Rang	Kreditinstitut	Geschäftsvolumen 1974	1975 in Mio DM	Veränderung 1974 bis 1975 in %
1	DG Bank Deutsche Genossenschaftsbank, Frankfurt/Main	20.153,2	23.702,6	+ 17,61
2	Deutsche Genossenschafts-Hypothekenbank AG, Hamburg — Berlin	8.557,1	9.413,1	+ 10,00
3	Westdeutsche Genossenschafts-Zentralbank eG, Düsseldorf	7.754,8	8.429,7	+ 8,70
4	Bayerische Raiffeisen-Zentralbank AG, München	6.070,3	6.685,0	+ 10,13
5	Südwestdeutsche Genossenschaftszentralbank AG, Karlsruhe	6.149,9	6.505,7	+ 5,79
6	Genossenschaftliche Zentralbank AG, Stuttgart	4.905,9	5.117,9	+ 4,32
7	Landesgenossenschaftsbank AG, Hannover — Kiel — Oldenburg	3.798,2	4.481,9	+ 18,00
8	Münchener Hypothekenbank eG, München	2.582,5	2.856,5	+ 10,61
9	Zentralkasse Nordwestdeutscher Volksbanken AG, Hannover — Hamburg	2.505,4	2.839,6	+ 13,34
10	Bayerische Volksbanken AG, München	1.697,1	2.167,4	+ 27,71
11	Genossenschaftliche Zentralbank AG, Frankfurt/Main	1.825,5	2.092,3	+ 14,62
12	Deutsche Apotheker- und Ärztebank eG, Düsseldorf	1.535,9	1.842,9	+ 19,98
13	Badische Beamtenbank eG, Karlsruhe	1.453,0	1.672,2	+ 15,09
14	Südwestbank AG, Stuttgart	1.534,8	1.552,0	+ 1,12
15	Stuttgarter Volksbank AG, Stuttgart	1.370,3	1.489,3	+ 8,68
16	Raiffeisen Zentralbank Kurhessen AG, Kassel	1.100,8	1.198,7	+ 8,89
17	Berliner Volksbank (West) eG, Berlin	968,3	1.141,5	+ 17,89
18	Wiesbadener Volksbank eG, Wiesbaden	747,4	831,5	+ 11,25
19	Darlehensgenossenschaft Evangelischer Kirchengemeinden in Rheinland eG, Duisburg	672,5	753,8	+ 12,09
20	Frankfurter Volksbank eG, Frankfurt/Main	710,7	750,0	+ 5,53
21	Mainzer Volksbank eG, Mainz	661,8	730,1	+ 10,32
22	Volksbank Pforzheim eG, Pforzheim	697,1	709,1	+ 1,72
23	Ulmer Volksbank, Ulm	628,2	693,9	+ 10,46
24	Kirchliche Darlehnskasse, Münster	561,1	604,8	+ 7,79
25	Volksbank Paderborn eG	497,8	564,2	+ 13,34
26	Volksbank Hannover AG	521,0	563,0	+ 8,06
27	Zentralbank Saarländischer Genossenschaften AG, Saarbrücken	550,8	550,0	— 0,15
28	Edekabank AG, Berlin	511,8	534,4	+ 4,42
29	Kölner Bank von 1867 eG, Köln	472,0	525,0	+ 11,23
30	LIGA Spar- und Kreditgenossenschaft eG, Regensburg	405,6	491,2	+ 21,10
31	Saar-Bank eG, Gersweiler/Saarbrücken	416,8	457,9	+ 9,86
32	Volksbank Karlsruhe eG, Karlsruhe	401,0	445,4	+ 11,07
33	Volksbank Freiburg	372,8	397,4	+ 6,60
34	Münchener Bank eG	355,5	383,4	+ 7,85
35	Bayerische Bauvereinsbank eG, München	383,2	378,4	— 1,25
36	Westdeutsche Bauvereinsbank eG, Dortmund	337,3	362,3	+ 7,41
37	Volksbank Kassel eG	301,4	348,3	+ 15,56
38	Heidenheimer Volksbank eG	304,0	337,0	+ 10,86
39	Volksbank Braunschweig eG	300,8	335,9	+ 11,67
40	Volksbank Reutlingen eG	306,3	334,8	+ 9,30
41	Hamburger Bank von 1861 eG	305,4	329,2	+ 7,79
42	Volksbank Waiblingen eG	305,6	324,6	+ 6,22
43	Vereinsbank eG, Duisburg — Mülheim — Rheinhausen	278,7	308,1	+ 10,55
44	Volksbank Remscheid eG	258,4	307,8	+ 19,12
45	Speyerer Volksbank eG	275,8	300,4	+ 8,92
46	Villinger Volksbank eG	266,3	287,8	+ 8,07
47	Volksbank München eG	260,1	282,3	+ 8,54
48	Handels- und Gewerbebank eG, Gießen	267,9	276,7	+ 3,28
49	Volksbank Straubing eG	278,4	252,6	— 9,27
50	Volksbank Böblingen AG	228,1	230,3	+ 0,96

(3) Öffentlich-rechtlicher Sektor

Rang	Kreditinstitut	Geschäftsvolumen 1974 in Mio DM	Geschäftsvolumen 1975 in Mio DM	Veränderung 1974 bis 1975 in %
1	Westdeutsche Landesbank Girozentrale, Düsseldorf — Münster	57.430,7	63.903,5	+ 11,27
2	Bayerische Landesbank — Girozentrale, München	40.900,5	45.801,7	+ 11,98
3	Hessische Landesbank — Girozentrale, Frankfurt/Main	37.030,0	39.380,1	+ 6,35
4	Kreditanstalt für Wiederaufbau, Frankfurt/Main	31.263,1	36.754,7	+ 17,67
5	Norddeutsche Landesbank — Girozentrale, Hannover — Braunschweig	28.961,2	31.988,6	+ 10,45
6	Wohnungsbauförderungsanstalt des Landes Nordrhein-Westfalen, Düsseldorf	17.933,3	19.095,3	+ 6,48
7	Deutsche Girozentrale — Deutsche Kommunalbank, Berlin — Frankfurt/Main	17.236,4	17.629,7	+ 2,28
8	Landesbank Rheinland-Pfalz — Girozentrale, Mainz	14.184,4	15.838,1	+ 11,66
9	Württembergische Kommunale Landesbank Girozentrale, Stuttgart	13.691,7	15.749,7	+ 15,03
10	Deutsche Siedlungs- und Landesrentenbank, Berlin — Bonn	14.509,8	15.601,0	+ 7,52
11	Badische Kommunale Landesbank — Girozentrale, Mannheim — Freiburg — Karlsruhe	11.135,8	13.498,5	+ 21,22
12	Landeskreditbank Baden-Württemberg, Karlsruhe	11.518,9	13.045,7	+ 13,25
13	Landesbank Schleswig-Holstein — Girozentrale, Kiel	11.397,0	12.937,6	+ 13,52
14	Deutsche Pfandbriefanstalt, Wiesbaden — Berlin	7.906,2	11.422,0	+ 44,47
15	Hamburger Sparkasse	10.364,8	11.264,4	+ 8,68
16	Lastenausgleichsbank, Bonn-Bad Godesberg	9.771,8	10.070,1	+ 3,05
17	Landwirtschaftliche Rentenbank, Frankfurt/Main	7.592,8	9.351,2	+ 23,16
18	Landessparkasse — Girokasse öffentliche Bank, Stuttgart[1]	8.686,4[2]	9.320,2	+ 7,30
19	Hamburgische Landesbank — Girozentrale, Hamburg	8.234,6	9.079,7	+ 10,26
20	Sparkasse der Stadt Berlin-West, Berlin	6.655,6	7.460,1	+ 12,09
21	Wohnungsbaukreditanstalt Berlin, Berlin	5.983,7	6.360,0	+ 6,29
22	Staatliche Kreditanstalt Oldenburg — Bremen, Bremen	5.561,5	6.139,1	+ 10,39
23	Stadtsparkasse Köln	5.560,3	6.116,3	+ 10,00
24	Nassauische Sparkasse, Wiesbaden	4.822,8	6.019,0	+ 24,80
25	Kreissparkasse Köln	4.523,5	5.320,6	+ 17,62
26	Bayerische Landesanstalt für Aufbaufinanzierung, München	4.657,7	5.264,6	+ 13,03
27	Stadtsparkasse München	4.045,1	4.680,6	+ 15,71
28	Die Sparkasse in Bremen	4.166,2	4.418,1	+ 6,05
29	Landesbank Saar — Girozentrale, Saarbrücken	3.850,3	4.339,6	+ 12,71
30	Stadtsparkasse Hannover	3.443,7	3.881,1	+ 12,70
31	Stadtsparkasse Düsseldorf	3.434,7	3.817,6	+ 11,15
32	Wohnungsbaukreditanstalt des Landes Schleswig-Holstein, Kiel	3.430,5	3.625,5	+ 5,68
33	Frankfurter Sparkasse von 1822	3.055,0	3.495,1	+ 14,41
34	Stadtsparkasse Dortmund	2.891,5	3.244,6	+ 12,21
35	Stadtsparkasse Essen	2.745,8	3.056,6	+ 11,32
36	Bremer Landesbank, Bremen	2.715,0	3.006,4	+ 10,73
37	Stadtsparkasse Nürnberg	2.303,0	2.683,5	+ 16,52
38	Stadtsparkasse Frankfurt/Main	2.189,6	2.612,0	+ 19,29
39	Sparkasse Bielefeld	2.337,0	2.565,1	+ 9,76
40	Stadtsparkasse Duisburg	1.926,6	2.562,6	+ 33,01
41	Landessparkasse zu Oldenburg	2.202,6	2.462,8	+ 11,81
42	Sparkasse Bonn	2.146,1	2.443,9	+ 13,88
43	Stadtsparkasse Wuppertal	2.027,8	2.252,8	+ 11,10
44	Kreissparkasse Ludwigsburg	1.796,7	2.083,7	+ 15,97
45	Stadtsparkasse Gelsenkirchen	1.751,9	1.902,5	+ 8,60
46	Stadtsparkasse Augsburg	1.819,1	1.879,0	+ 3,29
47	Städtische Sparkasse Bochum	1.591,2	1.809,2	+ 13,70
48	Kreissparkasse Siegburg	1.512,0[3]	1.686,2	+ 11,52
49	Stadtsparkasse Aachen	1.459,7	1.656,1	+ 13,45
50	Kreissparkasse Heilbronn	1.442,0	1.652,8	+ 14,62

[1] Am 4. 2. 1975 Fusion der Württembergischen Landessparkasse mit der Girokasse, öffentliche Bank und Sparkasse, beide Stuttgart. [2] Addiertes Geschäftsvolumen. [3] Zum 31. 9. 1974.

Quelle: Bank-Betrieb, 16. Jg. (1976), S. 468-470.

Tabelle A 1: Zahl der berichtenden Institute

	1962	1963	1964	1965	1966	1967	1968	1969
Alle Banken	3 773	3 782	3 765	3 743	3 714	3 693	3 742	3 702
Kreditbanken	335	351	345	343	338	329	323	322
Großbanken	6	6	6	6	6	6	6	6
Regionalbk. und sonst. Institute	118	118	122	125	127	128	111	114
Zweigstellen ausl. Banken							22	24
Privatbankiers	211	227	217	212	205	195	184	178
Girozentralen	14	14	14	14	14	14	14	13
Sparkassen	867	866	864	864	862	862	858	851
Genossensch. Zentralkassen	19	19	19	19	19	19	18	18
Kreditgenossenschaften	2 213	2 214	2 210	2 202	2 195	2 187	2 254	2 224
Realkreditinstitute	48	48	48	48	47	47	47	48
Private Hypothekenbanken	28	29	29	29	29	29	29	29
Öffentl.-rechtl. Grundkreditanst.	20	19	19	19	18	18	18	19
Teilzahlungskreditinstitute	242	235	233	221	208	203	196	194
Kreditinstitute m.Sonderaufgaben	20	20	17	17	16	17	17	17
Postscheck- und Postspark.-Ämter	15	15	15	15	15	15	15	15

noch Tabelle A 1:

	1970	1971	1972	1973	1974	1975	1976
Alle Banken	3 601	3 511	3 414	3 784	3 718	3 628	3 556
Kreditbanken	314	311	315	319	311	293	281
Großbanken	6	6	6	6	6	6	6
Regionalbk. und sonst.Institute	113	115	118	123	121	114	113
Zweigstellen ausl. Banken	25	29	35	42	46	49	49
Privatbankiers	170	161	156	148	138	124	113
Girozentralen	12	12	12	12	12	12	12
Sparkassen	832	808	771	741	710	675	649
Genossensch. Zentralkassen	13	12	13	13	12	12	12
Kreditgenossen-schaften	2 167	2 108	2 051	2 450	2 430	2 409	2 389
Realkredit-institute	46	46	43	42	41	41	40
Private Hypo-thekenbanken	29	29	28	28	27	27	26
Öffentl.-rechtl. Grundkreditanst.	17	17	15	14	14	14	14
Teilzahlungs-kreditinstitute	185	181	176	174	169	152	139
Kreditinstitute u.Sonderaufgaben	17	17	18	18	18	19	19
Postscheck- und Postspark.-Ämter	15	15	15	15	15	15	15

Quelle: Siehe S. 278.

Tabelle A 2: Geschäftsvolumen (Mio. DM)

	1962	1963	1964	1965	1966	1967	1968	1969
Alle Banken	326 053	366 516	408 038	456 815	498 379	562 846	648 258	733 057
Kreditbanken	76 441	83 649	91 581	99 985	107 943	124 085	148 973	177 482
Großbanken	35 056	37 529	40 051	42 729	46 245	53 853	64 360	74 051
Regionalbk. und sonst.Institute	33 069	37 122	41 662	46 284	50 131	57 515	62 704	74 916
Zweigstellen ausl. Banken							6 801	10 532
Privatbankiers	8 316	8 998	9 868	10 972	11 567	12 717	15 108	17 983
Girozentralen	45 486	52 654	57 241	64 021	70 478	84 089	101 279	110 608
Sparkassen	72 234	81 703	92 188	105 445	117 073	130 789	148 523	169 091
Genossensch. Zentralkassen	9 684	11 605	13 172	15 398	16 900	21 066	25 977	28 032
Kreditgenossenschaften	19 439	22 477	26 033	30 422	34 309	38 789	45 816	53 477
Realkreditinstitute	55 916	62 321	70 502	78 564	84 482	92 605	101 679	108 848
Private Hypothekenbanken	19 438	22 557	26 810	30 569	33 432	37 824	43 555	48 655
Öffentl.-rechtl. Grundkreditanst.	36 478	39 764	43 692	47 995	51 050	54 781	58 124	60 193
Teilzahlungskreditinstitute	4 845	5 312	5 527	5 895	6 062	5 658	6 033	7 347
Kreditinstitute m.Sonderaufgaben	33 946	38 169	42 512	46 925	50 456	54 050	57 310	64 424
Postscheck- und Postspark.-Ämter	8 062	8 626	9 282	10 160	10 676	11 715	12 668	13 748

noch Tabelle A 2:

	1970	1971	1972	1973	1974	1975	1976
Alle Banken	817 861	924 513	1 060 335	1 178 692	1 297 414	1 454 257	1 596 107
Kreditbanken	203 609	232 754	271 529	300 471	322 677	356 615	395 823
Großbanken	83 565	93 763	107 351	115 636	125 880	143 682	163 041
Regionalbk. und sonst.Institute	87 150	100 494	118 593	131 029	139 784	151 633	168 550
Zweigstellen ausl. Banken	12 046	15 391	19 766	28 183	30 999	33 675	35 172
Privatbankiers	20 848	23 106	25 819	25 623	26 014	27 625	29 060
Girozentralen	127 237	141 608	177 789	197 816	222 795	245 327	264 164
Sparkassen	187 608	211 490	239 901	261 675	287 116	322 073	356 152
Genossensch. Zentralkassen	31 375	36 208	36 789	44 366	56 443	63 583	66 683
Kreditgenossen-schaften	63 042	74 523	89 556	108 241	121 077	136 148	154 136
Realkredit-institute	111 434	123 041	123 494	137 943	154 070	181 313	202 243
Private Hypo-thekenbanken	53 666	62 874	74 477	83 383	95 597	114 364	126 214
Öffentl.-rechtl. Grundkreditanst.	57 768	60 167	49 017	54 560	58 473	66 949	76 029
Teilzahlungs-kreditinstitute	8 919	10 602	12 718	14 444	15 395	16 554	18 194
Kreditinstitute u.Sonderaufgaben	68 957	75 827	83 607	89 674	91 182	103 059	107 772
Postscheck- und Postspark.-Ämter	15 680	18 460	21 952	24 062	26 659	29 585	30 940

Quelle: Siehe S. 278.

Tabelle A 3: Durchschnittliche Betriebsgröße (Mio. DM)

	1962	1963	1964	1965	1966	1967	1968	1969
Alle Banken	86,42	96,91	108,38	122,05	134,19	152,41	173,24	198,02
Kreditbanken	228,18	238,32	265,45	291,50	319,36	377,16	461,22	551,19
Großbanken	5 842,67	6 254,83	6 675,17	7 121,50	7 707,50	8 975,50	10 726,67	12 341,83
Regionalbk. und sonst.Institute und Zweigstellen ausl. Banken (zusammen)	280,47	314,59	341,49	370,27	394,73	449,34		
Regionalbk. und sonst.Institute							564,90	657,16
Zweigstellen ausl. Banken							309,14	438,83
Privatbankiers	39,41	39,64	45,47	51,75	56,42	65,22	82,11	101,03
Girozentralen	3 249,00	3 761,00	4 088,64	4 572,93	5 034,14	6 006,36	7 234,21	8 508,31
Sparkassen	83,31	94,35	106,70	122,04	135,82	151,73	173,10	198,70
Genossensch. Zentralkassen	509,68	610,79	693,26	810,42	889,42	1 108,74	1 443,17	1 557,33
Kreditgenossen-schaften	8,78	10,15	11,78	13,82	15,63	17,74	20,33	24,05
Realkredit-institute	1 164,92	1 298,35	1 468,79	1 636,75	1 797,49	1 970,32	2 163,38	2 267,67
Private Hypo-thekenbanken	694,21	777,83	924,48	1 054,10	1 152,83	1 304,28	1 501,90	1 667,76
Öffentl.-rechtl. Grundkreditanst.	1 823,90	2 092,84	2 299,58	2 526,05	2 836,11	3 043,39	3 229,11	3 168,05
Teilzahlungs-kreditinstitute	20,02	22,60	23,72	26,67	29,14	27,87	30,78	37,87
Kreditinstitute m.Sonderaufgaben	1 697,30	1 908,45	2 500,71	2 760,29	3 153,50	3 179,41	3 371,18	3 789,65
Postscheck- und Postspark.-Ämter	537,47	575,07	618,80	677,33	711,73	781,00	844,53	916,53

noch Tabelle A 3:

	1970	1971	1972	1973	1974	1975	1976
Alle Banken	227,12	263,32	310,58	311,49	348,95	400,84	448,85
Kreditbanken	648,44	748,41	862,00	941,92	1 037,55	1 217,12	1 408,62
Großbanken	13 927,50	15 627,17	17 921,83	19 272,67	20 980,00	23 947,00	27 173,50
Regionalbk. und sonst. Institute	771,24	873,86	1 005,03	1 065,28	1 155,24	1 330,11	1 491,59
Zweigstellen ausl. Banken	481,84	530,72	564,74	671,02	673,89	687,24	717,80
Privatbankiers	122,64	143,52	165,51	173,13	188,51	222,78	257,17
Girozentralen	10 603,08	11 800,67	14 815,75	16 484,67	18 566,25	20 443,92	22 013,67
Sparkassen	225,49	261,75	311,16	353,14	404,39	477,15	548,71
Genossensch. Zentralkassen	2 413,46	3 017,33	2 829,92	3 412,77	4 703,58	5 298,58	5 556,92
Kreditgenossen-schaften	29,09	35,35	43,66	44,18	49,83	56,52	64,52
Realkredit-institute	2 422,48	2 674,80	2 871,95	3 284,36	3 757,80	4 422,27	5 056,08
Private Hypo-thekenbanken	1 850,55	2 168,07	2 659,89	2 977,96	3 540,63	4 235,70	4 854,38
Öffentl.-rechtl. Grundkreditanst.	3 398,12	3 539,24	3 267,80	3 897,14	4 176,64	4 782,07	5 430,64
Teilzahlungs-kreditinstitute	48,21	58,57	72,26	83,01	91,09	108,91	130,89
Kreditinstitute u. Sonderaufgaben	4 056,29	4 460,41	4 644,83	4 981,89	5 065,67	5 424,16	5 672,21
Postscheck- und Postspark.-Ämter	1 045,33	1 230,67	1 463,47	1 604,13	1 777,27	1 972,33	2 062,67

<u>Quelle:</u> Siehe S. 278.

Tabelle A 4: Kredite an Kreditinstitute (Mio. DM)

	1962	1963	1964	1965	1966	1967	1968	1969
Alle Banken	76 162	86 538	95 606	106 429	115 514	143 660	178 870	197 785
Kreditbanken	13 287	14 388	16 778	17 722	19 310	26 275	36 372	41 952
Großbanken	5 491	5 637	6 350	6 199	6 578	9 259	13 221	12 705
Regionalbk. und sonst. Institute	6 290	7 078	8 429	9 105	10 227	13 847	15 045	17 179
Zweigstellen ausl. Banken							4 106	6 898
Privatbankiers	1 506	1 673	1 999	2 418	2 505	3 169	4 000	5 170
Girozentralen	13 382	15 478	16 844	18 103	20 892	27 705	37 935	38 503
Sparkassen	17 107	19 187	20 641	23 961	26 743	34 372	40 539	46 177
Genossensch. Zentralkassen	5 920	7 601	8 790	10 662	11 348	14 122	17 857	18 875
Kreditgenossenschaften	3 233	3 859	4 623	5 401	6 242	8 311	10 445	11 953
Realkreditinstitute	4 258	4 457	4 570	4 918	4 649	5 442	6 393	6 939
Private Hypothekenbanken	1 556	1 674	1 869	2 291	2 344	2 843	3 378	3 885
Öffentl.-rechtl. Grundkreditanst.	2 702	2 783	2 701	2 627	2 305	2 599	3 015	3 054
Teilzahlungskreditinstitute	202	238	180	232	155	157	261	430
Kreditinstitute m.Sonderaufgaben	16 362	17 999	19 574	21 588	22 753	23 791	25 341	28 536
Postscheck- und Postspark.-Ämter	2 411	3 331	3 606	3 842	3 422	3 485	3 727	4 420

Note: for 1962–1967 the values for "Regionalbk. und sonst. Institute" and "Zweigstellen ausl. Banken" are printed jointly (bracketed).

noch Tabelle A 4:

	1970	1971	1972	1973	1974	1975	1976
Alle Banken	214 013	241 181	273 179	307 860	360 739	428 474	455 049
Kreditbanken	51 000	59 304	66 213	82 623	94 203	112 131	121 566
Großbanken	15 808	18 223	19 679	22 578	28 726	38 252	41 730
Regionalbk. und sonst.Institute	21 050	24 203	28 569	34 541	37 710	42 769	46 625
Zweigstellen ausl. Banken	7 914	9 821	9 897	17 412	19 771	22 208	23 708
Privatbankiers	6 228	7 057	8 068	8 092	7 996	8 902	9 503
Girozentralen	40 739	43 228	54 737	58 245	66 873	73 103	76 904
Sparkassen	47 718	53 044	56 818	59 966	74 345	91 908	96 469
Genossensch. Zentralkassen	21 484	24 395	26 998	31 285	38 785	44 681	46 659
Kreditgenossen-schaften	14 484	17 040	19 718	25 218	32 731	40 308	42 519
Realkredit-institute	7 666	9 196	9 375	9 274	9 162	13 622	16 974
Private Hypo-thekenbanken	4 641	6 175	7 399	7 286	7 028	9 691	11 165
Öffentl.-rechtl. Grundkreditanst.	3 025	3 021	1 976	1 988	2 134	3 931	5 809
Teilzahlungs-kreditinstitute	473	619	987	1 099	1 298	1 469	1 714
Kreditinstitute u.Sonderaufgaben	25 728	28 424	30 906	32 186	34 723	42 215	42 254
Postscheck- und Postspark.-Ämter	4 721	5 931	7 427	7 964	8 619	9 037	9 990

Quelle: Siehe S. 278.

Tabelle A 5: Kredite an öffentliche Haushalte (Mio. DM)

	1962	1963	1964	1965	1966	1967	1968	1969
Alle Banken	30 867	34 529	40 476	47 530	53 964	67 892	74 370	75 714
Kreditbanken	3 696	3 904	4 677	5 013	6 066	9 407	10 611	7 768
Großbanken	1 817	1 700	1 965	1 933	2 591	5 052	5 700	3 097
Regionalbk. und sonst. Institute	1 742	2 028	2 470	2 826	3 199	4 048	4 315	4 129
Zweigstellen ausl. Banken							204	204
Privatbankiers	137	176	242	254	276	307	392	338
Girozentralen	7 047	7 574	8 996	10 965	12 587	16 462	17 415	16 394
Sparkassen	9 556	10 481	12 221	14 577	16 463	18 835	19 902	21 317
Genossensch. Zentralkassen	275	292	356	327	564	1 697	2 272	2 385
Kreditgenossenschaften	1 128	1 236	1 430	1 627	1 833	2 127	2 130	2 300
Realkreditinstitute	5 534	6 376	7 406	8 831	9 847	11 899	13 140	14 883
Private Hypothekenbanken	3 037	3 365	4 026	4 743	5 323	6 662	7 949	9 116
Öffentl.-rechtl. Grundkreditanst.	2 497	3 011	3 380	4 088	4 524	5 237	5 191	5 767
Teilzahlungskreditinstitute	2	2	2	3	3	2	15	13
Kreditinstitute m.Sonderaufgaben	3 129	4 084	4 756	5 008	5 328	6 041	7 067	8 325
Postscheck- und Postspark.-Ämter	500	580	632	1 179	1 273	1 422	1 818	2 329

noch Tabelle A 5:

	1970	1971	1972	1973	1974	1975	1976
Alle Banken	82 538	92 631	102 861	113 848	132 388	180 409	210 908
Kreditbanken	7 955	7 939	8 762	8 971	11 220	24 538	32 497
Großbanken	3 088	2 534	2 500	2 340	3 549	11 441	15 467
Regionalbk. und sonst.Institute	4 316	4 741	5 528	5 896	6 857	11 406	15 209
Zweigstellen ausl. Banken	208	277	310	328	361	702	842
Privatbankiers	343	387	424	407	453	989	979
Girozentralen	20 007	23 491	30 114	35 808	43 300	54 225	60 103
Sparkassen	22 898	26 030	28 821	30 704	34 388	41 821	46 619
Genossensch. Zentralkassen	1 775	1 451	1 279	1 112	2 722	4 389	2 966
Kreditgenossen-schaften	2 502	3 032	3 483	4 108	4 358	5 180	5 683
Realkredit-institute	15 512	17 374	15 659	17 208	22 710	34 719	45 217
Private Hypo-thekenbanken	9 820	11 257	12 089	13 275	18 225	26 524	33 807
Öffentl.-rechtl. Grundkreditanst.	5 692	6 117	3 570	3 933	4 485	8 195	11 410
Teilzahlungs-kreditinstitute	18	12	17	24	26	62	102
Kreditinstitute u.Sonderaufgaben	9 478	10 405	11 944	13 519	10 846	12 823	14 882
Postscheck- und Postspark.-Ämter	2 393	2 897	2 782	2 394	2 818	2 652	2 839

Quelle: Siehe S. 278.

Tabelle A 6: Kurzfristige Kredite an inländische Nichtbanken (Mio. DM)

	1962	1963	1964	1965	1966	1967	1968	1969
Alle Banken	51 420	55 359	60 672	67 306	72 324	74 286	80 998	101 562
Kreditbanken	29 553	31 084	33 948	36 922	38 413	39 886	43 704	54 990
Großbanken	14 409	14 956	16 194	16 785	17 003	17 667	18 904	24 688
Regionalbk. und sonst.Institute } Zweigstellen ausl. Banken	11 165	11 993	13 247	15 182	16 101	16 824		
Regionalbk. und sonst.Institute							17 263	21 416
Zweigstellen ausl. Banken							1 483	1 958
Privatbankiers	3 979	4 235	4 507	4 955	5 309	5 395	6 054	6 928
Girozentralen	3 358	3 787	3 925	4 830	5 058	4 979	6 030	7 259
Sparkassen	7 258	8 110	8 975	10 461	12 038	12 527	14 715	18 830
Genossensch. Zentralkassen	1 381	1 473	1 671	1 821	2 097	2 009	2 082	2 757
Kreditgenossen-schaften	6 443	7 225	7 939	9 193	10 324	10 972	12 111	14 286
Realkredit-institute	68	98	84	70	86	113	222	326
Private Hypo-thekenbanken	30	36	28	24	38	52	141	155
Öffentl.-rechtl. Grundkreditanst.	38	62	56	46	48	61	81	171
Teilzahlungs-kreditinstitute	1 987	2 006	2 044	2 072	2 107	1 574	1 272	1 627
Kreditinstitute m.Sonderaufgaben	908	1 028	1 589	1 505	2 016	2 100	762	1 168
Postscheck- und Postspark.-Ämter	464	548	497	432	185	126	100	319

noch Tabelle A 6:

	1970	1971	1972	1973	1974	1975	1976
Alle Banken	113 617	131 734	155 941	166 951	179 667	171 204	182 830
Kreditbanken	59 581	68 170	81 258	82 827	89 901	84 181	88 043
Großbanken	24 284	26 942	30 684	31 242	35 506	31 823	34 077
Regionalbk. und sonst.Institute	24 834	28 750	34 264	35 450	37 083	35 494	36 894
Zweigstellen ausl. Banken	2 493	3 610	6 626	7 261	7 748	7 337	7 450
Privatbankiers	7 970	8 868	9 684	8 874	9 564	9 527	9 622
Girozentralen	8 951	11 511	12 204	13 373	15 222	12 874	12 341
Sparkassen	22 374	25 981	31 640	35 175	35 934	35 352	40 251
Genossensch. Zentralkassen	2 693	2 969	3 184	3 595	4 422	3 819	4 088
Kreditgenossen-schaften	16 309	18 733	22 510	26 053	27 340	27 376	30 692
Realkredit-institute	383	653	581	628	788	911	860
Private Hypo-thekenbanken	225	482	371	476	599	698	657
Öffentl.-rechtl. Grundkreditanst.	158	171	210	152	189	213	203
Teilzahlungs-kreditinstitute	1 663	2 082	2 426	2 877	2 959	3 231	3 189
Kreditinstitute u.Sonderaufgaben	1 344	1 266	1 738	2 023	2 701	3 037	2 934
Postscheck- und Postspark.-Ämter	319	369	400	400	400	423	432

Quelle: Siehe S. 278.

Tabelle A 7: Mittel- und langfristige Kredite an inländische Nichtbanken (Mio. DM)

	1962	1963	1964	1965	1966	1967	1968	1969
Alle Banken	133 033	151 298	171 142	191 961	208 420	224 593	253 547	284 386
Kreditbanken	17 653	20 180	22 322	25 361	28 260	29 969	35 647	43 994
Großbanken	7 024	7 745	8 661	10 446	12 416	13 036	15 408	19 909
Regionalbk. und sonst.Institute } Zweigstellen ausl. Banken	9 356	11 000	12 153	13 228	14 066	15 096		
Regionalbk. und sonst.Institute							17 841	21 260
Zweigstellen ausl. Banken							285	471
Privatbankiers	1 273	1 435	1 508	1 687	1 778	1 837	2 113	2 354
Girozentralen	18 189	20 813	23 382	26 270	28 242	30 536	33 920	37 878
Sparkassen	31 444	36 476	41 706	46 934	51 058	55 299	62 513	70 703
Genossensch. Zentralkassen	1 028	1 031	1 119	1 136	1 209	1 580	1 797	2 090
Kreditgenossenschaften	6 314	7 678	9 257	11 072	12 330	13 734	17 018	20 320
Realkreditinstitute	44 796	50 504	57 417	63 406	68 192	73 239	79 779	84 001
Private Hypothekenbanken	14 355	16 946	20 239	22 648	24 590	27 015	30 626	33 633
Öffentl.-rechtl. Grundkreditanst.	30 441	33 558	37 178	40 758	43 602	46 224	49 153	50 368
Teilzahlungskreditinstitute	2 393	2 820	3 025	3 284	3 486	3 582	4 186	4 908
Kreditinstitute m.Sonderaufgaben	8 686	9 016	9 646	10 470	10 898	11 662	13 586	14 661
Postscheck- und Postspark.-Ämter	2 530	2 780	3 268	4 028	4 745	4 992	5 101	5 831

noch Tabelle A 7:

	1970	1971	1972	1973	1974	1975	1976
Alle Banken	316 925	358 833	413 388	464 325	492 455	531 986	586 338
Kreditbanken	51 607	61 777	74 167	82 429	83 268	88 255	102 310
Großbanken	23 578	27 914	33 572	37 256	36 452	38 391	46 000
Regionalbk. und sonst.Institute	24 614	29 629	35 130	39 063	40 733	43 725	50 146
Zweigstellen ausl. Banken	501	815	1 451	1 704	1 905	1 979	1 279
Privatbankiers	2 914	3 419	4 014	4 406	4 178	4 160	4 885
Girozentralen	45 021	50 539	68 285	78 074	82 710	88 199	93 658
Sparkassen	77 882	87 193	98 280	107 451	114 208	124 099	138 321
Genossensch. Zentralkassen	2 596	3 522	4 008	4 389	5 744	5 571	6 458
Kreditgenossenschaften	23 802	28 784	35 052	42 271	45 461	51 569	61 810
Realkreditinstitute	84 474	92 132	94 162	107 008	116 759	126 238	131 834
Private Hypothekenbanken	36 599	42 382	51 821	59 601	66 372	72 991	74 823
Öffentl.-rechtl. Grundkreditanst.	47 875	49 750	42 341	47 407	50 387	53 247	57 011
Teilzahlungskreditinstitute	6 303	7 368	8 570	9 582	10 164	10 792	11 949
Kreditinstitute u.Sonderaufgaben	19 234	21 004	23 018	24 022	24 620	25 407	26 731
Postscheck- und Postspark.-Ämter	6 006	6 514	7 846	9 099	9 521	11 856	13 267

Quelle: Siehe S. 278.

Tabelle A 8: Beteiligungen (Mio. DM)

	1962	1963	1964	1965	1966	1967	1968	1969
Alle Banken	1 470	1 624	1 833	2 038	2 349	2 572	3 142	4 172
Kreditbanken	765	856	1 016	1 130	1 266	1 401	1 839	2 231
Großbanken	233	258	324	368	417	509	738	932
Regionalbk. und sonst. Institute }	326	374	455	538	620	652	789	924
Zweigstellen ausl. Banken }							7	3
Privatbankiers	206	224	237	224	229	240	305	372
Girozentralen	83	89	98	176	250	225	255	469
Sparkassen	246	276	300	331	388	433	471	565
Genossensch. Zentralkassen	65	75	79	121	140	203	205	363
Kreditgenossenschaften	87	91	97	121	139	155	174	210
Realkreditinstitute	19	22	28	33	44	41	63	71
Private Hypothekenbanken	1	1	1	1	6	5	6	7
Öffentl.-rechtl. Grundkreditanst.	18	21	27	32	38	36	57	64
Teilzahlungskreditinstitute	22	25	25	33	28	26	29	31
Kreditinstitute m. Sonderaufgaben	183	190	190	93	94	88	106	232

noch Tabelle A 8:

	1970	1971	1972	1973	1974	1975	1976
Alle Banken	4 990	6 359	7 825	8 938	10 421	11 626	13 175
Kreditbanken	2 570	3 425	4 222	4 692	5 365	5 895	6 866
Großbanken	1 212	1 589	1 886	2 156	2 561	2 925	3 355
Regionalbk. und sonst.Institute	950	1 399	1 842	2 038	2 204	2 360	2 953
Zweigstellen ausl. Banken	3	4	4	8	10	9	9
Privatbankiers	405	433	490	490	590	601	549
Girozentralen	705	966	1 368	1 850	2 272	2 548	2 692
Sparkassen	742	828	929	992	1 091	1 185	1 318
Genossensch. Zentralkassen	377	385	449	592	753	952	994
Kreditgenossen-schaften	220	234	300	351	443	507	608
Realkredit-institute	80	95	104	106	135	142	177
Private Hypo-thekenbanken	9	14	18	20	19	22	18
Öffentl.-rechtl. Grundkreditanst.	71	81	86	86	116	120	159
Teilzahlungs-kreditinstitute	43	51	60	74	79	68	73
Kreditinstitute u.Sonderaufgaben	253	375	393	281	283	329	447

<u>Quelle:</u> Siehe S. 278.

Tabelle A 9: Einlagen und aufgenommene Kredite von Kreditinstituten (Mio. DM)

	1962	1963	1964	1965	1966	1967	1968	1969
Alle Banken	64 187	72 505	79 980	91 685	100 246	116 401	143 397	170 236
Kreditbanken	18 997	19 969	22 617	25 929	26 982	30 074	38 224	54 615
Großbanken	7 031	6 813	7 316	7 821	7 885	8 188	9 764	14 368
Regionalbk. und sonst. Institute / Zweigstellen ausl. Banken	8 291	9 176	10 864	13 079	13 983	16 501	16 738 / 5 414	23 670 / 8 383
Privatbankiers	3 675	3 980	4 437	5 029	5 114	5 385	6 308	8 194
Girozentralen	18 560	21 531	21 977	24 693	27 760	36 607	45 253	44 729
Sparkassen	4 664	4 937	5 597	6 532	7 176	6 986	8 232	11 668
Genossensch. Zentralkassen	7 356	8 984	10 100	11 954	13 021	16 824	20 931	21 944
Kreditgenossenschaften	2 116	2 439	2 843	3 247	3 478	3 528	4 182	5 272
Realkreditinstitute	4 145	4 798	5 561	6 553	7 560	7 901	10 118	11 020
Private Hypothekenbanken	1 198	1 338	1 643	2 010	2 304	2 444	3 586	4 082
Öffentl.-rechtl. Grundkreditanst.	2 947	3 460	3 918	4 543	5 256	5 457	6 532	6 938
Teilzahlungskreditinstitute	3 296	3 690	3 815	3 895	4 107	3 718	3 999	4 788
Kreditinstitute m.Sonderaufgaben	4 398	5 472	6 794	8 147	9 406	9 908	11 589	15 298
Postscheck- und Postspark.-Ämter	655	685	676	735	756	855	869	902

noch Tabelle A 9:

	1970	1971	1972	1973	1974	1975	1976
Alle Banken	195 618	224 546	251 121	266 050	303 982	326 237	358 515
Kreditbanken	66 097	76 633	89 634	97 891	110 101	114 324	130 973
Großbanken	17 181	19 213	22 189	21 263	26 276	26 469	35 377
Regionalbk. und sonst.Institute	28 969	33 286	39 547	43 268	46 268	47 847	54 040
Zweigstellen ausl. Banken	9 830	13 009	16 060	22 482	25 798	28 071	28 819
Privatbankiers	10 117	11 125	11 838	10 878	11 759	11 937	12 737
Girozentralen	47 546	50 770	55 704	56 328	67 569	72 568	72 145
Sparkassen	14 949	18 442	20 631	18 613	19 047	19 762	22 914
Genossensch. Zentralkassen	24 811	28 879	31 268	34 939	45 863	51 430	52 649
Kreditgenossen-schaften	6 363	7 444	10 298	11 774	12 205	12 177	14 385
Realkredit-institute	11 105	14 110	11 603	12 328	15 987	21 112	25 973
Private Hypo-thekenbanken	5 569	8 323	7 463	8 498	10 542	12 937	14 993
Öffentl.-rechtl. Grundkreditanst.	5 536	5 787	4 140	3 830	5 445	8 175	10 980
Teilzahlungs-kreditinstitute	5 926	6 768	7 914	9 016	9 254	9 340	10 251
Kreditinstitute u.Sonderaufgaben	17 848	20 535	22 791	23 896	22 529	24 106	27 975
Postscheck- und Postspark.-Ämter	973	965	1 278	1 265	1 427	1 418	1 250

Quelle: Siehe S. 278.

Tabelle A 1o: Sichteinlagen von Nichtbanken (Mio. DM)

	1962	1963	1964	1965	1966	1967	1968	1969
Alle Banken	40 083	43 345	46 292	50 174	49 905	57 580	62 298	66 481
Kreditbanken	17 672	19 188	20 287	21 476	20 814	24 713	26 510	27 121
Großbanken	10 181	10 966	11 569	12 204	11 684	14 017	14 604	14 661
Regionalbk. und sonst. Institute	5 873	6 501	6 870	7 299	7 261	8 458	8 795	9 168
Zweigstellen ausl. Banken							563	685
Privatbankiers	1 618	1 721	1 848	1 973	1 869	2 238	2 548	2 607
Girozentralen	1 982	2 006	2 031	2 281	2 356	2 776	2 898	2 663
Sparkassen	12 411	13 498	14 634	16 052	16 534	18 401	19 792	21 951
Genossensch. Zentralkassen	341	428	460	515	443	537	515	580
Kreditgenossenschaften	4 559	4 995	5 561	6 142	6 287	7 146	8 044	9 146
Realkreditinstitute	94	173	80	120	75	102	191	382
Private Hypothekenbanken	22	20	19	27	23	31	110	115
Öffentl.-rechtl. Grundkreditanst.	72	153	61	93	52	71	81	267
Teilzahlungskreditinstitute	137	137	152	35	38	30	38	90
Kreditinstitute m.Sonderaufgaben	276	278	279	478	268	533	731	788
Postscheck- und Postspark.-Ämter	2 611	2 642	2 808	3 075	3 090	3 342	3 579	3 760

(1962–1967: Regionalbk. und sonst. Institute together with Zweigstellen ausl. Banken)

noch Tabelle A 1o:

	1970	1971	1972	1973	1974	1975	1976
Alle Banken	72 960	83 460	95 937	97 805	109 455	129 978	129 958
Kreditbanken	30 523	33 942	37 461	36 344	42 842	48 786	48 005
Großbanken	16 865	18 349	19 678	19 153	22 565	26 671	25 721
Regionalbk. und sonst.Institute	10 113	11 652	13 299	12 622	15 276	16 785	16 602
Zweigstellen ausl. Banken	730	863	1 029	1 281	1 329	1 421	1 664
Privatbankiers	2 815	3 078	3 455	3 288	3 672	3 909	4 018
Girozentralen	2 746	3 445	4 419	4 940	5 187	5 821	5 847
Sparkassen	23 920	27 449	31 184	32 426	35 247	41 196	42 978
Genossensch. Zentralkassen	658	747	864	807	900	984	1 133
Kreditgenossen-schaften	10 259	12 299	14 544	15 529	17 346	20 837	22 327
Realkredit-institute	313	352	269	294	217	401	315
Private Hypo-thekenbanken	93	128	149	149	133	218	214
Öffentl.-rechtl. Grundkreditanst.	220	224	120	145	84	183	101
Teilzahlungs-kreditinstitute	100	104	232	148	212	242	368
Kreditinstitute u.Sonderaufgaben	376	436	1 208	862	721	4 628	1 411
Postscheck- und Postspark.-Ämter	4 065	4 686	5 756	6 455	6 783	7 083	7 574

Quelle: Siehe S. 278.

Tabelle A 11: Termineinlagen von Nichtbanken (Mio. DM)

<table>
<tr><th></th><th>1962</th><th>1963</th><th>1964</th><th>1965</th><th>1966</th><th>1967</th><th>1968</th><th>1969</th></tr>
<tr><td>Alle Banken</td><td>64 126</td><td>69 345</td><td>71 230</td><td>73 365</td><td>79 652</td><td>86 100</td><td>101 912</td><td>114 888</td></tr>
<tr><td>Kreditbanken</td><td>16 915</td><td>18 522</td><td>19 635</td><td>19 239</td><td>21 898</td><td>26 003</td><td>35 107</td><td>40 239</td></tr>
<tr><td>Großbanken</td><td>8 159</td><td>8 735</td><td>8 947</td><td>8 281</td><td>9 740</td><td>12 156</td><td>17 601</td><td>19 522</td></tr>
<tr><td>Regionalbk. und sonst.Institute</td><td rowspan="2">7 425</td><td rowspan="2">8 394</td><td rowspan="2">9 142</td><td rowspan="2">9 359</td><td rowspan="2">10 268</td><td rowspan="2">11 581</td><td>14 156</td><td>16 358</td></tr>
<tr><td>Zweigstellen ausl. Banken</td><td>254</td><td>752</td></tr>
<tr><td>Privatbankiers</td><td>1 331</td><td>1 393</td><td>1 546</td><td>1 599</td><td>1 890</td><td>2 266</td><td>3 096</td><td>3 607</td></tr>
<tr><td>Girozentralen</td><td>7 896</td><td>8 762</td><td>9 022</td><td>9 132</td><td>9 978</td><td>10 294</td><td>12 188</td><td>15 017</td></tr>
<tr><td>Sparkassen</td><td>5 342</td><td>5 361</td><td>5 275</td><td>5 554</td><td>5 777</td><td>5 931</td><td>6 866</td><td>8 676</td></tr>
<tr><td>Genossensch. Zentralkassen</td><td>879</td><td>996</td><td>1 098</td><td>1 174</td><td>1 542</td><td>1 638</td><td>1 773</td><td>1 787</td></tr>
<tr><td>Kreditgenossen-schaften</td><td>899</td><td>1 024</td><td>1 085</td><td>1 221</td><td>1 503</td><td>1 639</td><td>2 029</td><td>2 568</td></tr>
<tr><td>Realkredit-institute</td><td>21 260</td><td>22 999</td><td>22 695</td><td>23 830</td><td>24 947</td><td>26 256</td><td>29 595</td><td>30 444</td></tr>
<tr><td>Private Hypo-thekenbanken</td><td>920</td><td>955</td><td>960</td><td>933</td><td>1 059</td><td>1 077</td><td>3 390</td><td>3 920</td></tr>
<tr><td>Öffentl.-rechtl. Grundkreditanst.</td><td>20 340</td><td>22 044</td><td>21 735</td><td>22 897</td><td>23 888</td><td>25 179</td><td>26 205</td><td>26 524</td></tr>
<tr><td>Teilzahlungs-kreditinstitute</td><td>457</td><td>468</td><td>456</td><td>742</td><td>625</td><td>532</td><td>555</td><td>782</td></tr>
<tr><td>Kreditinstitute m.Sonderaufgaben</td><td>10 388</td><td>11 123</td><td>11 874</td><td>12 383</td><td>13 292</td><td>13 717</td><td>13 709</td><td>15 285</td></tr>
<tr><td>Postscheck- und Postspark.-Ämter</td><td>90</td><td>90</td><td>90</td><td>90</td><td>90</td><td>90</td><td>90</td><td>90</td></tr>
</table>

noch Tabelle A 11:

	1970	1971	1972	1973	1974	1975	1976
Alle Banken	127 085	142 774	165 946	207 959	210 345	205 008	225 599
Kreditbanken	46 374	52 611	61 739	76 135	68 449	71 728	79 597
Großbanken	21 963	24 570	27 659	34 047	30 931	34 460	37 068
Regionalbk. und sonst. Institute	19 939	23 028	27 347	33 330	30 627	29 841	34 261
Zweigstellen ausl. Banken	498	396	968	2 320	1 504	1 418	1 775
Privatbankiers	3 974	4 617	5 765	6 438	5 387	6 009	6 493
Girozentralen	15 955	17 758	22 573	24 327	25 359	26 363	29 787
Sparkassen	10 932	12 172	14 909	24 658	26 060	15 132	17 785
Genossensch. Zentralkassen	1 765	2 287	2 768	2 376	2 832	3 045	3 585
Kreditgenossenschaften	4 512	6 095	7 872	15 220	17 669	10 229	11 675
Realkreditinstitute	31 126	32 834	34 792	42 286	45 730	52 267	56 490
Private Hypothekenbanken	4 752	6 068	8 635	11 616	14 258	17 490	19 271
Öffentl.-rechtl. Grundkreditanst.	26 813	26 766	26 189	30 670	31 472	34 777	37 219
Teilzahlungskreditinstitute	898	1 158	1 202	1 570	1 798	1 396	1 371
Kreditinstitute u. Sonderaufgaben	15 433	17 769	20 001	21 297	22 358	24 758	25 219
Postscheck- und Postspark.-Ämter	90	90	90	90	90	90	90

Quelle: Siehe S. 278.

Tabelle A 12: Spareinlagen und Sparbriefe von Nichtbanken (Mio. DM)

	1962	1963	1964	1965	1966	1967	1968	1969
Alle Banken	69 873	81 521	94 212	110 677	127 112	144 921	167 918	189 782
Kreditbanken	10 896	12 667	14 681	17 831	21 474	24 746	28 761	32 498
Großbanken	6 275	7 277	8 388	10 294	12 426	14 233	16 485	18 468
Regionalbk. und sonst.Institute / Zweigstellen ausl. Banken	3 957	4 622	5 428	6 456	7 769	9 128		
Regionalbk. und sonst.Institute							10 574	12 055
Zweigstellen ausl. Banken							99	124
Privatbankiers	664	768	865	1 081	1 279	1 385	1 603	1 846
Girozentralen	228	270	305	353	389	445	518	543
Sparkassen	44 407	51 816	59 713	69 365	78 813	89 414	102 544	114 889
Genossensch. Zentralkassen	116	128	143	160	174	294	519	814
Kreditgenossen-schaften	10 012	11 926	14 160	17 240	20 173	23 302	28 012	32 464
Realkredit-institute	2	4	4	5	5	7	8	10
Private Hypo-thekenbanken	2	3	3	4	4	5	6	8
Öffentl.-rechtl. Grundkreditanst.	0	1	1	1	1	2	2	2
Teilzahlungs-kreditinstitute	-	-	-	0	0	17	103	198
Kreditinstitute m.Sonderaufgaben	8	9	10	14	17	19	22	22
Postscheck- und Postspark.-Ämter	4 204	4 701	5 196	5 709	6 067	6 677	7 431	8 344

noch Tabelle A 12:

	1970	1971	1972	1973	1974	1975	1976
Alle Banken	210 674	239 880	274 837	299 067	334 070	408 364	454 051
Kreditbanken	35 672	41 503	47 806	51 437	56 861	70 854	77 313
Großbanken	20 253	23 508	26 751	29 256	32 850	40 456	44 032
Regionalbk. und sonst.Institute	13 281	15 620	18 363	19 495	21 308	27 048	29 776
Zweigstellen ausl. Banken	129	136	146	130	147	196	201
Privatbankiers	2 005	2 234	2 546	2 556	2 556	3 154	3 302
Girozentralen	1 754	2 013	2 323	2 375	2 648	3 152	3 403
Sparkassen	124 963	139 721	157 694	168 790	188 393	225 097	249 466
Genossensch. Zentralkassen	1 037	1 267	1 589	2 213	2 499	3 216	2 805
Kreditgenossen-schaften	37 235	43 526	51 009	58 484	65 970	84 349	95 985
Realkredit-institute	14	19	26	30	35	56	64
Private Hypo-thekenbanken	11	15	21	24	27	45	51
Öffentl.-rechtl. Grundkreditanst.	3	3	5	6	8	11	13
Teilzahlungs-kreditinstitute	245	402	836	838	949	2 185	2 517
Kreditinstitute u.Sonderaufgaben	24	27	32	31	35	50	63
Postscheck- und Postspark.-Ämter	9 730	11 402	13 522	14 869	16 680	19 405	21 435

Quelle: Siehe S. 278.

Tabelle A 13: Kapital (einschließlich offene Rücklagen gem. § 1o KWG) (Mio. DM)

	1962	1963	1964	1965	1966	1967	1968	1969
Alle Banken	14 054	15 619	17 539	19 554	18 565	20 380	23 180	26 055
Kreditbanken	3 945	4 198	4 571	4 994	5 535	5 922	6 812	7 715
Großbanken	1 683	1 744	1 873	2 016	2 267	2 442	2 862	3 259
Regionalbk. und sonst. Institute	1 625	1 750	1 957	2 171	2 420	2 600	2 609	2 936
Zweigstellen ausl. Banken							365	407
Privatbankiers	637	704	741	807	848	880	976	1 113
Girozentralen	924	1 041	1 226	1 394	1 602	1 829	2 043	2 448
Sparkassen	2 431	2 854	3 354	3 877	4 301	4 861	5 802	6 459
Genossensch. Zentralkassen	402	454	496	599	649	772	877	1 096
Kreditgenossen-schaften	1 118	1 284	1 470	1 670	1 840	2 060	2 375	2 597
Realkredit-institute	1 534	1 675	1 847	2 064	2 345	2 552	2 821	3 182
Private Hypo-thekenbanken	652	737	838	974	1 116	1 229	1 339	1 515
Öffentl.-rechtl. Grundkreditanst.	882	938	1 009	1 090	1 229	1 323	1 482	1 667
Teilzahlungs-kreditinstitute	310	338	379	415	433	453	465	524
Kreditinstitute m.Sonderaufgaben	3 390	3 775	4 196	4 541	1 860	1 931	1 985	2 034
Postscheck- und Postspark.-Ämter	--	--	--	--	--	--	--	--

Note: 1962–1967 values for Regionalbk. und sonst. Institute and Zweigstellen ausl. Banken are combined (bracketed).

noch Tabelle A 13:

	1970	1971	1972	1973	1974	1975	1976
Alle Banken	29 473	32 064	36 617	40 627	44 219	48 731	54 725
Kreditbanken	8 826	10 017	12 172	13 516	14 667	16 897	19 068
Großbanken	3 375	3 972	4 550	5 130	5 520	6 714	7 555
Regionalbk. und sonst.Institute	3 569	3 976	4 921	5 455	5 779	6 525	7 579
Zweigstellen ausl. Banken	590	708	1 229	1 343	1 740	2 049	2 274
Privatbankiers	1 292	1 361	1 472	1 588	1 628	1 609	1 660
Girozentralen	2 972	3 195	4 314	4 560	5 016	5 418	6 066
Sparkassen	6 973	7 380	7 928	8 629	9 210	9 995	11 412
Genossensch. Zentralkassen	1 138	1 148	1 269	1 391	1 581	1 693	2 038
Kreditgenossen-schaften	2 843	3 135	3 503	4 168	4 574	5 105	5 899
Realkredit-institute	3 363	3 620	3 629	4 280	4 531	4 833	5 140
Private Hypo-thekenbanken	1 639	1 779	2 111	2 397	2 559	2 769	2 921
Öffentl.-rechtl. Grundkreditanst.	1 724	1 841	1 518	1 883	1 972	2 064	2 219
Teilzahlungs-kreditinstitute	585	661	746	851	946	985	1 115
Kreditinstitute u.Sonderaufgaben	2 773	2 908	3 056	3 232	3 694	3 805	3 987
Postscheck- und Postspark.-Ämter	--	--	--	--	--	--	--

Quelle: Siehe S. 278.

Tabelle A 14: Aktivstruktur 1962 (in % des Geschäftsvolumens)

	Kredite an Kreditinstitute	Kredite an öff. Haushalte	Kredite an Nichtbanken kurzfr.	Kredite an Nichtbanken mittel-/langfr.	Beteiligungen
Alle Banken	23,36	9,47	15,77	40,80	0,45
Kreditbanken	17,38	4,84	38,66	23,09	1,00
Großbanken	15,66	5,18	41,10	20,04	0,66
Regionalbk. und sonst. Institute / Zweigstellen ausl. Banken	19,02	5,27	33,76	28,29	0,99
Privatbankiers	18,11	1,65	47,85	15,31	0,01
Girozentralen	29,42	15,49	7,38	39,99	0,18
Sparkassen	23,68	13,23	10,05	43,53	0,34
Genossensch. Zentralkassen	61,13	2,84	14,26	10,62	0,67
Kreditgenossenschaften	16,63	5,80	33,15	32,48	0,45
Realkreditinstitute	7,62	9,90	0,12	80,11	0,03
Private Hypothekenbanken	8,05	15,62	0,15	73,85	0,01
Öffentl.-rechtl. Grundkreditanst.	7,41	6,85	0,10	83,45	0,05
Teilzahlungs-Kreditinstitute	4,17	0,04	41,01	49,39	0,45
Kreditinstitute mit Sonderaufgaben	48,20	9,22	2,67	25,59	0,54
Postscheck- und Postsparkassen-Ämter	29,91	6,20	5,76	31,38	--

Quelle: Siehe S. 278.

Tabelle A 15: Aktivstruktur 1976 (in % des Geschäftsvolumens)

	Kredite an Kreditinstitute	Kredite an öff. Haushalte	Kredite an Nichtbanken kurzfr.	Kredite an Nichtbanken mittel-/langfr.	Beteiligungen
Alle Banken	28,51	13,21	11,45	36,74	0,83
Kreditbanken	30,71	8,21	22,24	25,85	1,73
Großbanken	25,60	9,49	20,90	28,21	2,06
Regionalbk. und sonst.Institute	27,66	9,02	21,89	29,75	1,75
Zweigstellen ausl. Banken	67,41	2,39	21,18	36,36	0,03
Privatbankiers	32,70	3,37	33,11	16,81	1,90
Girozentralen	29,11	22,75	4,67	26,30	1,02
Sparkassen	27,09	13,09	11,30	38,84	0,37
Genossensch. Zentralkassen	69,97	4,44	6,13	9,68	1,49
Kreditgenossenschaften	27,59	3,69	19,91	40,10	0,39
Realkreditinstitute	8,39	22,36	0,42	65,19	0,09
Private Hypothekenbanken	8,85	26,79	0,52	59,28	0,00
Öffentl.-rechtl. Grundkreditanst.	7,64	15,01	0,27	74,99	0,21
Teilzahlungs-Kreditinstitute	9,42	0,56	17,53	65,68	0,40
Kreditinstitute mit Sonderaufgaben	39,20	13,81	2,72	24,80	0,41
Postscheck- und Postsparkassen-Ämter	32,29	9,18	1,40	42,88	--

Quelle: Siehe S. 278.

Tabelle A 16: Passivstruktur 1962 (in % des Geschäftsvolumens)

	Einlagen /Kredite von Kreditinstituten	Einlagen von Nichtbanken			Eigenkapital
		Sichteinlagen	Termineinlagen	Spareinlagen und -briefe	
Alle Banken	19,69	12,29	19,67	21,43	4,31
Kreditbanken	24,85	23,12	22,13	14,25	5,16
Großbanken	20,06	29,04	23,27	17,90	4,80
Regionalbk. und sonst. Institute / Zweigstellen ausl. Banken	25,07	17,76	22,45	11,97	4,91
Privatbankiers	44,19	19,46	16,01	7,98	7,66
Girozentralen	40,80	4,36	17,36	0,50	2,03
Sparkassen	6,46	17,18	7,40	61,48	3,37
Genossensch. Zentralkassen	75,96	3,52	9,08	1,20	4,15
Kreditgenossenschaften	10,89	23,45	4,62	51,50	5,75
Realkreditinstitute	7,41	0,17	38,02	0,004	2,74
Private Hypothekenbanken	6,16	0,11	4,73	0,01	3,35
Öffentl.-rechtl. Grundkreditanst.	8,08	0,20	55,76	--	2,42
Teilzahlungskreditinstitute	68,03	2,83	9,43	--	6,40
Kreditinstitute m.Sonderaufgaben	12,96	0,81	30,60	0,02	9,99
Postscheck- und Postspark.-Ämter	8,13	32,39	1,12	52,15	0,00

Quelle: Siehe S. 278.

Tabelle A 17: Passivstruktur 1976 (in % des Geschäftsvolumens)

	Einlagen /Kredite von Kreditinstituten	Einlagen von Nichtbanken			Eigenkapital
		Sichteinlagen	Termineinlagen	Spareinlagen und -briefe	
Alle Banken	22,46	8,14	14,13	28,45	3,43
Kreditbanken	33,09	12,13	20,11	19,53	4,81
Großbanken	21,70	15,78	22,74	27,01	4,63
Regionalbk. und sonst.Institute	32,06	9,85	20,33	17,67	4,50
Zweigstellen ausl. Banken	81,94	4,73	5,05	0,57	6,47
Privatbankiers	43,83	13,83	22,34	11,36	5,71
Girozentralen	27,31	2,21	11,28	1,29	2,30
Sparkassen	6,43	12,07	4,99	70,04	3,20
Genossensch. Zentralkassen	78,95	1,70	5,38	4,21	3,06
Kreditgenossenschaften	9,33	14,49	7,57	62,27	3,83
Realkreditinstitute	12,84	0,16	27,93	0,03	2,54
Private Hypothekenbanken	11,88	0,17	15,27	0,04	2,31
Öffentl.-rechtl. Grundkreditanst.	14,44	0,13	48,95	0,02	2,92
Teilzahlungskreditinstitute	56,34	2,02	7,54	13,83	6,13
Kreditinstitute m.Sonderaufgaben	25,96	1,31	23,40	0,06	3,70
Postscheck- und Postspark.-Ämter	4,04	24,48	0,29	69,28	--

Quelle: Siehe S. 278.

Tabelle A 18: Eigenkapitalquoten 1962 bis 1976 (in % des Geschäftsvolumens)

	1962	1963	1964	1965	1966	1967	1968	1969
Alle Banken	4,31	4,26	4,30	4,28	3,73	3,62	3,58	3,55
Kreditbanken	5,16	5,02	4,99	4,99	5,13	4,77	4,57	4,35
Großbanken	4,80	4,65	4,68	4,72	4,90	4,53	4,45	4,40
Regionalbk. und sonst. Institute / Zweigstellen ausl. Banken	4,91	4,71	4,70	4,69	4,83	4,52		
Regionalbk. und sonst. Institute							4,16	3,92
Zweigstellen ausl. Banken							5,37	3,86
Privatbankiers	7,66	7,82	7,51	7,36	7,33	6,92	6,46	6,19
Girozentralen	2,03	1,98	2,14	2,18	2,27	2,18	2,02	2,21
Sparkassen	3,37	3,49	3,64	3,68	3,67	3,72	3,91	3,82
Genossensch. Zentralkassen	4,15	3,91	3,77	3,89	3,84	3,66	3,38	3,91
Kreditgenossenschaften	5,75	5,71	5,65	5,49	5,36	5,31	5,18	4,86
Realkreditinstitute	2,74	2,69	2,62	2,63	2,78	2,76	2,77	2,92
Private Hypothekenbanken	3,35	3,27	3,13	3,19	3,34	3,25	3,07	3,11
Öffentl.-rechtl. Grundkreditanst.	2,42	2,36	2,31	2,27	2,41	2,42	2,55	2,77
Teilzahlungskreditinstitute	6,40	6,36	6,86	7,04	7,14	8,01	7,71	7,13
Kreditinstitute m.Sonderaufgaben	9,99	9,89	9,87	9,68	3,69	3,57	3,46	3,16

noch Tabelle A 18:

	1970	1971	1972	1973	1974	1975	1976
Alle Banken	3,60	3,47	3,45	3,45	3,41	3,35	3,43
Kreditbanken	4,33	4,30	4,48	4,50	4,55	4,74	4,82
Großbanken	4,04	4,24	4,24	4,44	4,39	4,67	4,63
Regionalbk. und sonst.Institute	4,10	3,96	4,15	4,16	4,13	4,30	4,50
Zweigstellen ausl. Banken	4,90	4,60	6,22	4,77	5,61	6,08	6,47
Privatbankiers	6,20	5,89	5,70	6,20	6,26	5,82	5,71
Girozentralen	2,34	2,26	2,43	2,31	2,25	2,21	2,30
Sparkassen	3,72	3,49	3,30	3,30	3,21	3,10	3,20
Genossensch. Zentralkassen	3,63	3,17	3,45	3,14	2,80	2,66	3,06
Kreditgenossen-schaften	4,51	4,21	3,91	3,85	3,78	3,75	3,83
Realkredit-institute	3,02	2,94	2,94	3,10	2,94	2,67	2,54
Private Hypo-thekenbanken	3,05	2,83	2,83	2,87	2,68	2,42	2,31
Öffentl.-rechtl. Grundkreditanst.	2,98	3,06	3,10	3,45	3,37	3,08	2,92
Teilzahlungs-kreditinstitute	6,56	6,23	5,87	5,89	6,14	5,95	6,13
Kreditinstitute u.Sonderaufgaben	4,04	3,84	3,66	3,60	4,05	3,69	3,70

Quelle: Siehe S. 278.

Tabelle A 19: Zahl der berichtenden Institute (Marktanteile in %)

	1962	1963	1964	1965	1966	1967	1968	1969
Alle Banken	100,00	100,00	100,00	100,00	100,00	100,00	100,00	100,00
Kreditbanken	8,88	9,28	9,16	9,16	9,10	8,91	8,63	8,70
Großbanken	0,16	0,16	0,16	0,16	0,16	0,16	0,16	0,16
Regionalbk. und sonst. Institute	3,13	3,12	3,24	3,34	3,42	3,47	2,97	3,08
Zweigstellen ausl. Banken							0,59	0,65
Privatbankiers	5,59	6,00	5,76	5,66	5,52	5,28	4,92	4,81
Girozentralen	0,37	0,37	0,37	0,37	0,38	0,38	0,37	0,35
Sparkassen	22,98	22,90	22,95	23,08	23,21	23,34	22,93	22,99
Genossensch. Zentralkassen	0,50	0,50	0,50	0,51	0,51	0,51	0,48	0,49
Kreditgenossen-schaften	58,65	58,54	58,70	58,83	59,10	59,22	60,24	60,08
Realkredit-institute	1,27	1,27	1,27	1,28	1,27	1,27	1,26	1,30
Private Hypo-thekenbanken	0,74	0,77	0,77	0,77	0,78	0,79	0,77	0,78
Öffentl.-rechtl. Grundkreditanst.	0,53	0,50	0,50	0,51	0,48	0,49	0,48	0,51
Teilzahlungs-kreditinstitute	6,41	6,21	6,19	5,90	5,60	5,50	5,24	5,24
Kreditinstitute m.Sonderaufgaben	0,53	0,53	0,45	0,45	0,43	0,46	0,45	0,46
Postscheck- und Postspark.-Ämter	0,40	0,40	0,40	0,40	0,40	0,41	0,40	0,41

noch Tabelle A 19:

	1970	1971	1972	1973	1974	1975	1976
Alle Banken	100,00	100,00	100,00	100,00	100,00	100,00	100,00
Kreditbanken	8,72	8,86	9,23	8,43	8,36	8,08	7,90
Großbanken	0,17	0,17	0,18	0,16	0,16	0,17	0,17
Regionalbk. und sonst.Institute	3,14	3,28	3,46	3,25	3,25	3,14	3,18
Zweigstellen ausl. Banken	0,69	0,83	1,03	1,11	1,24	1,35	1,38
Privatbankiers	4,72	4,59	4,57	3,91	3,71	3,42	3,18
Girozentralen	0,33	0,34	0,35	0,32	0,32	0,33	0,34
Sparkassen	23,10	23,01	22,58	19,58	19,10	18,61	18,25
Genossensch. Zentralkassen	0,36	0,34	0,38	0,34	0,32	0,33	0,34
Kreditgenossen-schaften	60,18	60,04	60,08	64,75	65,36	66,40	67,18
Realkredit-institute	1,28	1,31	1,26	1,11	1,10	1,13	1,12
Private Hypo-thekenbanken	0,81	0,83	0,82	0,74	0,73	0,74	0,73
Öffentl.-rechtl. Grundkreditanst.	0,47	0,48	0,44	0,37	0,38	0,39	0,39
Teilzahlungs-kreditinstitute	5,14	5,16	5,16	4,60	4,55	4,19	3,91
Kreditinstitute u.Sonderaufgaben	0,47	0,48	0,53	0,48	0,48	0,52	0,53
Postscheck- und Postspark.-Ämter	0,42	0,43	0,44	0,40	0,40	0,41	0,42

<u>Quelle:</u> Siehe S. 278.

Tabelle A 2o: Geschäftsvolumen (Marktanteile in %)

	1962	1963	1964	1965	1966	1967	1968	1969
Alle Banken	100,00	100,00	100,00	100,00	100,00	100,00	100,00	100,00
Kreditbanken	23,44	22,82	22,44	21,89	21,66	22,05	22,98	24,21
Großbanken	10,75	10,24	9,82	9,35	9,28	9,57	9,93	10,10
Regionalbk. und sonst.Institute Zweigstellen ausl. Banken	10,14	10,13	10,21	10,13	10,06	10,22	9,67 1,05	10,22 1,44
Privatbankiers	2,55	2,46	2,42	2,40	2,32	2,26	2,33	2,45
Girozentralen	13,95	14,37	14,03	14,01	14,14	14,94	15,62	15,09
Sparkassen	22,15	22,29	22,59	23,08	23,49	23,24	22,91	23,07
Genossensch. Zentralkassen	2,97	3,17	3,20	3,37	3,39	3,74	4,01	3,82
Kreditgenossenschaften	5,96	6,13	6,38	6,66	6,88	6,89	7,07	7,30
Realkreditinstitute	17,15	17,00	17,28	17,20	16,95	16,45	15,68	14,85
Private Hypothekenbanken	5,96	6,15	6,57	6,69	6,71	6,72	6,72	6,64
Öffentl.-rechtl. Grundkreditanst.	11,19	10,85	10,71	10,51	10,24	9,73	8,97	8,21
Teilzahlungskreditinstitute	1,49	1,45	1,35	1,29	1,22	1,01	0,93	1,00
Kreditinstitute m.Sonderaufgaben	10,41	10,41	10,42	10,27	10,14	9,60	8,84	8,79
Postscheck- und Postspark.-Ämter	2,47	2,35	2,27	2,22	2,14	2,08	1,95	1,88

noch Tabelle A 2o:

	1970	1971	1972	1973	1974	1975	1976
Alle Banken	100,00	100,00	100,00	100,00	100,00	100,00	100,00
Kreditbanken	24,90	25,18	25,61	25,49	24,87	24,52	24,80
Großbanken	10,22	10,14	10,12	9,81	9,70	9,88	10,21
Regionalbk. und sonst. Institute	10,66	10,87	11,18	11,12	10,77	10,43	10,56
Zweigstellen ausl. Banken	1,47	1,66	1,86	2,39	2,39	2,32	2,20
Privatbankiers	2,55	2,50	2,43	2,17	2,01	1,90	1,82
Girozentralen	15,56	15,32	16,77	16,78	17,17	16,87	16,55
Sparkassen	22,94	22,88	22,63	22,20	22,13	22,15	22,31
Genossensch. Zentralkassen	3,84	3,92	3,47	3,76	4,35	4,37	4,18
Kreditgenossenschaften	7,71	8,06	8,45	9,18	9,33	9,36	9,66
Realkreditinstitute	13,63	13,31	11,65	11,70	11,88	12,47	12,67
Private Hypothekenbanken	6,56	6,80	7,02	7,07	7,37	7,86	7,91
Öffentl.-rechtl. Grundkreditanst.	7,06	6,51	4,62	4,63	4,51	4,60	4,76
Teilzahlungskreditinstitute	1,09	1,15	1,20	1,23	1,19	1,14	1,14
Kreditinstitute u. Sonderaufgaben	8,43	8,20	7,88	7,61	7,03	7,09	6,75
Postscheck- und Postspark.-Ämter	1,92	2,00	2,07	2,04	2,05	2,03	1,94

<u>Quelle:</u> Siehe S. 278.

Tabelle A 21: Kredite an Kreditinstitute (Marktanteile in %)

	1962	1963	1964	1965	1966	1967	1968	1969
Alle Banken	100,00	100,00	100,00	100,00	100,00	100,00	100,00	100,00
Kreditbanken	17,45	16,63	17,55	16,55	16,72	18,29	20,33	21,21
Großbanken	7,21	6,51	6,64	5,82	5,69	6,45	7,39	6,42
Regionalbk. und sonst. Institute	8,26	8,18	8,82	8,55	8,85	9,64	8,41	8,69
Zweigstellen ausl. Banken							2,30	3,49
Privatbankiers	1,98	1,93	2,09	2,27	2,17	2,21	2,24	2,61
Girozentralen	17,57	17,89	17,62	17,01	18,09	19,29	21,21	19,47
Sparkassen	22,46	22,17	21,59	22,51	23,15	23,93	22,66	23,35
Genossensch. Zentralkassen	7,77	8,78	9,19	10,02	9,82	9,83	9,98	9,54
Kreditgenossen-schaften	4,24	4,46	4,84	5,07	5,40	5,79	5,84	6,04
Realkredit-institute	5,59	5,15	4,78	4,62	4,02	3,79	3,57	3,51
Private Hypo-thekenbanken	2,04	1,93	1,95	2,15	2,03	1,98	1,89	1,96
Öffentl.-rechtl. Grundkreditanst.	3,55	3,22	2,83	2,47	2,00	1,81	1,69	1,54
Teilzahlungs-kreditinstitute	0,27	0,28	0,19	0,22	0,13	0,11	0,15	0,22
Kreditinstitute m.Sonderaufgaben	21,48	20,80	20,47	20,28	19,70	16,56	14,17	14,43
Postscheck- und Postspark.-Ämter	3,17	3,85	3,77	3,61	2,96	2,43	2,08	2,23

noch Tabelle A 21:

	1970	1971	1972	1973	1974	1975	1976
Alle Banken	100,00	100,00	100,00	100,00	100,00	100,00	100,00
Kreditbanken	23,83	24,59	24,24	26,84	26,11	26,17	26,71
Großbanken	7,39	7,56	7,20	7,33	7,96	8,93	9,17
Regionalbk. und sonst.Institute	9,84	10,04	10,46	11,22	10,45	9,98	10,25
Zweigstellen ausl. Banken	3,70	4,07	3,62	5,66	5,48	5,18	5,21
Privatbankiers	2,91	2,93	2,95	2,63	2,22	2,08	2,09
Girozentralen	19,04	17,92	20,04	18,92	18,54	17,06	16,90
Sparkassen	22,30	21,99	20,80	19,48	20,61	21,45	21,20
Genossensch. Zentralkassen	10,04	10,11	9,88	10,16	10,75	10,43	10,25
Kreditgenossen-schaften	6,77	7,07	7,22	8,19	9,07	9,41	9,34
Realkredit-institute	3,58	3,81	3,43	3,01	2,54	3,18	3,73
Private Hypo-thekenbanken	2,17	2,56	2,71	2,37	1,95	2,26	2,45
Öffentl.-rechtl. Grundkreditanst.	1,41	1,25	0,72	0,65	0,59	0,92	1,28
Teilzahlungs-kreditinstitute	0,22	0,26	0,36	0,36	0,36	0,34	0,38
Kreditinstitute u.Sonderaufgaben	12,02	11,79	11,31	10,45	9,63	9,85	9,29
Postscheck- und Postspark.-Ämter	2,21	2,46	2,72	2,59	2,39	2,11	2,20

<u>Quelle:</u> Siehe S. 278.

Tabelle A 22: Kredite an öffentliche Haushalte (Marktanteile in %)

	1962	1963	1964	1965	1966	1967	1968	1969
Alle Banken	100,00	100,00	100,00	100,00	100,00	100,00	100,00	100,00
Kreditbanken	11,97	11,31	11,55	10,55	11,24	13,86	14,27	10,26
Großbanken	5,89	4,92	4,85	4,07	4,80	7,44	7,66	4,09
Regionalbk. und sonst. Institute / Zweigstellen ausl. Banken	5,64	5,87	6,10	5,95	5,93	5,96		
Regionalbk. und sonst. Institute							5,80	5,45
Zweigstellen ausl. Banken							0,27	0,27
Privatbankiers	0,44	0,51	0,60	0,53	0,51	0,45	0,53	0,45
Girozentralen	22,83	21,94	22,23	23,07	23,32	24,25	23,42	21,65
Sparkassen	30,96	30,35	30,19	30,67	30,51	27,74	26,76	28,15
Genossensch. Zentralkassen	0,89	0,85	0,88	0,69	1,05	2,50	3,05	3,15
Kreditgenossenschaften	3,65	3,58	3,53	3,42	3,40	3,13	2,86	3,04
Realkreditinstitute	17,93	18,47	18,30	18,58	18,25	17,53	17,67	19,66
Private Hypothekenbanken	9,84	9,75	9,95	9,98	9,86	9,81	10,69	12,04
Öffentl.-rechtl. Grundkreditanst.	8,09	8,72	8,35	8,60	8,38	7,71	6,98	7,62
Teilzahlungskreditinstitute	0,01	0,01	0,00	0,01	0,01	0,00	0,02	0,02
Kreditinstitute m.Sonderaufgaben	10,14	11,83	11,75	10,54	9,87	8,90	9,50	11,00
Postscheck- und Postspark.-Ämter	1,62	1,68	1,56	2,48	2,36	2,09	2,44	3,08

noch Tabelle A 22:

	1970	1971	1972	1973	1974	1975	1976
Alle Banken	100,00	100,00	100,00	100,00	100,00	100,00	100,00
Kreditbanken	9,64	8,57	8,52	7,88	8,48	13,60	15,41
Großbanken	3,74	2,74	2,43	2,06	2,68	6,34	7,33
Regionalbk. und sonst.Institute	5,23	5,12	5,37	5,18	5,18	6,32	7,21
Zweigstellen ausl. Banken	0,25	0,30	0,30	0,29	0,27	0,39	0,40
Privatbankiers	0,42	0,42	0,41	0,36	0,34	0,55	0,46
Girozentralen	24,24	25,36	29,28	31,45	32,71	30,06	28,50
Sparkassen	27,74	28,10	28,02	26,97	25,98	23,18	22,10
Genossensch. Zentralkassen	2,15	1,57	1,24	0,98	2,06	2,43	1,41
Kreditgenossen-schaften	3,03	3,27	3,39	3,61	3,29	2,87	2,69
Realkredit-institute	18,79	18,76	15,22	15,11	17,15	19,24	21,44
Private Hypo-thekenbanken	11,90	12,15	11,75	11,66	13,77	14,70	16,03
Öffentl.-rechtl. Grundkreditanst.	6,90	6,60	3,47	3,45	3,39	4,54	5,41
Teilzahlungs-kreditinstitute	0,02	0,01	0,02	0,02	0,02	0,03	0,05
Kreditinstitute u.Sonderaufgaben	11,48	11,23	11,61	11,87	8,19	7,11	7,06
Postscheck- und Postspark.-Ämter	2,90	3,13	2,70	2,10	2,13	1,47	1,35

Quelle: Siehe S. 278.

Tabelle A 23: Kurzfristige Kredite an inländische Nichtbanken (Marktanteile in %)

	1962	1963	1964	1965	1966	1967	1968	1969
Alle Banken	100,00	100,00	100,00	100,00	100,00	100,00	100,00	100,00
Kreditbanken	57,47	56,15	55,95	54,86	53,11	53,69	53,96	54,14
Großbanken	28,02	27,02	26,69	24,94	23,51	23,78	23,34	24,31
Regionalbk. und sonst.Institute							21,31	21,09
}	21,71	21,66	21,83	22,56	22,26	22,65		
Zweigstellen ausl. Banken							1,83	1,93
Privatbankiers	7,74	7,65	7,43	7,36	7,34	7,26	7,47	6,28
Girozentralen	6,53	6,84	6,47	7,18	6,99	6,70	7,44	7,15
Sparkassen	14,12	14,65	14,79	15,54	16,64	16,86	18,17	18,54
Genossensch. Zentralkassen	2,69	2,66	2,75	2,71	2,90	2,70	2,57	2,71
Kreditgenossen-schaften	12,53	13,05	13,09	13,66	14,27	14,77	14,95	14,07
Realkredit-institute	0,13	0,18	0,14	0,10	0,12	0,15	0,27	0,32
Private Hypo-thekenbanken	0,06	0,07	0,05	0,04	0,05	0,07	0,17	0,15
Öffentl.-rechtl. Grundkreditanst.	0,07	0,11	0,09	0,07	0,07	0,08	0,10	0,17
Teilzahlungs-kreditinstitute	3,86	3,62	3,37	3,08	2,91	2,12	1,57	1,60
Kreditinstitute m.Sonderaufgaben	1,77	1,86	2,62	2,24	2,79	2,83	0,94	1,15
Postscheck- und Postspark.-Ämter	0,90	0,99	0,82	0,64	0,26	0,17	0,12	0,31

noch Tabelle A 23:

	1970	1971	1972	1973	1974	1975	1976
Alle Banken	100,00	100,00	100,00	100,00	100,00	100,00	100,00
Kreditbanken	52,44	51,75	52,11	49,61	50,04	49,17	48,16
Großbanken	21,37	20,45	19,68	18,71	19,76	18,59	18,64
Regionalbk. und sonst.Institute	21,86	21,82	21,97	21,23	20,64	20,73	20,18
Zweigstellen ausl. Banken	2,19	2,74	4,25	4,35	4,31	4,29	4,07
Privatbankiers	7,01	6,73	6,21	5,32	5,32	5,56	5,26
Girozentralen	7,88	8,74	7,83	8,01	8,47	7,52	6,75
Sparkassen	19,69	19,72	20,29	21,07	20,00	20,65	22,02
Genossensch. Zentralkassen	2,37	2,25	2,04	2,15	2,46	2,23	2,24
Kreditgenossenschaften	14,35	14,22	14,43	15,61	15,22	15,99	16,79
Realkreditinstitute	0,34	0,50	0,37	0,38	0,44	0,53	0,47
Private Hypothekenbanken	0,20	0,37	0,24	0,29	0,33	0,41	0,36
Öffentl.-rechtl. Grundkreditanst.	0,14	0,13	0,13	0,09	0,11	0,12	0,11
Teilzahlungskreditinstitute	1,46	1,58	1,56	1,72	1,65	1,89	1,74
Kreditinstitute u.Sonderaufgaben	1,18	0,96	1,11	1,21	1,50	1,77	1,60
Postscheck- und Postspark.-Ämter	0,28	0,28	0,26	0,24	0,22	0,25	0,24

<u>Quelle:</u> Siehe S. 278.

Tabelle A 24: Mittel- und langfristige Kredite an inländische Nichtbanken (Marktanteile in %)

<table>
<tr><th></th><th>1962</th><th>1963</th><th>1964</th><th>1965</th><th>1966</th><th>1967</th><th>1968</th><th>1969</th></tr>
<tr><td>Alle Banken</td><td>100,00</td><td>100,00</td><td>100,00</td><td>100,00</td><td>100,00</td><td>100,00</td><td>100,00</td><td>100,00</td></tr>
<tr><td>Kreditbanken</td><td>13,27</td><td>13,34</td><td>13,04</td><td>13,21</td><td>13,56</td><td>13,34</td><td>14,06</td><td>15,47</td></tr>
<tr><td>Großbanken</td><td>5,28</td><td>5,12</td><td>5,06</td><td>5,44</td><td>5,96</td><td>5,80</td><td>6,08</td><td>7,00</td></tr>
<tr><td>Regionalbk. und sonst.Institute</td><td rowspan="2">7,03</td><td rowspan="2">7,27</td><td rowspan="2">7,10</td><td rowspan="2">6,89</td><td rowspan="2">6,75</td><td rowspan="2">6,72</td><td>7,04</td><td>7,48</td></tr>
<tr><td>Zweigstellen ausl. Banken</td><td>0,11</td><td>0,17</td></tr>
<tr><td>Privatbankiers</td><td>0,96</td><td>0,95</td><td>0,88</td><td>0,88</td><td>0,85</td><td>0,82</td><td>0,83</td><td>0,83</td></tr>
<tr><td>Girozentralen</td><td>13,67</td><td>13,76</td><td>13,66</td><td>13,69</td><td>13,55</td><td>13,60</td><td>13,38</td><td>13,32</td></tr>
<tr><td>Sparkassen</td><td>23,64</td><td>24,11</td><td>24,37</td><td>24,45</td><td>24,50</td><td>24,62</td><td>24,66</td><td>24,86</td></tr>
<tr><td>Genossensch. Zentralkassen</td><td>0,77</td><td>0,68</td><td>0,65</td><td>0,59</td><td>0,58</td><td>0,70</td><td>0,71</td><td>0,73</td></tr>
<tr><td>Kreditgenossen-schaften</td><td>4,75</td><td>5,07</td><td>5,41</td><td>5,77</td><td>5,92</td><td>6,12</td><td>6,71</td><td>7,15</td></tr>
<tr><td>Realkredit-institute</td><td>33,67</td><td>33,38</td><td>33,55</td><td>33,03</td><td>32,72</td><td>32,61</td><td>31,47</td><td>29,54</td></tr>
<tr><td>Private Hypo-thekenbanken</td><td>10,79</td><td>11,20</td><td>11,83</td><td>11,80</td><td>11,80</td><td>12,03</td><td>12,08</td><td>11,83</td></tr>
<tr><td>Öffentl.-rechtl. Grundkreditanst.</td><td>22,88</td><td>22,18</td><td>21,72</td><td>21,23</td><td>20,92</td><td>20,58</td><td>19,39</td><td>17,71</td></tr>
<tr><td>Teilzahlungs-kreditinstitute</td><td>1,80</td><td>1,86</td><td>1,77</td><td>1,71</td><td>1,67</td><td>1,59</td><td>1,65</td><td>1,73</td></tr>
<tr><td>Kreditinstitute m.Sonderaufgaben</td><td>6,53</td><td>5,96</td><td>5,64</td><td>5,45</td><td>5,23</td><td>5,19</td><td>5,36</td><td>5,16</td></tr>
<tr><td>Postscheck- und Postspark.-Ämter</td><td>1,90</td><td>1,84</td><td>1,91</td><td>2,10</td><td>2,28</td><td>2,22</td><td>2,01</td><td>2,05</td></tr>
</table>

noch Tabelle A 24:

	1970	1971	1972	1973	1974	1975	1976
Alle Banken	100,00	100,00	100,00	100,00	100,00	100,00	100,00
Kreditbanken	16,28	17,22	17,94	17,75	16,91	16,59	17,45
Großbanken	7,44	7,78	8,12	8,02	7,40	7,22	7,85
Regionalbk. und sonst. Institute	7,77	8,26	8,50	8,41	8,27	8,22	8,55
Zweigstellen ausl. Banken	0,16	0,23	0,35	0,37	0,39	0,37	0,22
Privatbankiers	0,60	0,95	0,97	0,95	0,85	0,78	0,83
Girozentralen	14,21	14,08	16,52	16,81	16,80	16,58	15,97
Sparkassen	24,57	24,30	23,77	23,14	23,19	23,33	23,59
Genossensch. Zentralkassen	0,82	0,98	0,97	0,95	1,17	1,05	1,10
Kreditgenossen-schaften	7,51	8,02	8,48	9,10	9,23	9,69	10,54
Realkredit-institute	26,65	25,68	22,78	23,05	23,71	23,73	22,48
Private Hypo-thekenbanken	11,55	11,81	12,54	12,84	13,48	13,72	12,76
Öffentl.-rechtl. Grundkreditanst.	15,11	13,86	10,24	10,21	10,23	10,01	9,72
Teilzahlungs-kreditinstitute	1,99	2,05	2,07	2,06	2,06	2,03	2,04
Kreditinstitute u. Sonderaufgaben	6,07	5,85	5,57	5,17	5,00	4,78	4,56
Postscheck- und Postspark.-Ämter	1,90	1,82	1,90	1,96	1,93	2,23	2,26

<u>Quelle:</u> Siehe S. 278.

Tabelle A 25: Beteiligungen (Marktanteile in %)

	1962	1963	1964	1965	1966	1967	1968	1969
Alle Banken	100,00	100,00	100,00	100,00	100,00	100,00	100,00	100,00
Kreditbanken	52,04	52,71	55,43	55,45	53,90	54,47	58,53	53,48
Großbanken	15,85	15,89	17,68	18,06	17,75	19,79	23,49	22,34
Regionalbk. und sonst. Institute	22,18	23,03	24,82	26,40	26,39	25,35	25,11	22,15
Zweigstellen ausl. Banken							0,22	0,07
Privatbankiers	14,01	13,79	12,93	10,99	9,75	9,33	9,71	8,92
Girozentralen	5,65	5,48	5,35	8,64	10,64	8,75	8,12	11,24
Sparkassen	16,73	17,00	16,37	16,24	16,52	16,84	14,99	13,54
Genossensch. Zentralkassen	4,42	4,62	4,31	5,94	5,96	7,89	6,52	8,70
Kreditgenossenschaften	5,92	5,60	5,29	5,94	5,92	6,03	5,54	5,03
Realkreditinstitute	1,29	1,35	1,53	1,62	1,87	1,59	2,01	1,70
Private Hypothekenbanken	0,07	0,06	0,05	0,05	0,26	0,19	0,19	0,17
Öffentl.-rechtl. Grundkreditanst.	1,22	1,29	1,47	1,57	1,62	1,40	1,81	1,53
Teilzahlungskreditinstitute	1,50	1,54	1,36	1,62	1,19	1,01	0,92	0,74
Kreditinstitute m.Sonderaufgaben	12,45	11,70	10,37	4,56	4,00	3,42	3,37	5,56

(1962–1967: Regionalbk. und sonst. Institute und Zweigstellen ausl. Banken zusammengefaßt)

noch Tabelle A 25:

	1970	1971	1972	1973	1974	1975	1976
Alle Banken	100,00	100,00	100,00	100,00	100,00	100,00	100,00
Kreditbanken	51,50	53,86	53,96	52,49	51,48	50,71	52,11
Großbanken	24,29	24,99	24,10	24,12	24,58	25,16	25,46
Regionalbk. und sonst.Institute	19,04	22,00	23,54	22,80	21,15	20,30	22,41
Zweigstellen ausl. Banken	0,06	0,06	0,05	0,09	0,10	0,08	0,07
Privatbankiers	8,12	6,81	6,26	5,48	5,66	5,17	4,17
Girozentralen	14,13	15,19	17,48	20,70	21,80	21,92	20,43
Sparkassen	14,87	13,02	11,87	11,10	10,47	10,19	10,00
Genossensch. Zentralkassen	7,56	6,05	5,74	6,62	7,23	8,19	7,54
Kreditgenossen-schaften	4,41	3,68	3,83	3,93	4,25	4,36	4,61
Realkredit-institute	1,60	1,49	1,33	1,19	1,30	1,22	1,34
Private Hypo-thekenbanken	0,18	0,22	0,23	0,22	0,18	0,19	0,14
Öffentl.-rechtl. Grundkreditanst.	1,42	1,27	1,10	0,96	1,11	1,03	1,21
Teilzahlungs-kreditinstitute	0,86	0,80	0,77	0,83	0,76	0,58	0,55
Kreditinstitute u.Sonderaufgaben	5,07	5,90	5,02	3,14	2,72	2,83	3,39

Quelle: Siehe S. 278.

Tabelle A 26: Einlagen und aufgenommene Kredite von Kreditinstituten (Marktanteile in %)

<table>
<tr><th></th><th>1962</th><th>1963</th><th>1964</th><th>1965</th><th>1966</th><th>1967</th><th>1968</th><th>1969</th></tr>
<tr><td>Alle Banken</td><td>100,00</td><td>100,00</td><td>100,00</td><td>100,00</td><td>100,00</td><td>100,00</td><td>100,00</td><td>100,00</td></tr>
<tr><td>Kreditbanken</td><td>29,60</td><td>27,54</td><td>28,28</td><td>28,28</td><td>26,92</td><td>25,84</td><td>26,66</td><td>32,08</td></tr>
<tr><td>Großbanken</td><td>10,95</td><td>9,40</td><td>9,15</td><td>8,53</td><td>7,87</td><td>7,03</td><td>6,81</td><td>8,44</td></tr>
<tr><td>Regionalbk. und sonst.Institute</td><td rowspan="2">12,92</td><td rowspan="2">12,66</td><td rowspan="2">13,58</td><td rowspan="2">14,27</td><td rowspan="2">13,95</td><td rowspan="2">14,18</td><td>11,67</td><td>13,90</td></tr>
<tr><td>Zweigstellen ausl. Banken</td><td>3,78</td><td>4,92</td></tr>
<tr><td>Privatbankiers</td><td>5,73</td><td>5,49</td><td>5,55</td><td>5,49</td><td>5,10</td><td>4,63</td><td>4,40</td><td>4,81</td></tr>
<tr><td>Girozentralen</td><td>28,92</td><td>29,70</td><td>27,48</td><td>26,93</td><td>27,69</td><td>31,45</td><td>31,56</td><td>26,27</td></tr>
<tr><td>Sparkassen</td><td>7,27</td><td>6,81</td><td>7,00</td><td>7,12</td><td>7,16</td><td>6,00</td><td>5,74</td><td>6,85</td></tr>
<tr><td>Genossensch. Zentralkassen</td><td>11,46</td><td>12,39</td><td>12,63</td><td>13,04</td><td>12,99</td><td>14,45</td><td>14,60</td><td>12,89</td></tr>
<tr><td>Kreditgenossen-schaften</td><td>3,30</td><td>3,36</td><td>3,55</td><td>3,54</td><td>3,47</td><td>3,03</td><td>2,92</td><td>3,10</td></tr>
<tr><td>Realkredit-institute</td><td>6,46</td><td>6,62</td><td>6,95</td><td>7,15</td><td>7,54</td><td>6,79</td><td>7,06</td><td>6,47</td></tr>
<tr><td>Private Hypo-thekenbanken</td><td>1,87</td><td>1,85</td><td>2,05</td><td>2,19</td><td>2,30</td><td>2,10</td><td>2,50</td><td>2,40</td></tr>
<tr><td>Öffentl.-rechtl. Grundkreditanst.</td><td>4,59</td><td>4,77</td><td>4,90</td><td>4,96</td><td>5,24</td><td>4,69</td><td>4,56</td><td>4,08</td></tr>
<tr><td>Teilzahlungs-kreditinstitute</td><td>5,13</td><td>5,09</td><td>4,77</td><td>4,25</td><td>4,10</td><td>3,19</td><td>2,79</td><td>2,81</td></tr>
<tr><td>Kreditinstitute m.Sonderaufgaben</td><td>6,85</td><td>7,55</td><td>8,49</td><td>8,89</td><td>9,38</td><td>8,51</td><td>8,08</td><td>8,99</td></tr>
<tr><td>Postscheck- und Postspark.-Ämter</td><td>1,02</td><td>0,94</td><td>0,85</td><td>0,80</td><td>0,75</td><td>0,73</td><td>0,61</td><td>0,53</td></tr>
</table>

noch Tabelle A 26:

	1970	1971	1972	1973	1974	1975	1976
Alle Banken	100,00	100,00	100,00	100,00	100,00	100,00	100,00
Kreditbanken	33,79	34,13	35,69	36,79	36,22	35,04	36,53
Großbanken	8,78	8,56	8,84	7,99	8,64	8,11	9,87
Regionalbk. und sonst.Institute	14,81	14,82	15,75	16,26	15,22	14,67	15,07
Zweigstellen ausl. Banken	5,03	5,79	6,40	8,45	8,49	8,60	8,04
Privatbankiers	5,17	4,95	4,71	4,09	3,87	3,66	3,55
Girozentralen	24,31	22,61	22,18	21,17	22,23	22,24	20,12
Sparkassen	7,64	8,21	8,22	7,00	6,27	6,06	6,39
Genossensch. Zentralkassen	12,68	12,86	12,45	13,13	15,09	15,76	14,69
Kreditgenossen-schaften	3,25	3,32	4,10	4,43	4,02	3,73	4,01
Realkredit-institute	5,68	6,28	4,62	4,63	5,26	6,47	7,24
Private Hypo-thekenbanken	2,85	3,71	2,97	3,19	3,47	3,97	4,18
Öffentl.-rechtl. Grundkreditanst.	2,83	2,58	1,65	1,44	1,79	2,51	3,06
Teilzahlungs-kreditinstitute	3,03	3,01	3,15	3,39	3,04	2,86	2,86
Kreditinstitute u.Sonderaufgaben	9,12	9,15	9,08	8,98	7,41	7,39	7,80
Postscheck- und Postspark.-Ämter	0,50	0,43	0,51	0,48	0,47	0,43	0,35

Quelle: Siehe S. 278.

Tabelle A 27: Sichteinlagen von Nichtbanken (Marktanteile in %)

	1962	1963	1964	1965	1966	1967	1968	1969
Alle Banken	100,00	100,00	100,00	100,00	100,00	100,00	100,00	100,00
Kreditbanken	44,09	44,27	43,82	42,80	41,71	42,92	42,55	40,80
Großbanken	25,40	25,30	24,99	24,32	23,41	24,34	23,44	22,05
Regionalbk. und sonst. Institute } Zweigstellen ausl. Banken	14,65	15,00	14,84	14,55	14,55	14,69		
Regionalbk. und sonst. Institute							14,12	13,79
Zweigstellen ausl. Banken							0,90	1,03
Privatbankiers	4,04	3,97	3,99	3,93	3,75	3,89	4,09	3,92
Girozentralen	4,94	4,63	4,39	4,55	4,72	4,82	4,65	4,01
Sparkassen	30,96	31,14	31,61	31,99	33,13	31,96	31,77	33,02
Genossensch. Zentralkassen	0,85	0,99	0,99	1,03	0,89	0,93	0,83	0,87
Kreditgenossenschaften	11,37	11,52	12,01	12,24	12,60	12,41	12,91	13,76
Realkreditinstitute	0,23	0,40	0,17	0,24	0,15	0,18	0,31	0,57
Private Hypothekenbanken	0,05	0,05	0,04	0,05	0,05	0,05	0,18	0,17
Öffentl.-rechtl. Grundkreditanst.	0,18	0,35	0,13	0,19	0,10	0,12	0,13	0,40
Teilzahlungskreditinstitute	0,34	0,32	0,33	0,07	0,08	0,05	0,06	0,14
Kreditinstitute m. Sonderaufgaben	0,69	0,64	0,60	0,95	0,54	0,93	1,17	1,19
Postscheck- und Postspark.-Ämter	6,51	6,10	6,07	6,13	6,19	5,80	5,74	5,66

noch Tabelle A 27:

	1970	1971	1972	1973	1974	1975	1976
Alle Banken	100,00	100,00	100,00	100,00	100,00	100,00	100,00
Kreditbanken	41,84	40,67	39,05	37,16	39,14	37,53	36,94
Großbanken	23,12	21,99	20,51	19,58	20,62	20,52	19,79
Regionalbk. und sonst.Institute	13,86	13,96	13,86	12,91	13,96	12,91	12,77
Zweigstellen ausl. Banken	1,00	1,03	1,07	1,31	1,21	1,09	1,28
Privatbankiers	3,86	3,69	3,60	3,36	3,35	3,01	3,09
Girozentralen	3,76	4,13	4,61	5,05	4,74	4,48	4,50
Sparkassen	32,79	32,89	32,50	33,15	32,20	31,69	33,07
Genossensch. Zentralkassen	0,90	0,90	0,90	0,83	0,82	0,76	0,87
Kreditgenossen-schaften	14,06	14,74	15,16	15,88	15,85	16,03	17,18
Realkredit-institute	0,43	0,42	0,28	0,30	0,20	0,31	0,24
Private Hypo-thekenbanken	0,13	0,15	0,16	0,15	0,12	0,17	0,16
Öffentl.-rechtl. Grundkreditanst.	0,30	0,27	0,13	0,15	0,08	0,14	0,08
Teilzahlungs-kreditinstitute	0,14	0,12	0,24	0,15	0,19	0,19	0,28
Kreditinstitute u.Sonderaufgaben	0,52	0,52	1,26	0,88	0,66	3,56	1,09
Postscheck- und Postspark.-Ämter	5,57	5,61	6,00	6,60	6,20	5,45	5,83

Quelle: Siehe S. 278.

Tabelle A 28: Termineinlagen von Nichtbanken (Marktanteile in %)

	1962	1963	1964	1965	1966	1967	1968	1969
Alle Banken	100,00	100,00	100,00	100,00	100,00	100,00	100,00	100,00
Kreditbanken	26,38	26,71	27,57	26,22	27,49	30,20	34,45	35,02
Großbanken	12,72	12,60	12,56	11,29	12,23	14,12	17,27	16,99
Regionalbk. und sonst.Institute	11,58	12,10	12,83	12,76	12,89	13,45	13,89	14,24
Zweigstellen ausl. Banken							0,25	0,65
Privatbankiers	2,08	2,01	2,17	2,18	2,37	2,63	3,04	3,14
Girozentralen	12,31	12,64	12,67	12,45	12,53	11,96	11,96	13,07
Sparkassen	8,33	7,73	7,41	7,57	7,25	6,89	6,74	7,55
Genossensch. Zentralkassen	1,37	1,44	1,54	1,60	1,94	1,90	1,74	1,56
Kreditgenossenschaften	1,40	1,48	1,52	1,66	1,89	1,90	1,99	2,24
Realkreditinstitute	33,15	33,17	31,86	32,48	31,32	30,49	29,04	26,50
Private Hypothekenbanken	1,43	1,38	1,35	1,27	1,33	1,25	3,33	3,41
Öffentl.-rechtl. Grundkreditanst.	31,72	31,79	30,51	31,21	29,99	29,24	25,71	23,09
Teilzahlungskreditinstitute	0,71	0,67	0,64	1,01	0,78	0,62	0,54	0,68
Kreditinstitute m.Sonderaufgaben	16,20	16,04	16,67	16,88	16,69	15,93	13,45	13,30
Postscheck- und Postspark.-Ämter	0,14	0,13	0,13	0,12	0,11	0,10	0,09	0,08

Note: For 1962–1967, the values in the "Regionalbk. und sonst.Institute" row are a bracketed joint figure for Regionalbk. und sonst.Institute and Zweigstellen ausl. Banken.

noch Tabelle A 28:

	1970	1971	1972	1973	1974	1975	1976
Alle Banken	100,00	100,00	100,00	100,00	100,00	100,00	100,00
Kreditbanken	36,49	36,85	37,20	36,61	32,54	34,99	35,28
Großbanken	17,28	17,21	16,67	16,37	14,70	16,81	16,43
Regionalbk. und sonst. Institute	15,69	16,13	16,48	16,03	14,56	14,56	15,19
Zweigstellen ausl. Banken	0,39	0,28	0,58	1,12	0,72	0,69	0,79
Privatbankiers	3,13	3,23	3,47	3,10	2,56	2,93	2,88
Girozentralen	12,55	12,44	13,60	11,70	12,06	12,86	13,20
Sparkassen	8,60	8,53	8,98	11,86	12,39	7,38	7,88
Genossensch. Zentralkassen	1,39	1,60	1,67	1,14	1,35	1,49	1,59
Kreditgenossen- schaften	3,55	4,27	4,74	7,32	8,40	4,99	5,18
Realkredit- institute	24,49	23,00	20,97	20,33	21,74	25,50	25,04
Private Hypo- thekenbanken	3,74	4,25	5,20	5,59	6,78	8,53	8,54
Öffentl.-rechtl. Grundkreditanst.	21,10	18,75	15,78	14,75	14,96	16,96	16,50
Teilzahlungs- kreditinstitute	0,71	0,81	0,72	0,75	0,85	0,68	0,61
Kreditinstitute u.Sonderaufgaben	12,14	12,45	12,05	10,24	10,63	12,08	11,18
Postscheck- und Postspark.-Ämter	0,07	0,06	0,05	0,04	0,04	0,04	0,04

Quelle: Siehe S. 278.

Tabelle A 29: Spareinlagen und Sparbriefe von Nichtbanken (Marktanteile in %)

	1962	1963	1964	1965	1966	1967	1968	1969
Alle Banken	100,00	100,00	100,00	100,00	100,00	100,00	100,00	100,00
Kreditbanken	15,60	15,54	15,58	16,11	16,89	17,08	17,13	17,12
Großbanken	8,98	8,93	8,90	9,30	9,78	9,82	9,82	9,73
Regionalbk. und sonst. Institute / Zweigstellen ausl. Banken	5,66	5,67	5,76	5,83	6,11	6,30		
Regionalbk. und sonst. Institute							6,30	6,35
Zweigstellen ausl. Banken							0,06	0,07
Privatbankiers	0,95	0,94	0,92	0,98	1,01	0,96	0,95	0,97
Girozentralen	0,33	0,33	0,32	0,32	0,31	0,31	0,31	0,29
Sparkassen	63,55	63,56	63,38	62,67	62,00	61,70	61,07	60,54
Genossensch. Zentralkassen	0,17	0,16	0,15	0,15	0,14	0,20	0,31	0,43
Kreditgenossen-schaften	14,33	14,63	15,03	15,58	15,87	16,08	16,68	17,11
Realkredit-institute	0,00	0,00	0,00	0,00	0,00	0,00	0,00	0,01
Private Hypo-thekenbanken	0,00	0,00	0,00	0,00	0,00	0,00	0,00	0,00
Öffentl.-rechtl. Grundkreditanst.	--	0,00	0,00	0,00	0,00	0,00	0,00	0,00
Teilzahlungs-kreditinstitute	--	--	--	--	--	0,01	0,06	0,10
Kreditinstitute m.Sonderaufgaben	0,01	0,01	0,01	0,01	0,01	0,01	0,01	0,01
Postscheck- und Postspark.-Ämter	6,02	5,77	5,52	5,16	4,77	4,61	4,43	4,40

noch Tabelle A 29:

	1970	1971	1972	1973	1974	1975	1976
Alle Banken	100,00	100,00	100,00	100,00	100,00	100,00	100,00
Kreditbanken	16,93	17,30	17,39	17,20	17,02	17,35	17,03
Großbanken	9,61	9,80	9,73	9,78	9,83	9,91	9,70
Regionalbk. und sonst.Institute	6,30	6,51	6,68	6,52	6,38	6,62	6,56
Zweigstellen ausl. Banken	0,06	0,06	0,05	0,04	0,04	0,05	0,04
Privatbankiers	0,95	0,93	0,93	0,85	0,77	0,77	0,73
Girozentralen	0,83	0,84	0,85	0,79	0,79	0,77	0,75
Sparkassen	59,32	58,25	57,38	56,44	56,39	55,12	54,94
Genossensch. Zentralkassen	0,49	0,53	0,58	0,74	0,75	0,79	0,62
Kreditgenossen-schaften	17,67	18,14	18,56	19,56	19,75	20,66	21,14
Realkredit-institute	0,01	0,01	0,01	0,01	0,01	0,01	0,01
Private Hypo-thekenbanken	0,01	0,01	0,01	0,01	0,01	0,01	0,01
Öffentl.-rechtl. Grundkreditanst.	0,00	0,00	0,00	0,00	0,00	0,00	0,00
Teilzahlungs-kreditinstitute	0,12	0,17	0,30	0,28	0,28	0,54	0,55
Kreditinstitute u.Sonderaufgaben	0,01	0,01	0,01	0,01	0,01	0,01	0,01
Postscheck- und Postspark.-Ämter	4,62	4,75	4,92	4,97	4,99	4,75	4,72

<u>Quelle:</u> Siehe S. 278.

Tabelle A 3o: Kapital (einschließlich offene Rücklagen gem. § 1o KWG) (Marktanteile in %)

	1962	1963	1964	1965	1966	1967	1968	1969
Alle Banken	100,00	100,00	100,00	100,00	100,00	100,00	100,00	100,00
Kreditbanken	28,07	26,88	26,06	25,54	29,81	29,06	29,39	29,61
Großbanken	11,98	11,17	10,68	10,31	12,21	11,98	12,35	12,51
Regionalbk. und sonst. Institute							11,26	11,27
Regionalbk. und sonst. Institute + Zweigstellen ausl. Banken	11,56	11,20	11,16	11,10	13,04	12,76		
Zweigstellen ausl. Banken							1,57	1,56
Privatbankiers	4,53	4,51	4,22	4,13	4,57	4,32	4,21	4,27
Girozentralen	6,57	6,66	6,99	7,13	8,63	8,97	8,81	9,40
Sparkassen	17,30	18,27	19,12	19,83	23,17	23,85	25,03	24,79
Genossensch. Zentralkassen	2,86	2,91	2,83	3,06	3,50	3,79	3,78	4,21
Kreditgenossen- schaften	7,96	8,22	8,38	8,54	9,91	10,11	10,25	9,97
Realkredit- institute	10,92	10,72	10,53	10,56	12,63	12,52	12,17	12,21
Private Hypo- thekenbanken	4,64	4,72	4,78	4,98	6,01	6,03	5,78	5,81
Öffentl.-rechtl. Grundkreditanst.	6,28	6,01	5,75	5,57	6,62	6,49	6,39	6,40
Teilzahlungs- kreditinstitute	2,21	2,16	2,16	2,12	2,33	2,22	2,01	2,01
Kreditinstitute m.Sonderaufgaben	24,12	24,17	23,92	23,22	10,02	9,47	8,56	7,81

noch Tabelle A 3o:

	1970	1971	1972	1973	1974	1975	1976
Alle Banken	100,00	100,00	100,00	100,00	100,00	100,00	100,00
Kreditbanken	29,95	31,24	33,24	33,27	33,17	34,67	34,84
Großbanken	11,45	12,39	12,43	12,63	12,48	13,78	13,81
Regionalbk. und sonst.Institute	12,11	12,40	13,44	13,43	13,07	13,39	13,85
Zweigstellen ausl. Banken	2,00	2,21	3,36	3,31	3,93	4,20	4,16
Privatbankiers	4,38	4,24	4,02	3,91	3,68	3,30	3,03
Girozentralen	10,08	9,96	11,78	11,22	11,34	11,12	11,08
Sparkassen	23,66	23,02	21,65	21,24	20,83	20,51	20,85
Genossensch. Zentralkassen	3,86	3,58	3,47	3,42	3,58	3,47	3,72
Kreditgenossen-schaften	9,65	9,78	9,57	10,26	10,34	10,48	10,78
Realkredit-institute	11,41	11,29	9,91	10,53	10,25	9,92	9,39
Private Hypo-thekenbanken	5,56	5,55	5,77	5,90	5,79	5,68	5,34
Öffentl.-rechtl. Grundkreditanst.	5,85	5,74	4,15	4,63	4,46	4,24	4,05
Teilzahlungs-kreditinstitute	1,98	2,06	2,04	2,09	2,14	2,02	2,04
Kreditinstitute u.Sonderaufgaben	9,41	9,07	8,35	7,96	8,35	7,81	7,29

Quelle: Siehe S. 278.

Tabelle A 31: Zinsüberschuß (Mio. DM)

	1968	1969	1970	1971	1972	1973	1974	1975	im Ø 1968-75
Alle Banken	10 632	12 500	14 024	15 806	18 506	20 538	25 285	28 951	18 280
Kreditbanken	2 844	3 664	4 100	4 410	5 013	5 209	7 437	8 371	5 131
Großbanken	1 393	1 795	2 084	2 173	2 310	2 399	3 727	4 196	2 510
Regionalbk. und sonst. Institute	1 075	1 373	1 497	1 670	1 984	1 981	2 733	3 140	1 932
Zweigstellen ausl. Banken	82	113	128	181	263	382	423	460	254
Privatbankiers	294	383	391	386	456	447	554	575	436
Girozentralen	870	914	785	1 012	1 339	1 337	1 611	1 980	1 231
Sparkassen	3 976	4 384	4 918	5 608	6 691	7 390	8 673	10 051	6 461
Genossensch. Zentralkassen	238	271	243	330	422	330	485	832	394
Kreditgenossenschaften	1 255	1 536	2 049	2 279	2 681	3 578	4 169	4 522	2 759
Private Hypothekenbanken	360	437	519	552	620	851	891	858	636
Öffentl.-rechtl. Grundkreditanst.	340	526	559	550	489	608	606	624	538
Teilzahlungs-Kreditinstitute	396	429	487	645	807	724	861	1 106	682
Kreditinstitute m.Sonderaufgaben	353	339	364	420	444	511	552	607	449

Quelle: Siehe S. 278.

Tabelle A 32: Provisionsüberschuß (Mio. DM)

	1968	1969	1970	1971	1972	1973	1974	1975	im Ø 1968-75
Alle Banken	1 527	1 800	1 843	2 231	2 699	3 330	3 657	4 074	2 645
Kreditbanken	993	1 162	1 144	1 361	1 627	1 881	2 016	2 200	1 548
Großbanken	543	618	589	693	847	943	1 047	1 216	812
Regionalbk. und sonst.Institute	307	361	378	457	560	652	652	707	509
Zweigstellen ausl. Banken	22	34	40	58	51	74	134	91	63
Privatbankiers	121	149	137	153	169	212	183	186	164
Girozentralen	92	117	126	147	191	223	231	263	174
Sparkassen	213	245	290	361	509	638	770	878	488
Genossensch. Zentralkassen	29	36	41	45	56	64	78	99	56
Kreditgenossen-schaften	160	179	201	237	292	363	411	461	288
Private Hypo-thekenbanken	37	36	31	31	31	19	18	33	30
Öffentl.-rechtl. Grundkreditanst.	- 21	- 23	- 48	- 24	- 106	- 2	- 21	- 6	- 31
Teilzahlungs-Kreditinstitute	12	9	9	14	13	36	48	58	25
Kreditinstitute m.Sonderaufgaben	12	39	49	59	86	108	106	88	68

Quelle: Siehe S. 278.

Tabelle A 33: "Aufwandssaldo" (Mio. DM)

	1968	1969	1970	1971	1972	1973	1974	1975	im Ø 1968-75
Alle Banken	7 714	10 440	12 246	13 323	15 563	19 024	22 755	23 578	15 580
Kreditbanken	2 529	3 469	4 108	4 343	5 123	5 809	7 720	8 138	5 155
Großbanken	1 328	1 806	2 187	2 299	2 537	2 818	3 878	4 186	2 630
Regionalbk. und sonst. Institute	939	1 133	1 430	1 626	1 990	1 614	2 111	3 192	1 942
Zweigstellen ausl. Banken	54	91	117	131	195	220	294	275	172
Privatbankiers	208	311	374	287	401	507	716	485	411
Girozentralen	392	491	575	693	847	1 168	1 413	1 480	882
Sparkassen	2 921	3 622	4 447	4 839	5 703	6 779	7 724	7 719	5 469
Genossensch. Zentralkassen	119	200	210	235	250	308	366	402	261
Kreditgenossen-schaften	1 049	1 322	1 729	1 899	2 278	3 072	3 516	3 633	2 312
Private Hypo-thekenbanken	104	182	227	207	186	360	389	300	246
Öffentl.-rechtl. Grundkreditanst.	103	311	333	325	254	488	465	440	342
Teilzahlungs-Kreditinstitute	294	336	399	519	627	644	743	1 002	574
Kreditinstitute m.Sonderaufgaben	109	207	218	263	295	396	419	434	300

Quelle: Siehe S. 278.

Tabelle A 34: Jahresüberschuß vor Steuern (Mio. DM)

	1968	1969	1970	1971	1972	1973	1974	1975	im Ø 1968-75
Alle Banken	4 445	4 160	3 621	4 714	5 642	4 844	6 187	9 447	5 383
Kreditbanken	1 308	1 357	1 136	1 428	1 517	1 281	1 733	2 433	1 524
Großbanken	608	607	486	567	620	524	896	1 226	692
Regionalbk. und sonst. Institute	443	473	445	501	554	369	553	655	499
Zweigstellen ausl. Banken	50	56	51	108	119	236	263	276	145
Privatbankiers	207	221	154	252	224	152	21	276	188
Girozentralen	570	540	336	466	683	392	429	763	522
Sparkassen	1 268	1 007	761	1 130	1 497	1 249	1 719	3 210	1 480
Genossensch. Zentralkassen	148	107	74	140	228	86	197	529	189
Kreditgenossen-schaften	366	393	521	617	695	869	1 064	1 350	734
Private Hypo-thekenbanken	277	291	323	376	465	510	520	591	419
Öffentl.-rechtl. Grundkreditanst.	200	192	178	201	129	118	120	178	165
Teilzahlungs-Kreditinstitute	114	102	97	140	193	116	166	132	133
Kreditinstitute m.Sonderaufgaben	194	171	195	216	235	223	239	261	217

Quelle: Siehe S. 278.

Tabelle A 35: EEV-Steuern (Mio. DM)

	1968	1969	1970	1971	1972	1973	1974	1975	im Ø 1968-75
Alle Banken	1 860	1 594	1 485	1 970	2 475	2 262	2 957	4 706	2 414
Kreditbanken	501	499	449	524	601	555	789	1 109	628
Großbanken	257	236	202	214	251	169	379	555	283
Regionalbk. und sonst. Institute	191	204	194	216	247	220	247	368	236
Zweigstellen ausl. Banken	21	29	25	56	57	123	119	141	71
Privatbankiers	32	30	28	38	46	43	44	45	38
Girozentralen	331	215	150	231	356	209	198	408	262
Sparkassen	537	422	350	552	746	636	928	1 788	745
Genossensch. Zentralkassen	64	40	28	54	69	36	88	221	75
Kreditgenossen-schaften	171	186	248	292	326	434	540	689	361
Private Hypo-thekenbanken	114	113	139	162	193	237	231	285	184
Öffentl.-rechtl. Grundkreditanst.	19	17	10	9	10	11	13	19	14
Teilzahlungs-Kreditinstitute	57	54	47	68	95	54	80	96	69
Kreditinstitute m.Sonderaufgaben	66	48	64	78	79	90	90	91	76

Quelle: Siehe S. 278.

Tabelle A 36: Jahresüberschuß (Mio. DM)

	1968	1969	1970	1971	1972	1973	1974	1975	im Ø 1968-75
Alle Banken	2 585	2 566	2 136	2 744	3 167	2 582	3 230	4 741	2 969
Kreditbanken	807	858	687	904	916	726	944	1 324	896
Großbanken	351	371	284	353	369	355	517	671	409
Regionalbk. und sonst.Institute	252	269	251	285	307	149	306	287	263
Zweigstellen ausl. Banken	29	27	26	52	62	113	144	135	74
Privatbankiers	175	191	126	214	178	109	- 23	231	150
Girozentralen	239	325	186	235	327	183	231	355	260
Sparkassen	731	585	411	578	751	613	791	1 422	735
Genossensch. Zentralkassen	84	67	46	86	159	50	109	308	114
Kreditgenossen-schaften	195	207	273	325	369	435	524	661	374
Private Hypo-thekenbanken	163	178	184	214	272	273	289	306	235
Öffentl.-rechtl. Grundkreditanst.	181	175	168	192	119	107	107	159	151
Teilzahlungs-Kreditinstitute	57	48	50	72	98	62	86	36	64
Kreditinstitute m.Sonderaufgaben	128	123	131	138	156	133	149	170	141

Quelle: Siehe S. 278.

Tabelle A 37: Einstellungen in die offenen Rücklagen (Mio. DM)

	1968	1969	1970	1971	1972	1973	1974	1975	im Ø 1968-75
Alle Banken	945	828	550	837	1 134	792	1 072	1 978	1 017
Kreditbanken	254	183	71	174	188	151	199	341	195
Großbanken	146	92	56	81	92	39	172	231	114
Regionalbk. und sonst. Institute	90	88	18	67	65	73	54	8	58
Zweigstellen ausl. Banken	5	0	0	16	17	19	17	41	14
Privatbankiers	13	3	- 3	10	14	20	- 44	61	9
Girozentralen	150	223	92	114	187	93	129	206	149
Sparkassen	201	129	75	163	238	178	262	605	231
Genossensch. Zentralkassen	50	27	5	40	103	6	45	207	60
Kreditgenossen-schaften	23	17	42	67	79	88	129	218	83
Private Hypo-thekenbanken	75	70	77	92	123	118	120	138	102
Öffentl.-rechtl. Grundkreditanst.	109	98	96	95	97	81	80	123	97
Teilzahlungs-Kreditinstitute	21	15	14	16	26	6	24	46	21
Kreditinstitute m.Sonderaufgaben	62	66	78	76	93	71	84	94	78

Quelle: Siehe S. 278.

Tabelle A 38: Bilanzgewinn (Mio. DM)

	1968	1969	1970	1971	1972	1973	1974	1975	im Ø 1968-75
Alle Banken	1 640	1 738	1 586	1 907	2 033	1 790	2 158	2 763	1 952
Kreditbanken	553	675	616	730	728	575	745	983	701
Großbanken	205	279	228	272	277	316	345	440	295
Regionalbk. und sonst.Institute	162	181	233	218	242	76	252	279	205
Zweigstellen ausl. Banken	24	27	26	36	45	94	127	94	59
Privatbankiers	162	188	129	204	164	89	21	170	141
Girozentralen	89	102	94	121	140	90	102	149	111
Sparkassen	530	456	336	415	513	435	529	817	504
Genossensch. Zentralkassen	34	40	41	46	56	44	64	101	53
Kreditgenossen-schaften	172	190	231	258	290	347	395	443	291
Private Hypo-thekenbanken	88	108	107	122	149	155	169	168	133
Öffentl.-rechtl. Grundkreditanst.	72	77	72	97	22	26	27	36	54
Teilzahlungs-Kreditinstitute	36	33	36	56	72	56	62	- 10	43
Kreditinstitute m.Sonderaufgaben	66	57	53	62	63	62	65	76	63

Quelle: Siehe S. 278.

Tabelle A 39: Zinsüberschuß (in % des Geschäftsvolumens)

	1968	1969	1970	1971	1972	1973	1974	1975	1976	im Ø 1968-75
Alle Banken	1,8	1,9	1,9	1,9	1,9	1,9	2,1	2,2	-	2,0
Kreditbanken	2,2	2,3	2,2	2,1	2,0	1,8	2,5	2,6	-	2,2
Großbanken	2,4	2,6	2,7	2,5	2,3	2,1	3,1	3,2	2,9	2,6
Regionalbk. und sonst.Institute	2,0	2,2	2,0	1,9	1,9	1,6	2,2	2,3	1,7	2,0
Zweigstellen ausl. Banken	1,3	1,3	1,1	1,3	1,5	1,7	1,4	1,5	-	1,5
Privatbankiers	2,3	2,5	2,1	1,9	1,9	1,8	2,4	2,4	-	2,1
Girozentralen	0,9	0,9	0,7	0,8	0,8	0,7	0,8	0,9	-	0,8
Sparkassen	2,8	2,8	2,7	2,8	3,0	3,0	3,2	3,3	3,1	3,0
Genossensch. Zentralkassen	1,0	1,0	0,8	1,1	1,2	0,9	1,0	1,5	-	1,1
Kreditgenossen-schaften	2,9	3,1	3,5	3,3	3,3	3,5	3,7	3,6	-	3,4
Private Hypo-thekenbanken	0,9	0,9	1,0	0,9	0,9	1,1	1,0	0,8	-	0,9
Öffentl.-rechtl. Grundkreditanst.	0,6	0,9	1,0	0,9	1,0	1,1	1,1	1,0	-	1,0
Teilzahlungs-Kreditinstitute	7,0	6,7	6,1	6,9	7,1	5,4	6,0	7,3	8,6	6,5
Kreditinstitute m.Sonderaufgaben	0,6	0,6	0,6	0,6	0,6	0,6	0,6	0,6	0,5	0,6

Quelle: Siehe S. 278.

Tabelle A 4o: Provisionsüberschuß (in % des Geschäftsvolumens)

	1968	1969	1970	1971	1972	1973	1974	1975	1976	im Ø 1968-75
Alle Banken	0,3	0,3	0,2	0,3	0,3	0,3	0,3	0,3	-	0,3
Kreditbanken	0,8	0,7	0,6	0,6	0,7	0,7	0,7	0,7	-	0,7
Großbanken	0,9	0,9	0,8	0,8	0,8	0,8	0,8	0,9	0,9	0,9
Regionalbk. und sonst. Institute	0,6	0,6	0,5	0,5	0,5	0,5	0,5	0,5	0,4	0,5
Zweigstellen ausl. Banken	0,4	0,4	0,3	0,4	0,3	0,3	0,5	0,3	-	0,4
Privatbankiers	1,0	1,0	0,7	0,7	0,7	0,9	0,8	0,8	-	0,8
Girozentralen	0,1	0,1	0,1	0,1	0,1	0,1	0,1	0,1	-	0,1
Sparkassen	0,2	0,2	0,2	0,2	0,2	0,3	0,3	0,3	-	0,2
Genossensch. Zentralkassen	0,1	0,1	0,1	0,1	0,2	0,2	0,2	0,2	-	0,2
Kreditgenossenschaften	0,4	0,4	0,3	0,3	0,4	0,4	0,4	0,4	-	0,4
Private Hypothekenbanken	0,1	0,1	0,1	0,1	0,0	0,0	0,0	0,0	-	0,0
Öffentl.-rechtl. Grundkreditanst.	- 0,0	- 0,0	- 0,1	- 0,0	- 0,2	- 0,0	- 0,0	- 0,0	-	- 0,1
Teilzahlungs-Kreditinstitute	0,2	0,1	0,1	0,2	0,1	0,3	0,3	0,4	-	0,2
Kreditinstitute m.Sonderaufgaben	0,0	0,1	0,1	0,1	0,1	0,1	0,1	0,1	0,1	0,1

Quelle: Siehe S. 278.

Tabelle A 41: "Aufwandssaldo" (in % des Geschäftsvolumens)

	1968	1969	1970	1971	1972	1973	1974	1975	im Ø 1968-75
Alle Banken	1,3	1,6	1,6	1,6	1,6	1,8	1,9	1,8	1,7
Kreditbanken	2,0	2,2	2,2	2,1	2,1	2,0	2,6	2,6	2,3
Großbanken	2,3	2,6	2,8	2,6	2,5	2,4	3,2	3,2	2,8
Regionalbk. und sonst.Institute	1,8	1,8	1,9	1,9	1,9	1,3	1,7	2,4	2,0
Zweigstellen ausl. Banken	0,9	1,1	1,0	0,9	1,1	1,0	1,0	0,9	1,0
Privatbankiers	1,6	2,0	2,0	1,4	1,7	2,0	3,0	2,1	2,0
Girozentralen	0,4	0,5	0,5	0,5	0,5	0,6	0,7	0,7	0,6
Sparkassen	2,1	2,3	2,5	2,4	2,5	2,7	2,8	2,6	2,5
Genossensch. Zentralkassen	0,5	0,8	0,7	0,7	0,7	0,8	0,8	0,7	0,7
Kreditgenossen-schaften	2,4	2,7	3,0	2,8	2,8	3,0	3,1	2,9	2,9
Private Hypo-thekenbanken	0,3	0,4	0,4	0,4	0,3	0,5	0,4	0,3	0,4
Öffentl.-rechtl. Grundkreditanst.	0,2	0,5	0,6	0,6	0,5	0,9	0,8	0,7	0,6
Teilzahlungs-Kreditinstitute	5,2	5,3	5,0	5,6	5,5	4,8	5,1	6,6	5,5
Kreditinstitute m.Sonderaufgaben	0,2	3,5	0,3	0,4	0,4	0,5	0,8	0,5	0,4

Quelle: Siehe S. 278.

Tabelle A 42: Jahresüberschuß vor Steuern (in % des Geschäftsvolumens)

	1968	1969	1970	1971	1972	1973	1974	1975	1976	im Ø 1968-75
Alle Banken	0,8	0,6	0,5	0,6	0,6	0,4	0,5	0,7	-	0,6
Kreditbanken	1,0	0,9	0,6	0,7	0,6	0,5	0,6	0,8	-	0,7
Großbanken	1,0	0,9	0,6	0,6	0,6	0,4	0,7	0,9	0,9	0,7
Regionalbk. und sonst.Institute	0,8	0,7	0,6	0,6	0,5	0,3	0,4	0,5	0,3	0,5
Zweigstellen ausl. Banken	0,8	0,6	0,4	0,8	0,7	1,0	0,9	0,9	-	0,8
Privatbankiers	1,6	1,4	0,8	1,2	0,9	0,6	0,1	1,2	-	0,9
Girozentralen	0,6	0,5	0,3	0,4	0,4	0,2	0,2	0,3	-	0,3
Sparkassen	0,9	0,6	0,4	0,6	0,7	0,5	0,6	1,1	0,9	0,7
Genossensch. Zentralkassen	0,7	0,4	0,3	0,4	0,6	0,2	0,4	0,9	-	0,5
Kreditgenossen-schaften	0,8	0,8	0,9	0,9	0,9	0,9	0,9	1,1	0,9	0,9
Private Hypo-thekenbanken	0,7	0,6	0,6	0,6	0,7	0,6	0,6	0,6	-	0,6
Öffentl.-rechtl. Grundkreditanst.	0,4	0,3	0,3	0,3	0,3	0,2	0,2	0,3	-	0,3
Teilzahlungs-Kreditinstitute	2,0	1,6	1,2	1,5	1,7	0,9	1,1	0,9	-	1,3
Kreditinstitute m.Sonderaufgaben	0,4	0,3	0,3	0,3	0,3	0,3	0,3	0,3	0,3	0,3

Quelle: Siehe S. 278.

Tabelle A 43: EEV-Steuern (in % des Geschäftsvolumens)

	1968	1969	1970	1971	1972	1973	1974	1975	1976	im Ø 1968-75
Alle Banken	0,3	0,2	0,2	0,2	0,3	0,2	0,2	0,4	-	0,3
Kreditbanken	0,4	0,3	0,2	0,2	0,2	0,2	0,3	0,3	-	0,3
Großbanken	0,4	0,3	0,3	0,2	0,2	0,1	0,3	0,4	0,4	0,3
Regionalbk. und sonst. Institute	0,4	0,3	0,3	0,2	0,2	0,2	0,2	0,3	0,1	0,2
Zweigstellen ausl. Banken	0,3	0,3	0,2	0,4	0,3	0,5	0,4	0,5	-	0,4
Privatbankiers	0,3	0,2	0,2	0,2	0,2	0,2	0,2	0,2	-	0,2
Girozentralen	0,4	0,2	0,1	0,2	0,2	0,1	0,1	0,2	-	0,2
Sparkassen	0,4	0,3	0,2	0,3	0,3	0,3	0,3	0,6	0,4	0,3
Genossensch. Zentralkassen	0,3	0,2	0,1	0,2	0,2	0,1	0,2	0,4	-	0,2
Kreditgenossen-schaften	0,4	0,4	0,4	0,4	0,4	0,4	0,5	0,5	0,5	0,4
Private Hypo-thekenbanken	0,3	0,2	0,3	0,3	0,3	0,3	0,3	0,3	-	0,3
Öffentl.-rechtl. Grundkreditanst.	0,0	0,0	0,0	0,0	0,0	0,0	0,0	0,0	-	0,0
Teilzahlungs-Kreditinstitute	1,0	0,8	0,6	0,7	0,8	0,4	0,6	0,6	-	0,7
Kreditinstitute m.Sonderaufgaben	0,1	0,1	0,1	0,1	0,1	0,1	0,1	0,1	0,1	0,1

Quelle: Siehe S. 278.

Tabelle A 44: Jahresüberschuß (in % des Geschäftsvolumens)

	1968	1969	1970	1971	1972	1973	1974	1975	1976	im Ø 1968-75
Alle Banken	0,4	0,4	0,3	0,3	0,3	0,2	0,3	0,4	-	0,3
Kreditbanken	0,6	0,5	0,4	0,4	0,4	0,3	0,3	0,4	-	0,4
Großbanken	0,6	0,5	0,4	0,4	0,4	0,3	0,4	0,5	0,5	0,4
Regionalbk. und sonst. Institute	0,5	0,4	0,3	0,3	0,3	0,1	0,2	0,2	0,2	0,3
Zweigstellen ausl. Banken	0,5	0,3	0,2	0,4	0,4	0,5	0,5	0,4	-	0,4
Privatbankiers	1,4	1,2	0,7	1,0	0,7	0,4	- 0,1	1,0	-	0,7
Girozentralen	0,3	0,3	0,2	0,2	0,2	0,1	0,1	0,2	-	0,2
Sparkassen	0,5	0,4	0,2	0,3	0,3	0,2	0,3	0,5	0,4	0,3
Genossensch. Zentralkassen	0,4	0,3	0,2	0,3	0,4	0,1	0,2	0,5	-	0,3
Kreditgenossen-schaften	0,5	0,4	0,5	0,5	0,5	0,4	0,5	0,5	0,4	0,5
Private Hypo-thekenbanken	0,4	0,4	0,4	0,4	0,4	0,3	0,3	0,3	-	0,3
Öffentl.-rechtl. Grundkreditanst.	0,3	0,3	0,3	0,3	0,2	0,2	0,2	0,3	-	0,3
Teilzahlungs-Kreditinstitute	1,0	0,8	0,6	0,8	0,9	0,5	0,6	0,2	0,9	0,6
Kreditinstitute m.Sonderaufgaben	0,2	0,2	0,2	0,2	0,2	0,2	0,2	0,2	0,2	0,2

Quelle: Siehe S. 278.

Tabelle A 45: Einstellungen in die offenen Rücklagen (in % des Geschäftsvolumens)

	1968	1969	1970	1971	1972	1973	1974	1975	1976	im Ø 1968-75
Alle Banken	0,2	0,1	0,1	0,1	0,1	0,1	0,1	0,2	-	0,1
Kreditbanken	0,2	0,1	0,0	0,1	0,1	0,1	0,1	0,1	-	0,1
Großbanken	0,3	0,1	0,1	0,1	0,1	0,0	0,1	0,2	0,2	0,1
Regionalbk. und sonst. Institute	0,2	0,1	0,0	0,1	0,1	0,1	0,0	0,0	0,0	0,1
Zweigstellen ausl. Banken	0,1	0,0	0,0	0,1	0,1	0,1	0,1	0,1	-	0,1
Privatbankiers	0,1	0,0	- 0,0	0,0	0,1	0,1	- 0,2	0,3	-	0,0
Girozentralen	0,2	0,2	0,1	0,1	0,1	0,1	0,1	0,1	-	0,1
Sparkassen	0,1	0,1	0,0	0,1	0,1	0,1	0,1	0,2	0,2	0,1
Genossensch. Zentralkassen	0,2	0,1	0,0	0,1	0,3	0,0	0,1	0,4	-	0,2
Kreditgenossenschaften	0,1	0,0	0,1	0,1	0,1	0,1	0,1	0,2	-	0,1
Private Hypothekenbanken	0,2	0,2	0,2	0,2	0,2	0,1	0,1	0,1	0,2	0,2
Öffentl.-rechtl. Grundkreditanst.	0,2	0,2	0,2	0,2	0,2	0,2	0,1	0,2	-	0,2
Teilzahlungs-Kreditinstitute	0,4	0,2	0,2	0,2	0,2	0,0	0,2	0,3	0,5	0,2
Kreditinstitute m.Sonderaufgaben	0,1	0,1	0,1	0,1	0,1	0,1	0,1	0,1	0,1	0,1

Quelle: Siehe S. 278.

Tabelle A 46: Bilanzgewinn (in % des Geschäftsvolumens)

	1968	1969	1970	1971	1972	1973	1974	1975	1976	im Ø 1968-75
Alle Banken	0,3	0,3	0,2	0,2	0,2	0,2	0,2	0,2	-	0,2
Kreditbanken	0,4	0,4	0,3	0,3	0,3	0,2	0,2	0,3	-	0,3
Großbanken	0,4	0,4	0,3	0,3	0,3	0,3	0,3	0,3	0,3	0,3
Regionalbk. und sonst.Institute	0,3	0,3	0,3	0,3	0,2	0,1	0,2	0,2	0,2	0,2
Zweigstellen ausl. Banken	0,4	0,3	0,2	0,3	0,3	0,4	0,4	0,3	-	0,3
Privatbankiers	1,3	1,2	0,7	1,0	0,7	0,4	0,1	0,7	-	0,1
Girozentralen	0,1	0,1	0,1	0,1	0,1	0,0	0,0	0,1	-	0,1
Sparkassen	0,4	0,3	0,2	0,2	0,2	0,2	0,2	0,3	-	0,2
Genossensch. Zentralkassen	0,1	0,2	0,1	0,1	0,2	0,1	0,1	0,2	-	0,1
Kreditgenossenschaften	0,4	0,4	0,4	0,4	0,4	0,3	0,3	0,4	0,2	0,4
Private Hypothekenbanken	0,2	0,2	0,2	0,2	0,2	0,2	0,2	0,2	-	0,2
Öffentl.-rechtl. Grundkreditanst.	0,1	0,1	0,1	0,2	0,0	0,0	0,0	0,1	-	0,1
Teilzahlungs-Kreditinstitute	0,6	0,5	0,5	0,6	0,6	0,4	0,4	- 0,1	0,4	0,4
Kreditinstitute m.Sonderaufgaben	0,1	0,1	0,1	0,1	0,1	0,1	0,1	0,1	0,1	0,1

Quelle: Siehe S. 278.

Tabelle A 47: EEV-Steuern (in % des Jahresüberschusses vor Steuern)

	1968	1969	1970	1971	1972	1973	1974	1975	im Ø 1968-75
Alle Banken	41,8	38,3	41,0	41,8	43,9	46,7	47,8	49,8	44,8
Kreditbanken	38,3	36,8	39,5	36,7	39,6	43,3	45,5	45,6	41,2
Großbanken	42,3	38,9	41,6	37,7	40,5	32,3	42,3	45,3	40,9
Regionalbk. und sonst.Institute	43,1	43,1	43,6	43,1	44,6	59,6	44,7	56,2	47,3
Zweigstellen ausl. Banken	42,0	51,8	49,0	51,9	47,9	52,1	45,2	51,1	49,0
Privatbankiers	15,5	13,6	18,2	15,1	20,5	28,3	209,5	16,3	20,2
Girozentralen	58,1	39,8	44,6	49,6	52,1	53,3	46,2	53,5	50,2
Sparkassen	42,4	41,9	46,0	48,8	49,8	50,9	54,0	55,7	50,3
Genossensch. Zentralkassen	43,2	37,4	37,8	38,6	30,3	41,9	44,7	41,8	39,7
Kreditgenossen-schaften	46,7	47,3	47,6	47,3	46,9	49,9	50,8	51,0	49,2
Private Hypo-thekenbanken	41,2	38,8	43,0	43,1	41,5	46,5	44,4	48,2	43,9
Öffentl.-rechtl. Grundkreditanst.	9,5	8,9	5,6	4,5	7,8	9,3	10,8	10,7	8,5
Teilzahlungs-Kreditinstitute	50,0	52,9	48,5	48,6	49,2	46,6	48,2	72,2	51,9
Kreditinstitute m.Sonderaufgaben	34,0	28,1	32,8	36,1	33,6	40,4	37,7	34,9	35,0

Quelle: Siehe S. 278.

Tabelle A 48: Daten der Sparkassenentwicklung

- nach Verbandsbereichen -

Verbandsbereich	Geschäftsvolumen (Mio DM) 1962	Geschäftsvolumen (Mio DM) 1976	Durchschnittl. Betriebsgröße (Mio DM) 1962	Durchschnittl. Betriebsgröße (Mio DM) 1976	Entwicklung 1962-1976 (in %) (1962 = 100) Geschäfts-volumen	Entwicklung 1962-1976 (in %) (1962 = 100) durchschnittl. Betriebsgröße
Kiel	2 395	11 295	39	257	472	659
Hamburg	3 775	17 646	944	5 882	467	623
Hannover	8 982	38 065	102	501	424	491
Münster	9 948	46 230	63	379	465	602
Düsseldorf	12 842	60 172	126	912	469	724
Mainz	3 621	18 645	57	414	515	726
Frankfurt	6 277	35 628	110	685	568	623
Stuttgart	7 358	35 654	199	1 486	485	747
Mannheim	3 796	20 608	40	290	543	725
München	10 190	57 810	55	438	567	796
Saarbrücken	1 865	6 702	143	516	359	361
Berlin-West	1 361	7 744	1 361	7 744	569	569
BRD	72 411	356 197	84	549	492	654

Quelle: DEUTSCHER SPARKASSEN- UND GIROVERBAND E.V.: Jahresberichte für die Jahre 1962 und 1976. eigene Berechnungen.

Tabelle A 49: Daten zur allgemeinen Wirtschaftsentwicklung

- nach Bundesländern -

Bundesland	Größe (qkm)	Einwohner (1000)		Sozialproduktion (BIP) (Mio DM)		Entwicklung des BIP 1962 - 1976 (in %) (1962 = 100)
		1962	1976	1962	1976	
Schlesw.-Holst.	15 676	2 341	2 583	12 167	38 812	319
Hamburg/Bremen	1 157	2 559	2 422	25 480	70 795	278
Niedersachsen	47 408	6 703	7 232	36 717	112 865	307
Nordrh.-Westf.	34 044	16 117	17 096	107 568	319 796	297
Rheinl.-Pfalz	19 838	3 457	3 657	16 506	63 056	382
Hessen	21 111	4 900	5 543	31 263	105 193	336
Baden-Württ.	35 750	7 923	9 135	51 564	173 639	337
Bayern	70 547	9 667	10 804	53 609	192 803	360
Saarland	2 568	1 091	1 093	5 979	17 977	301
Berlin-West	480	2 180	1 967	14 027	41 563	296
BRD	248 577	56 938	61 531	354 880	1136 500	320

Quelle: STATISTISCHES BUNDESAMT: Statistisches Jahrbuch für die Bundesrepublik Deutschland 1965, S. 31, 557; Statistisches Jahrbuch 1977 für die Bundesrepublik Deutschland, S. 51, 506; eigene Berechnungen.

Tabelle A 5o: Lokale Marktpräsenz der Sparkassen

- nach Verbandsbereichen -

Verbandsbereich	Zahl der Sparkassen		Zweigstellen-Zahl						Sparkassenstellen insgesamt	
			hauptberuflich		nebenberuflich		insgesamt			
	1962	1976	1962	1976	1962	1976	1962	1976	1962	1976
Kiel	61	44	268	538	234	124	502	662	563	706
Hamburg	4	3	269	322	1	1	270	323	274	326
Hannover	88	76	1 019	1 764	772	397	1 791	2 161	1 879	2 237
Münster	159	122	855	1 643	88	17	943	1 660	1 102	1 782
Düsseldorf	102	66	728	1 368	29	3	757	1 371	859	1 437
Mainz	63	45	452	1 020	200	120	652	1 140	715	1 185
Frankfurt	57	52	711	1 550	652	397	1 363	1 947	1 420	1 999
Stuttgart	37	24	507	1 300	2 280	1 103	2 787	2 403	2 824	2 427
Mannheim	95	71	575	1 363	64	49	639	1 412	734	1 483
München	186	132	1 183	2 593	152	53	1 335	2 646	1 521	2 778
Saarbrücken	13	13	213	346	63	8	276	354	289	367
Berlin-West	1	1	49	80	101	1	150	81	151	82
BRD	866	649	6 829	13 887	4 636	2 273	11 465	16 160	12 331	16 809

Quelle: DEUTSCHER SPARKASSEN- UND GIROVERBAND E.V.: Jahresberichte für die Jahre 1962 und 1976.

Tabelle A 51: Erfolgsvergleich der Sparkassen 1962-1976 in % der durchschnittlichen Bilanzsummen

Jahr	Durchschnittliche Bilanzsumme		Erfolgskennzahlen in % der Bilanzsumme			
	in Mrd. DM	Zuwachs in %	Zins-spanne	Brutto-ertrags-spanne	Handlungs-kosten +)	Rein-gewinn
1962	72,4	14,02	2,74	3,24	2,53	0,71
1963	82,1	13,40	2,76	3,25	2,51	0,74
1964	92,7	12,91	2,75	3,21	2,50	0,71
1965	105,8	14,13	2,64	3,12	2,60	0,52
1966	117,2	10,78	2,68	3,15	2,59	0,56
1967	131,6	12,29	2,84	3,30	2,45	0,85
1968	149,3	13,45	2,74	3,17	2,64	0,53
1969	166,1	11,25	2,57	3,02	2,64	0,38
1970	184,4	11,02	2,54	3,01	2,75	0,26
1971	206,3	11,88	2,58	3,10	2,79	0,31
1972	235,5	14,15	2,71	3,29	2,95	0,34
1973	259,4	10,15	2,77	3,37	3,10	0,27
1974	284,5	10,07	3,01	3,60	3,28	0,32
1975	320,7	13,08	3,24	3,82	3,33	0,49
1976	353,3	10,17	3,11	3,66	3,24	0,42
im Ø 62-76	--	12,18	2,78	3,49	2,79	0,67

+) Inkl. außerordentlicher Erträge und Aufwendungen.

Quelle: DEUTSCHER SPARKASSEN- UND GIROVERBAND E.V.: Jahresberichte für die Jahre 1962, 1969, 197o, 1972, 1974, 1975.

Tabelle A 52: Steuereinnahmen und Verschuldung der Länder 1962 - 1976+)

Jahr	Verschuldung			Steuereinnahmen in Mio DM
	insgesamt in Mio DM	darunter Bankkredite in Mio DM	in %	
1962	13 402	1 272	9,5	27 727
1963	13 329	1 380	10,4	28 543
1964	14 291	2 140	15,0	30 948
1965	17 401	3 514	20,2	32 366
1966	20 328	5 592	27,5	34 869
1967	24 188	7 593	31,4	36 177
1968	26 339	8 762	33,3	39 404
1969	25 771	9 067	35,2	46 684
1970	27 789	10 775	38,8	50 482
1971	33 037	13 856	41,9	56 607
1972	36 963	16 225	43,9	66 945
1973	39 462	18 528	46,9	76 486
1974	47 323	25 476	53,8	83 347
1975	67 001	42 267	63,1	81 560
1976	82 196	56 608	68,9	90 579

+) Stand jeweils Dezember.

Quelle: DEUTSCHE BUNDESBANK, Monatsberichte, 29. Jg. (1977), Nr. 6, S. 56+ ff.; 23. Jg. (1971), Nr. 6, S. 54+ ff.; 19. Jg. (1967), Nr. 4, S. 24 ff.

Tabelle A 53: Steuereinnahmen und Verschuldung der Gemeinden 1962 - 1976+)

Jahr	Verschuldung			Steuereinnahmen in Mio DM
	insgesamt in Mio DM	darunter Bankkredite in Mio DM	in %	
1962	15 068	11 109	73,7	11 221
1963	17 686	13 163	74,4	11 783
1964	21 264	16 281	76,6	12 568
1965	25 844	19 957	77,2	13 063
1966	29 465	22 689	77,0	14 029
1967	31 986	24 806	77,6	14 055
1968	34 186	26 806	78,4	14 794
1969	36 663	29 080	79,3	18 829
1970	40 000	32 200	80,5	18 240
1971	47 927	39 172	81,7	21 131
1972	55 984	46 636	83,3	25 319
1973	63 003	53 256	84,5	29 882
1974	61 280	54 485	88,9	32 683
1975	68 841	61 875	89,9	33 273
1976	74 400	67 400	90,6	37 748

+) Stand jeweils Dezember.

Quelle: DEUTSCHE BUNDESBANK, Monatsberichte, 29. Jg. (1977), Nr. 6, S. 56+ ff.; 23. Jg. (1971), Nr. 6, S. 54+ ff.; 19. Jg. (1967), Nr. 4, S. 24 ff.

Tabelle A 54: Die Verschuldungsstruktur der Gemeinden 1962 - 1976 (in %)

Jahr	Schulden der Gemeinden (in %)+) bei			
	Sparkassen	Girozentralen	Sparkassen-sektor insgesamt	sonstigen Kredit-instituten
1962	29,1	25,0	54,1	16,2
1963	29,3	23,5	52,8	17,8
1964	30,1	23,3	53,4	18,9
1965	31,1	22,6	53,7	19,2
1966	32,0	21,8	53,8	19,0
1967	33,6	21,1	54,7	19,3
1968	34,6	19,9	54,5	19,9
1969	36,0	19,8	55,8	19,7
1970	37,7	19,9	57,5	19,3
1971	38,3	19,2	57,5	20,4
1972	38,0	21,4	59,4	22,3
1973	37,8	22,6	60,4	22,4
1974	38,0	23,9	61,9	22,9
1975	38,5	23,3	61,8	23,9

+) In % der gesamten Schulden.

Quelle: Zahlen errechnet aus: STATISTISCHES BUNDESAMT, Finanzen und Steuern, Reihe 3, Schulden und Vermögen von Bund, Ländern und Gemeinden, I Schulden, Tabellengruppe IV; verschiedene Jahrgänge.

Quellenhinweise:

Für Tabelle A 1 bis A 30:

DEUTSCHE BUNDESBANK: Statistische Beihefte zu den Monatsberichten, Reihe 1 (Bankenstatistik nach Bankengruppen)

22. Jg. (1970), Nr. 1
26. Jg. (1974), Nr. 1
29. Jg. (1977), Nr. 7

Für Tabelle A 31 bis A 47:

DEUTSCHE BUNDESBANK: Ertragsentwicklung im Bankgewerbe, S. 16 ff.

LITERATURVERZEICHNIS

(1) Bücher

AUST, Eberhard: Der Wettbewerb in der Bankwirtschaft, Frankfurt 1963.

BERG, Gerhard: Der Wettbewerb zwischen den privaten Hypothekenbanken und den im langfristigen Kreditgeschäft tätigen öffentlich-rechtlichen Kreditinstituten, Diss., Mainz 1968.

BIRCK, Heinrich / MEYER, Heinrich: Die Bankbilanz, Handkommentar, 1. Teillieferung, 3. Aufl., Wiesbaden 1976.

BREHMER, E.: Struktur und Funktionsweise des Geldmarktes der Bundesrepublik Deutschland seit 1948 (Kieler Studien, Nr. 65), 2. neubearb. u. erw. Aufl., Tübingen 1964.

CREMER, Claus: Grundfragen einer Theorie der optimalen Finanzierung, Betriebswirtschaftliche Forschungsergebnisse, Bd. 66, Berlin 1974.

DICK, Walter: Eine empirische Untersuchung der Nichtbankenbeteiligungen und der Aufsichtsratsmandate der Großbanken in der BRD, Institut für das Spar-, Giro- und Kreditwesen an der Universität Bonn (Hrsg.): Diskussionspapier Nr. 17, Bonn 1976.

DUWENDAG, Dieter u.a.: Geldtheorie und Geldpolitik, Reihe "Problemorientierte Einführungen" (Hrsg.: Diethard B. Simmert), Bd. 1, 2. überarb. u. erw. Aufl., Köln 1977.

EHRLICHER, Werner u.a.: Die Auswirkungen der Gemeindehaushaltsreform auf die finanziellen Beziehungen zwischen Sparkassen und Gemeinden, Forschungsberichte (Hrsg.: Gesellschaft zur Förderung der wissenschaftlichen Forschung über das Spar- und Girowesen), Bd. 1, Stuttgart 1975.

FEUERSTACK, Rainer: Unternehmenskonzentration, Theoretische Grundbegriffe und empirische Ergebnisse für die Bundesrepublik Deutschland 1960-1970, Neuwied 1975.

FLOITGRAF, Hans: Steuerprivilegien und Wettbewerb im Bankwesen der Bundesrepublik Deutschland, Frankfurt 1964.

GEIGER, Helmut: Bankpolitik, Stuttgart-Berlin-Köln-Mainz 1975.

GUTENBERG, Erich: Einführung in die Betriebswirtschaftslehre, Reihe: Die Wirtschaftswissenschaften, Wiesbaden 1958.

GUTENBERG, Erich: Grundlagen der Betriebswirtschaftslehre, 3. Bd. "Die Finanzen", 7. Aufl., Berlin, Heidelberg, New York 1975.

HAGENMÜLLER, Karl Fr.: Der Bankbetrieb, Wiesbaden 1964.

HARTMANN, Manfred: Einlagensicherung in der Bundesrepublik Deutschland, Institut für das Spar-, Giro- und Kreditwesen an der Universität Bonn (Hrsg.): Diskussionspapier Nr. 15, 3. verb. Aufl., Bonn 1976.

HARTMANN, Manfred: Ökonomische Aspekte der Reform des KWG, Forschungsberichte (Hrsg.: Gesellschaft zur Förderung der wissenschaftlichen Forschung über das Spar- und Girowesen), Bd. 3, Stuttgart 1977.

JARCHOW, Hans-Joachim: Theorie und Politik des Geldes, Bd. II.:Geldmarkt, Bundesbank und geldpolitisches Instrumentarium, 2. neubearb. u. erw. Aufl., Göttingen 1976.

KLEIN, Richard: Kommunale Schuldenpolitik, Schriften des Deutschen Instituts für Urbanistik, Bd. 61, Stuttgart, Berlin, Köln, Mainz 1977.

KÖHLER, Claus: Geldwirtschaft, 1. Bd.: Geldversorgung und Kreditpolitik, 2. veränd. Aufl., Berlin 1977.

KÖPPEN, Joachim von: Das Eigenkapital der Kreditinstitute, Wiesbaden 1966.

KRELLE, Wilhelm: Preistheorie, 2. Aufl. (2 Bände), Tübingen 1976.

LE COUTRE, Walter: Grundzüge der Bilanzkunde, Teil 1, 4. Aufl., Wolfenbüttel 1949.

LIPFERT, Helmut: Optimale Unternehmensfinanzierung, Frankfurt 1967.

MAURER, Christian / RAAB, Gustav: Das Eigenkapital der Kreditinstitute, Wien 1973.

MONOPOLKOMMISSION: Hauptgutachten 1973/75, Mehr Wettbewerb ist möglich, Baden-Baden 1976.

MÜLHAUPT, Ludwig: Der Bindungsgedanke in der Finanzierungslehre unter besonderer Berücksichtigung der holländischen Finanzierungsliteratur, Wiesbaden 1966.

MÜLHAUPT, Ludwig u.a.: Strukturwandlungen im westdeutschen Bankwesen (Schriftenreihe des Instituts für Kreditwesen der Westfälischen Wilhelms-Universität Münster, Bd. 1), Wiesbaden 1971.

PFANZAGL, Johann: Allgemeine Methodenlehre der Statistik, Bd. II, 3. verb. Aufl., Berlin 1968.

RÖSSLE, Karl: Allgemeine Betriebswirtschaftslehre, München 1948.

SCHNEIDER, Dieter: Investition und Finanzierung, 3. neubearb. Aufl., Opladen 1974.

SCHORK, Ludwig: Gesetz über das Kreditwesen, Kommentar, 2. Aufl., Köln, Berlin, Bonn, München 1976.

SCHUDT, Helmut: Der Genußschein als genossenschaftliches Finanzierungsinstrument, Marburger Schriften zum Genossenschaftswesen, Reihe A, Bd. 43, Göttingen 1974.

SOMARY, Felix: Bankpolitik, 3. Aufl., Tübingen 1934.

STEIN, Dietrich: Wettbewerbspolitik und Geschäftsbankensystem. Eine kritische Überprüfung der wettbewerbspolitischen Situation des Geschäftsbankensystems der Bundesrepublik Deutschland unter besonderer Berücksichtigung der Konzentrationstendenzen (Bochumer Wirtschaftswissenschaftliche Studien Nr. 19), Bochum 1975.

STOLTE, Dieter: Zur Frage der Gemeinnützigkeit der Sparkassen, Schriften der Forschungsstätte für öffentliche Unternehmen Köln, hrsg. von Gerhard Weisser und Theo Thiemeyer, Bd. 4, Göttingen 1967.

VOIGT, Fritz / BUDISCHIN, Hans-Jörg: Grenzen der staatlichen Wirtschaftspolitik im gesellschaftlichen und sozialen Wandel, Einflüsse der Denk- und Reaktionsfähigkeit der menschlichen Persönlichkeit, Berlin 1976.

VORMBAUM, Herbert: Finanzierung der Betriebe, Wiesbaden 1964.

WEISS, Ulrich: Marktforschung der Kreditinstitute, Die Erforschung des Marktes der privaten Haushaltungen und ihr Einfluß auf die Verhaltensweise der Institute, Untersuchungen über das Spar-, Giro- und Kreditwesen, hrsg. von Fritz Voigt, Bd. 30, Berlin 1966.

WALB, Ernst: Finanzwirtschaftliche Bilanz, 3. Aufl., Wiesbaden 1966.

(2) Zeitschriftenaufsätze und Beiträge zu Sammelwerken

ARNDT, Helmut / OLLENBURG, Günter: Begriff und Arten der Konzentration, in: Helmut Arndt (Hrsg.): Die Konzentration in der Wirtschaft - On Economic Concentration (Schriften des Vereins für Socialpolitik, N.F. Bd. 20/I), 2. völlig neubearb. Aufl., Berlin 1971, S. 3-39.

BECKER, Wolf-Dieter: Wettbewerb in der Kreditwirtschaft: Das deutsche Beispiel, in: Sparkasse, 89. Jg. (1972), S. 134-139.

BEIER, Joachim: Zur methodischen Konzeption und praktischen Ausgestaltung vergleichender Ertragsanalysen der Banken, in: Die Bank, Jg. 1977, Heft 5, S. 6-16.

BETMANN, Johann Philipp Freiherr von: Artikel "Finanzierung", in: Bank-Enzyklopädie, Bd. 2, Wiesbaden 1975, S. 25-32.

BUCHHOLZ, Peter F.: Die Wertschöpfung von Großbanken und Sparkassen - ein wettbewerbspolitischer Vergleich, in: Sparkasse, 92. Jg. (1975), S. 295-298.

DHOM, Robert: Referat zum Thema "Wettbewerb in der Kreditwirtschaft", abgedruckt in: Zeitschrift für das gesamte Kreditwesen, 29. Jg. (1976), S. 1152-1156.

EBNER, Herbert: Zweigstellenpolitik der Kreditinstitute, in: Betriebswirtschaftliche Blätter für die Praxis der Sparkassen und Landesbanken/Girozentralen, 26. Jg. (1977), S. 137-140.

EHRLICHER, Werner: Das strukturelle Defizit, in: Wirtschaftsdienst, 55. Jg. (1975), S. 449-453.

FLÄMIG, C.: Die Reform der Körperschaftsteuer, in: Juristische Schulung, Jg. 1977, S. 83-87, S. 152-157, S. 222-225.

GBUREK, Manfred: Großbanken und Landesbanken in permanentem Strukturwandel, in: Wertpapier, 25. Jg. (1977), S. 449-452.

GIES, Winfried / SCHAPERJAHN, Friedhelm: Ertragsstrukturen der Großbanken und Sparkassen, in: Betriebswirtschaftliche Blätter für die Praxis der Sparkassen und Landesbanken/Girozentralen, 26. Jg. (1977), S. 145-151.

GORNIAK, U.: Körperschaftsteuerreform verabschiedet, in: Betriebswirtschaftliche Blätter für die Praxis der Sparkassen und Landesbanken/Girozentralen, 25. Jg. (1976), S. 142-146.

GRUNWALD, Jorg-Günther: Zur gegenwärtigen Wettbewerbssituation der deutschen Kreditwirtschaft, in: Quartalshefte (Hrsg.: Girozentrale und Bank der österreichischen Sparkassen), 13. Jg. (1978), Heft 1, (in Vorb.).

GUTENBERG, Erich: Zum Problem des optimalen Verschuldungsgrades, in: Zeitschrift für Betriebswirtschaft, 36. Jg. (1966), S. 681-703.

HADDING, Walther / SCHNEIDER, Uwe H.: Nachrangiges Haftkapital bei Kreditinstituten in ausländischen Rechtsordnungen - Eine rechtsvergleichende Untersuchung, in: Sparkasse, 94. Jg. (1977), S. 390-409.

HAHN, Oswald: Die Wahlkriterien finanzwirtschaftlicher Entscheidungen, in: Handbuch der Unternehmensfinanzierung (Hrsg.: Ders.), München 1971, S. 121-172.

HAHN, Oswald: Das Wesen der Finanzierung, in: Handbuch der Unternehmensfinanzierung (Hrsg.: Ders.), München 1971, S. 19-103.

HARTMANN, Manfred: Das Eigenkapital als Strukturproblem der deutschen Kreditwirtschaft, in: Quartalshefte (Hrsg.: Girozentrale und Bank der österreichischen Sparkassen AG), 13. Jg. (1978), Heft 1, (in Vorb.).

HARTWIG, Dierk: Die Sparkassen suchen neue Eigenkapitalquellen, in: Börsenzeitung, Jg. 1976, Nr. 253, S. 13.

HASENKAMP, Karl Peter: Wachstum und Eigenkapitalentwicklung der Kreditinstitute bei Geldentwertung, in: Betriebswirtschaftliche Blätter für die Praxis der Sparkassen und Landesbanken/Girozentralen, 23. Jg. (1974), S.14-18.

HERMANNS, F.: Zur Bedeutung der Sparkassen im deutschen Bankensystem, in: Sparkassen international, Jg. 1977, Nr. 1, S. 17-19.

HOPPMANN, E.: Zum Problem einer wirtschaftspolitisch praktikablen Definition des Wettbewerbs, in: Hans-Karl Schneider (Hrsg.): Grundlagen der Wettbewerbspolitik, Schriften des Vereins für Socialpolitik, N.F. Bd. 48, Berlin 1968, S. 9-49.

KRÜMMEL, Hans-Jacob: Konzentration und Bankenwettbewerb, in: Sparkasse, 93. Jg. (1976), S. 432-437.

MEITHNER, Karl: Die Bilanzen der Bankunternehmungen, in: Die Bilanzen der Unternehmungen, Bd. II, Festgabe für J. Ziegler, Wien 1933.

MERTIN, Klaus: Ergebnisstrukturen des Kreditgewerbes, in: Die Bank, Jg. 1977, Heft 2, S. 4-12.

MÜLLER-KRUMHOLZ, Karin / POHL, Reinhard: Zur Wirtschaftslage der Bundesrepublik Deutschland, in: Deutsches Institut für Wirtschaftsforschung, Vierteljahreshefte zur Wirtschaftsforschung, Jg. 1977, Heft 2, S. 86-108.

OBERBECKMANN, Hans-Ludwig: Die Eigenkapitalausstattung der Sparkassen, in: Sparkasse, 94. Jg. (1977), S. 38.

O.V.: Private Beteiligung an öffentlich-rechtlichen Sparkassen, in: Zeitschrift für das gesamte Kreditwesen, 30. Jg. (1977), S. 158-159.

POULLAIN, Ludwig: Referat zum Thema "Wettbewerb in der Kreditwirtschaft", abgedruckt in: Zeitschrift für das gesamte Kreditwesen, 29. Jg. (1976), S. 1156-1160.

PRAGER, Walter: Die Beteiligungsfinanzierung der Genossenschaft, in: Handbuch der Unternehmensfinanzierung (Hrsg.: Oswald Hahn), München 1971, S. 569-577.

SCHAPERJAHN, Friedhelm: Untersuchungen zur Rentabilität von Sparkassen-Zweigstellen, in: Mitteilungen (Hrsg.: Gesellschaft zur Förderung der wissenschaftlichen Forschung über das Spar- und Girowesen), Nr. 6, Oktober 1977, S. 38-40.

SCHMIDT, Dirk: Das nachrangige Haftkapital, in: Sparkasse, 94. Jg. (1977), S. 79-84.

SCHMIDT, L.: Die Körperschaftsteuerreform, in: Neue Juristische Wochenschrift, Jg. 1976, Heft 49, S. 2233-2242.

SCHNEIDER, Manfred: Der Wettbewerb der Kreditinstitute im Spannungsfeld von Bankenaufsicht und Notenbankpolitik, in: Bank-Betrieb, 13. Jg. (1973), S. 122-126.

STÄHR, Hans Christoph: Die Grundsätze über das Eigenkapital und die Liquidität von Kreditinstituten, in: Sparkasse, 94. Jg. (1977), S. 126-137.

STEIN, Jürgen: Beeinträchtigen Konzentrationstendenzen den Bankenwettbewerb?, in: Die Bank, Jg. 1977, Heft 2, S. 13-15.

STÖRRLE, Winfried: Eigen- oder Fremdfinanzierung unter Berücksichtigung von Mischformen, in: Handbuch der Unternehmensfinanzierung (Hrsg.: Oswald Hahn), München 1971, S. 377-415.

VOIGT, Fritz: Die Formung der staatlichen Wirtschaftspolitik, in: Studium sociale, Ergebnisse sozialwissenschaftlicher Forschung der Gegenwart, hrsg. von Karl Gustav Specht, Hans Georg Rasch und Hans Hofbauer, (Festschrift für Karl Valentin Müller), Köln-Opladen 1963, S. 607-632.

WEISSER, Gerhard: Gemeinnützigkeit und Paritätspostulat, in: Sparkasse, 81. Jg. (1964), S. 343-361.

ZAWAR, R.: Die Reform der einheitswertabhängigen Steuern, in: Juristische Schulung, Jg. 1974, Heft 8, S. 535-538.

ZIMMERER, Carl: Die Beteiligungsfinanzierung der nicht-emissionsfähigen Unternehmung, in: Handbuch der Unternehmensfinanzierung (Hrsg.: Oswald Hahn), München 1971, S. 539-567.

(3) Statistiken und sonstige Quellen

BANK-BETRIEB: Die 50 größten deutschen Kreditinstitute, 3. Jg. (1963), S. 142-143; 10. Jg. (1970), S. 371-373; 16. Jg. (1976), S. 468-472.

DEUTSCHE BUNDESBANK (Hrsg.): Deutsches Geld- und Bankwesen in Zahlen 1876-1975, Frankfurt 1976.

DEUTSCHE BUNDESBANK: Die Entwicklung des Zweigstellennetzes der Kreditinstitute nach Wegfall der Bedürfnisprüfung, in: Dies.: Monatsberichte, 12. Jg. (1960), Nr. 10, S. 60.

DEUTSCHE BUNDESBANK: Ertragsentwicklung im Bankgewerbe, in: Dies.: Monatsberichte, 28. Jg. (1976), Nr. 11, S. 16-29.

DEUTSCHE BUNDESBANK: Geschäftsbericht für das Jahr 1976, Frankfurt 1977.

DEUTSCHE BUNDESBANK: Monatsberichte, versch. Jgg.

DEUTSCHE BUNDESBANK: Statistische Beihefte zu den Monatsberichten, Reihe 1 (Bankenstatistik nach Bankengruppen), versch. Jgg.

DEUTSCHER BUNDESTAG (Hrsg.): Bericht der BUNDESREGIERUNG über die Untersuchung der Wettbewerbsverschiebungen im Kreditgewerbe und über die Einlagensicherung, Drucksache V/3500 vom 18.11.1968.

DEUTSCHER SPARKASSEN- UND GIROVERBAND: Jahresbericht 1962, Bonn 1963; Jahresbericht 1969, Bonn 1970; Jahresbericht 1970, Bonn 1971; Jahresbericht 1972, Bonn 1973; Jahresbericht 1974, Bonn 1975; Jahresbericht 1975, Bonn 1976; Jahresbericht 1976, Bonn 1977.

DEUTSCHES INSTITUT FÜR WIRTSCHAFTSFORSCHUNG: Vierteljährliche volkswirtschaftliche Gesamtrechnung für die Bundesrepublik Deutschland, Saisonbereinigte Daten, Berlin, im Oktober 1971 und im Februar 1977.

EWG-SPARKASSENVEREINIGUNG: Bericht 1975/76, Brüssel o.J.

Grundfragen der Stabilitätspolitik, Gutachten des Wissenschaftlichen Beirats beim Bundesministerium für Wirtschaft, in: Bundesminister für Wirtschaft (Hrsg.), Studien-Reihe 2, o.O., o.J.

Grundsätze über das Eigenkapital und die Liquidität der Kreditinstitute vom 20. Januar 1969, geändert und ergänzt durch Bekanntmachungen vom 22. Dezember 1972 und 30. August 1974, abgedruckt in: Deutsche Bundesbank, Geschäftsbericht 1976, S. 71-75.

KULINS, Fritz: Aktuelle Zielkonflikte der Geschäftspolitik, in: Deutscher Sparkassen- und Giroverband: Sparkassen-Prüfertag 1973, Stuttgart 1974, S. 60-73.

O.V.: Banken und Marktwirtschaft, Thesen eines F.D.P.-Arbeitskreises, o.O. 1976.

O.V.: Freie Sparkassen als Aktiengesellschaften?, in: Frankfurter Allgemeine Zeitung, Nr. 248 vom 3.11. 1976, S. 15.

SCHMIDT, Helmut: Das Steuerreformprogramm der Bundesregierung, in: Bulletin der Bundesregierung, Nr. 11 vom 29.1.1974 (Hrsg.: Presse- und Informationsamt der Bundesregierung), S. 93-102.

STATISTISCHES BUNDESAMT: Finanzen und Steuern, Reihe 3, Schulden und Vermögen von Bund, Ländern und Gemeinden, versch. Jgg.

STATISTISCHES BUNDESAMT: Statistisches Jahrbuch für die Bundesrepublik Deutschland 1965, Stuttgart-Mainz 1965; Statistisches Jahrbuch 1975 für die Bundesrepublik Deutschland, Stuttgart-Mainz 1975; Statistisches Jahrbuch 1977 für die Bundesrepublik Deutschland, Stuttgart-Mainz 1977.

Statistisches Handbuch der Bank Deutscher Länder, Frankfurt 1955.

WAGNER, E.: Plädoyer für die Sparkassen-Privatisierung, in: Frankfurter Allgemeine Zeitung, Nr. 248 vom 3.11.1976, S. 16.

PERSONENVERZEICHNIS

SACHWORTVERZEICHNIS

Untersuchungen über das Spar-, Giro- und Kreditwesen

Abteilung A: Wirtschaftswissenschaft. Herausgegeben von Fritz Voigt

1. **Beiträge zur Theorie des Sparens und der wirtschaftlichen Entwicklung.** 227 S. 1958. 2. unveränd. Aufl. in Vorbereitung.
2. **Die Liquiditätsverhältnisse der deutschen Sparkassen.** Von Dr. L. Sperk und Dipl.-Vw. Dr. M. Wilsdorf. 184 S. 1956. DM 22,60.
3. **Das Liquiditätsproblem bei den Girozentralen.** Von Dr. D. Golz. 193 S. 1956. DM 29,60.
4. **Auswirkungen der Mindestreservepflicht unter besonderer Berücksichtigung der Sparkassen.** Von Dipl.-Vw. Dr. E. Floss. 70 S. 1956. DM 9,60.
5. **Die Wertpapieranlage der Kreditinstitute.** Von Dr. R. Stützer. 157 S. 1957. DM 22,60.
6. **Einkommensverhältnisse und private Geldkapitalbildung in Westdeutschland 1925 bis 1953.** Von Dr. H. Osthues. 204 S. 1957. DM 33,60.
7. **Der Betriebsvergleich bei Sparkassen.** Von Dipl.-Kfm. H.-G. Bindewalt und Dr. H. Kolbeck. 244 S. 1959. DM 34,80.
8. **Die Verflechtung zwischen Sparkassen und Girozentralen.** Von Dr. A. Dick. 119 S. 1959. DM 19,—.
9. **Die Struktur des Bankwesens als Gegenstand wirtschaftsstatistischer Analyse.** Von Prof. Dr. I. Esenwein-Rothe. 329 S. 1959. DM 51,60.
10. **Die Anwendbarkeit der modernen Kreditschöpfungslehre auf die besondere Art des Sparkassengeschäfts.** Von Dr. H. Feifel. 249 S. 1959. DM 39,60.
11. **Die unterschiedlichen Auffassungen von der Wirkung des Sparens und die moderne Wachstumstheorie.** Von Dr. H. Peters. 120 S. 1960. DM 17,80.
12. **Die niedersächsischen Sparkassen.** Von Dr. W. Weidner. 212 S. 1960. DM 39,60.
13. **Bestimmungsgründe und volkswirtschaftliche Auswirkungen des Verhaltens der Sparkassen im langfristigen Wohnungsbaukreditgeschäft.** Von Dr. M. Wilsdorf. 194 S. 1960. DM 27,—.
14. **Die Mitwirkung der Hausbanken bei der Vergebung und Verwaltung öffentlicher Kredite.** Von Dr. H. Menzel. 212 S. 1960. DM 29,80.
15. **Die Zinsempfindlichkeit der deutschen Sparer.** Von Dr. B. Wissmann. 152 S. 1960. DM 27,60.
16. **Verbrauchen und Sparen.** Von Dr. A. Ghanie Ghaussy. 236 S. 1964. DM 47,60.
17. **Bestimmungsgründe des persönlichen Sparens.** Von Dr. W. Paschke. 223 S. 1961. DM 39,—.
18. **Beiträge zur Geldtheorie und Geldpolitik.** Von Prof. Dr. H.-G. Johnson. Aus dem Amerikanischen übertragen von H. Rudloff. 342 S. 1969. DM 53,60.
19. **Die Staatsaufsicht über die kommunalen Sparkassen.** Von Dr. H. Frick. 250 S. 1962. DM 46,60.
20. **Die Vereinbarungen und Zusammenschlüsse im Kreditwesen.** Von Dr. G. Buschmann. 174 S. 1963. DM 29,80.
21. **Die Rechtsgrundlagen des Reisescheckverkehrs.** Von Dr. O.-R. Heinichen. 157 S. 1964. DM 29,60.
22. **Monetäre Probleme der Konjunkturpolitik in der EWG.** Von Prof. Dr. O. Issing. 163 S. 1964. DM 29,80.
23. **Strukturwandlungen in der Anlagepolitik der Kreditbanken.** Von Dr. H.-H. Stein. 191 S. 1964. DM 34,60.
24. **Die Beziehungen zwischen moderner Wettbewerbstheorie und ökonomischer Realität im Realkreditsektor.** Von Dr. W. Dobrinski. 243 S. 1964. DM 47,60.

25. **Der Einfluß der Gemeinde auf die kommunale Sparkasse.** Von Dr. H. Clausen. 160 S. 1964. DM 29,80.

26. **Die Beziehungen zwischen der Notenbank und den Trägern der Girosysteme.** Von Dr. H. J. Rieken. 170 S. 1964. DM 29,80.

27. **Die internationale Liquidität.** Von Prof. Dr. D. J. Delivanis. 94 S. 1965. DM 17,60.

28. **Leitwährung und internationale Währungsordnung.** Von Prof. Dr. O. Issing. 374 S. 1965. DM 65,60.

29. **Analytischer Vergleich zwischen Verrechnungsscheck und Überweisung vom Standpunkt der Kreditinstitute.** Von Dr. U. Trurnit. 257 S. 1966. DM 59,60.

30. **Marktforschung der Kreditinstitute.** Von Dr. U. Weiss. 307 S. 1966. DM 64,60.

31. **Die Entwicklung der sozialen und ökonomischen Struktur der Ersparnisbildung in der Bundesrepublik Deutschland.** Von Dr. R. Exo. 410 S. 1967. DM 82,60.

32. **Die Beziehungen zwischen dem institutionellen Aufbau des Geld- und Kreditsystems und dem wirtschaftlichen Wachstum.** Von Dr. D. Spaetling. 251 S. 1966. DM 65,60.

33. **Geldversorgung, Preisniveau und reales Wirtschaftswachstum bei alternativen Grundprinzipien der geldwirtschaftlichen Ordnung.** Von Dr. H. Friedrich. 205 S. 1967. DM 46,60.

34. **Außenhandel, wirtschaftliche Expansion und Preisniveau.** Von Dr. M. Hieber. 150 S. 1967. DM 34,60.

35. **Die Bedeutung des staatlichen Sparens für die Kapitalbildung und das Wirtschaftswachstum.** Von Dr. D. Kath. 172 S. 1968. DM 34,60.

36. **Die Entwicklung des Kommunalkredits.** Von Dr. H. Gloth. 230 S. 1967. DM 52,60.

37. **Die Finanzpolitik des Deutschen Reiches im Ersten Weltkrieg.** Von Dr. K. Roesler. 237 S. 1967. DM 53,60.

38. **Die rechtliche Einordnung der Immobilienfondsgesellschaften und das Erfordernis einer gesetzlichen Sonderregelung.** Von Dr. N. Kruhme. 120 S. 1968. DM 23,60.

39. **Die Bedeutung der Finanzgebarung der öffentlichen Hand für den Geldwert in Frankreich nach 1945.** Von Dr. M.-L. Herschtel. 256 S. 1968. DM 59,80.

40. **Die Standortfrage bei Kreditinstituten.** Von Dr. J. D. Siepmann. 377 S. 1968. DM 89,80.

41. **Zahlungsverkehr und Mittelstandsidee.** Von Dr. J. Wysocki. 120 S. 1969. DM 34,60.

42. **Der Verwaltungsrat der Sparkasse.** Von Dr. H. aus der Fünten. 322 S. 1969. DM 67,80.

43. **Die Mechanismen der Zentralbankgeldschöpfung und ihre Kontrollierbarkeit durch die Zentralbank.** Von Dr. B. Gaude. 209 S. 1969. DM 46,80.

44. **Die Aufwertungsspekulation.** Von Dr. W. Steuer. 180 S. 1969. DM 39,80.

45. **Ursachen und Wirkungen der regionalen Differenzierung der privaten Spartätigkeit in Industrieländern.** Von Dr. J. Frerich. 205 S. 1969. DM 54,80.

46. **Die Beschränkungen des Wirkungsbereichs der kommunalen Sparkassen durch die horizontale und die vertikale Kommunalgliederung in Nordrhein-Westfalen.** Von Dr. K. Köhler. 145 S. 1969. DM 32,—.

47. **Vermögensbestand, Sparverhalten und Wirtschaftswachstum.** Von Dr. H. Rudloff. 192 S. 1969. DM 46,80.

48. **Theoretische Untersuchungen zum mikro- und makroökonomischen Kreditangebot.** Von Dr. G. A. Kartsaklis. 205 S. 1970. DM 54,80.

49. **Untersuchungen über den Nutzen kommunaler Wirtschaftsförderungsmaßnahmen.** Von Dr. P. Eichhorn und Dr. P. Friedrich. 98 S. mit 2 Ausschlagtaf. 1970. DM 26,80.

50. **Die Struktur des Sparens in der Bundesrepublik Deutschland von 1950 bis 1967.** Von W. Kaiser und A. Zerwas. 101 S. 1970. DM 32,—.

51. **Die Beeinflussung des Wirtschaftswachstums in Deutschland von 1883 bis 1913 durch das Bankensystem.** Von Dr. E. Eistert. 189 S. 1970. DM 48,80.

52. **Die Sicherheit der Scheckeinlösung.** Von Dr. H.-Ch. Zahrnt. IV, 324 S. 1971. DM 58,60.

53. **Zinstheoretische Grundlagen der Geldpolitik.** Von Prof. Dr. M. Willms. 112 S. 1971. DM 36,60.

54. **Die Struktur der Nachfrage von Wirtschaftsunternehmen und privaten Haushalten nach finanziellem Vermögen in der Bundesrepublik Deutschland.** Von Dr. W.-A. Prautzsch. 151 S. 1971. DM 42,60.

55. **Der Einfluß paramonetärer Institutionen auf die Vermögensbildung, das Kreditangebot und die Geldpolitik.** Von Dr. U. Schirmer. 239 S. 1971. DM 66,60.

56. **Geldtheoretische und geldpolitische Probleme des Eurodollarmarktes.** Von Dr. P. Liepmann. 169 S. 1971. DM 46,60.

57. **Zur Geldtheorie Don Patinkins.** Von Dr. J. D. Jüttner. 231 S. 1971. DM 68,60.

58. **Ansätze und Möglichkeiten der Geld- und Fiskalpolitik als Finanzierungsinstrumente einer gesamtwirtschaftlichen Entwicklungspolitik, dargestellt am Beispiel Persiens.** Von Dr. M. Kiani. 147 S. 1971. DM 38,60.

59. **Akkreditiv und Grundverhältnis.** Von Dr. S. Borggrefe. 125 S. 1971. DM 29,60.

60. **Zur Vermögenssituation der privaten Haushalte in der Bundesrepublik Deutschland.** Von H.-D. Bosch. 2 Teilbände: I: Eine vergleichende sozio-ökonomische Datenanalyse für die Jahre 1960/61 und 1969. 160 S. 1973. DM 52,60. II: Ein tabellarischer Vergleich für die Jahre 1960/61 und 1969 aufgrund statistischer Erhebungen des Deutschen Sparkassen- und Giroverbandes. 212 S. 1971. DM 39,60.

61. **Zielkonforme Ausgestaltung der Mindestreservenpolitik.** Von Dr. P. Voss. 195 S. 1972. DM 46,60.

62. **Änderungen in Bankpolitik und Bankwesen als Teil der Wirtschaftsreformen der DDR.** Von Dr. Ch. Kunze. 200 S. 1972. DM 46,60.

63. **Kurzfristige zwischenstaatliche Kapitalbewegungen in der Bundesrepublik Deutschland 1960 - 70.** Von Dr. H. Priester. 217 S. 1972. DM 66,60.

64. **Die Bestandskontenreihe im System der Volkswirtschaftlichen Gesamtrechnung.** Von Dr. W. Kaiser. 198 S. 1972. DM 56,80.

65. **Die Kreditfinanzierung im Modell der flexiblen Planung.** Von Dr. A. Riemenschnitter. 109 S. 1972. DM 29,80.

66. **Leistungsänderungen im Rahmen der Zielkonzeption öffentlich-rechtlicher deutscher Sparkassen.** Von Dr. L. Bauer. 195 S. 1972. DM 46,60.

67. **Die Bedeutung des Bankensystems im wirtschaftlichen Wachstumsprozeß Syriens.** Von Dr. A. T. Said. 112 S. 1972. DM 36,60.

68. **Geldentwertung und monetäre Stabilisierungspolitik.** Von Dr. M. van den Adel. 188 S. 1973. DM 56,—.

69. **Die Zinspolitik der Sparkassen in der Bundesrepublik Deutschland unter wirtschaftspolitischen Gesichtspunkten.** Von Dr. B. Last. 135 S. 1973. DM 38,60.

70. **Probleme der Sparförderung in der OECD.** Von H. Albach, W. Krelle, J. Siebke, W. Wittmann. 192 S. 1973. DM 59,60.

71. **Der Einfluß von Geldwertrisiko und Wertsicherungsklauseln auf die Vermögensdispositionen.** Von Dr. N. Euba. 162 S. 1973. DM 42,60.

72. **Zur Theorie und Empirie der Fristigkeitsstruktur der Zinssätze.** Von Dr. H. Faßbender. 231 S. 1973. DM 78,60.

73. **Die Auswirkungen der Liquidität auf die Firmenentscheidungen.** Von Dr. H. Pehle. 139 S. 1974. DM 56,—.

74. **Theorie der Devisenspekulation.** Von Dr. H. Hochgesand. 167 S. 1974. DM 68,60.

75. **Marktstrategien im Hypothekarkreditgeschäft.** Von Dr. H. Kittel. 354 S. 1974. DM 78,60.

76. **Lenkungsmöglichkeiten von Geldangebots- und Kreditmarktprozessen in einer extrem auslandsabhängigen Volkswirtschaft.** Von Dr. H. Rostek. 106 S. 1975. DM 48,60.

77. **Wirkung und Wirkungsprozeß der Geldpolitik.** Von Dr. G. Dieckheuer. 304 S. 1975. DM 88,60.

78. **Bankenliquidität und Zins als Orientierungsvariable der Geldpolitik.** Von Dr. H.-H. Francke. 222 S. 1975. DM 66,60.

79. **Geldtheoretische und geldpolitische Probleme der potentialorientierten Kreditpolitik.** Von Dr. L. Stirnberg. 183 S. 1975. DM 58,60.

80. **Beiträge zur Geldtheorie und Währungspolitik.** Von Prof. Dr. H. G. Johnson. 353 S. 1976. DM 68,—.

81. **Langfristige Personalplanung im Kreditinstitut.** Von Dr. H. Benölken. 438 S. 1976. DM 78,—.

82. **Kleine deutsche Geldgeschichte des 19. und 20. Jahrhunderts.** Von Prof. Dr. B. Schultz. 294 S. 1976. DM 68,—.

83. **Finanzmärkte in der Bundesrepublik Deutschland.** Von Dr. G. Schwanewede. 264 S. 1976. DM 74,60.

84. **Das Geld-, Bank- und Versicherungswesen in Köln 1700 - 1815.** Von Dr. U. Perlitz. 399 S. 1976. DM 88,—.

85. **Stadt-Sparkasse Düsseldorf 1825 - 1972.** Von Dr. E. J. Haas. 404 S. 1976. DM 86,—.

86. **Der Fishersche Preiserwartungseffekt als Erklärungsansatz für das Gibson-Paradoxon.** Von Dr. J. R. Badura. 317 S. 1977. DM 88,—.

87. **Der Einfluß sozio-ökonomischer Faktoren auf ausgewählte Geldvermögensarten privater Haushalte in der Bundesrepublik Deutschland.** Von Dr. W. Riedel. 236 S. 1977. DM 74,60.

88. **Geld- und Kreditpolitik in einer planifizierten Wirtschaft.** Von Dr. H. Schui. 195 S. 1977. DM 76,—.

89. **Erfolgskontrolle finanzpolitischer Stabilisierungsmaßnahmen.** Von Dr. J.-G. Grunwald. XX, 452 S. 1977. DM 64,—.

90. **Geld und Vermögen in makroökonomischen Modellen.** Von Dr. D. Schoof. 157 S. 1977. DM 74,—.

91. **Anlegerschutz im Recht der Effektenkommission.** Von Dr. G. Schneiders. 153 S. 1977. DM 46,—.

92. **Raumwirtschaftliche Implikationen der Organisation der Kreditwirtschaft.** Von Dr. M. Hartmann. 297 S. 1977. DM 88,—.

93. **Kurssicherungsgeschäfte.** Von Dr. M. Backes. 141 S. 1977. DM 68,—.

94. **Refinanzierungsprobleme der Bausparkassen.** Von Dr. H. Siebert. 176 S. 1977. DM 69,60.

95. **Die Aktivastruktur deutscher Banken.** Von Dr. W. Fuhrmann. In Vorbereitung.

96. **Bestimmungsgründe der Verteilung von Bodeneinkommen und ihre Beeinflussung.** Von Dr. J. Wassermann. In Vorbereitung.

97. **Qualitätspolitik im Wettbewerb der Kreditinstitute.** Von Dr. H. Griesel. In Vorbereitung.

98. **Einflußfaktoren der Mitarbeitermotivation in Kreditinstituten.** Von Dr. K. G. Stocker. In Vorbereitung.

99. **Gegenstand und Analyse der Pläne zur Neugestaltung der internationalen Geldverfassung.** Von Dr. W. Zippel. In Vorbreitung.

DUNCKER & HUMBLOT / BERLIN

Untersuchungen über das Spar-, Giro- und Kreditwesen

Abteilung B: Rechtswissenschaft

Herausgegeben von Walther Hadding und Uwe H. Schneider

1. **Europäisches Geld-, Bank- und Börsenrecht.** Teil I: Bundesrepublik Deutschland. Hrsg. von J. Bärmann. XXIV, 349 S. 1974. DM 88,—

2. **Die Sparkassen in der EWG.** Von K. Zimmermann. 153 S. 1973. DM 29,60

3. **Die staatliche Ausfuhrkreditversicherung in Frankreich und Deutschland.** Von M. Glotzbach. 176 S. 1973. DM 38,60

4. **Die Sicherung eines Kredits aus dem unbeweglichen Vermögen des Schuldners im Recht der USA.** Von St. Göbel. 87 S. 1974. DM 22,60

5. **Persönliche Kreditsicherungen im deutschen und französischen Recht.** Von L. Becker. 156 S. 1974. DM 39,60

6. **Die Anfechtung von kreditpolitischen Beschlüssen der Bundesbank.** Von E. Kindermann. 146 S. 1974. DM 39,80

7. **Rechtsprobleme der Swapsatzpolitik der Bundesbank.** Von R. Grimberg. 121 S. 1974. DM 36,60

8. **Das Hypotheken- und Pfandbriefgeschäft in der Bundesrepublik Deutschland und in Frankreich.** Von H. A. Reinecker. 208 S. 1974. DM 56,60

9. **Das Wechsel- und Scheckrecht der Vereinigten Staaten von Amerika.** Von H. Jähnchen-John. 194 S. 1976. DM 64,—

10. **Die öffentlich-rechtlichen Sparkassen zwischen Staat und Kommunen.** Von Th. Brzoska. 123 S. 1976. DM 38,60

11. **Recht der Kreditsicherheiten in europäischen Ländern.** Teil I: Bundesrepublik Deutschland. Hrsg. von J. Bärmann. Bearb. von U. Brink, W. Petereit, H. Reinecker und H.-P. Scheerer. XXIV, 492 S. 1976. DM 128,—

12. **Rechtsbeziehungen und Rechtsübertragung im nationalen und internationalen Effektengiroverkehr.** Von U. Brink. 193 S. 1976. DM 58,60

13. **Zivilrechtliche Probleme der vertraglichen Ausgestaltung des Inland-Factoring-Geschäfts in Deutschland.** Von H. Ehling. 212 S. mit einer Beilage von 56 S. 1977. DM 69,60

14. **Kollisionsrecht und Bankgeschäfte mit Auslandsberührung.** Von E. Jayme. 46 S. 1977. DM 15,60

DUNCKER & HUMBLOT / BERLIN